浙江省农村金融发展报告(2015)

主　编　周文根

副主编　胡苗忠　叶梦琪

浙江工商大学出版社
ZHEJIANG GONGSHANG UNIVERSITY PRESS

图书在版编目(CIP)数据

浙江省农村金融发展报告. 2015 / 周文根主编. —
杭州 ：浙江工商大学出版社，2015.11
ISBN 978-7-5178-1389-7

Ⅰ. ①浙… Ⅱ. ①周… Ⅲ. ①农村金融—研究报告—
浙江省—2015 Ⅳ. ①F832.35

中国版本图书馆 CIP 数据核字(2015)第 274041 号

浙江省农村金融发展报告(2015)

周文根 主编　胡苗忠　叶梦琪 副主编

责任编辑 任晓燕
封面设计 林朦朦
责任印制 包建辉
责任校对 丁兴泉
出版发行 浙江工商大学出版社
(杭州市教工路 198 号　邮政编码 310012)
(E-mail：zjgsupress@163.com)
(网址：http://www.zjgsupress.com)
电话：0571-88904980,88831806(传真)
排　　版 杭州朝曦图文设计有限公司
印　　刷 杭州五象印务有限公司
开　　本 787mm×1092mm　1/16
印　　张 15.5
字　　数 238 千
版 印 次 2015 年 11 月第 1 版　2015 年 11 月第 1 次印刷
书　　号 ISBN 978-7-5178-1389-7
定　　价 45.00 元

浙江工商大学出版社营销部邮购电话　0571-88904970

前　言

浙江省是改革开放以来我国农村现代化、工业化、城镇化和金融深化推进最快的省份之一。"十二五"时期，浙江省更是打开了农业发展的新局面。浙江省作为农村金融发展较快的省份，各地实践遍地开花，农村金融很多经验值得借鉴，很多问题也需要进一步探讨。总体上看，现有农村金融组织与活动仍然难以满足多层次的和多样化的农村金融服务需求。我们需要进一步推进农村正规、准正规的民间金融组织与活动的发育，促进农村金融创新，促进农村金融市场发育，维持农村金融体系的稳健运行。

本书是我院财金系农村合作金融研究所研究人员，通过调研和搜集资料，对浙江省农村金融的发展情况及实践、服务、创新等问题进行的分析和探讨，共分为综合篇、地区实践篇、合作金融篇、融资模式篇和金融服务篇五部分。

本书首先对浙江省农村金融发展的基本情况、历史变迁、机构现状、供求问题进行了调研和梳理，分析了存在的问题，并提出了浙江省农村金融发展要求。然后，整理了主要经济体的农村金融发展经验，并以省内的丽水、温州、绍兴、台州四个地级市为例，总结经验和优秀实践成果。接着，以互联网、供应链金融等新兴信贷模式为主题，探讨了农村金融信贷的创新发展路径。最后，提出提高农村金融服务质量、提升农村金融服务效率、扩大农村金融服务范围的思路和对策。

本书的撰写得益于浙江农业商贸职业学院财金系农村合作金融研究所研究人员和学生的直接参与，浙江农业商贸职业学院领导和专家的指导,学院同事的大力支持,以及浙江省地方政府官员、乡村干部、农村企业和农户的配合。在此对上述所有人员特表衷心的感谢。全书在编写过程中,参考了许多书籍、文献和报告,由于版面有限不能一一列出,在此一并表示感谢。

由于编者水平有限,加之时间仓促,本书观点难免有失偏颇,不当之处,请读者谅解和指正。

编　者

2015 年 9 月 30 日

目　录

05 金融服务篇

01

综合篇

浙江省农村金融发展报告

浙江省农村金融发展报告

□叶梦琪，胡苗忠

摘　要：为提高浙江省农村金融对农村经济发展的支持力度，我们在文献研究和问卷调研的基础上，对浙江省农村金融发展情况进行了介绍。根据问卷调研结果（部分数据来自官方调研项目），我们分析了当前浙江省农村金融需求的新变化，并进一步对金融服务供应不足、供求不匹配、宣传推广力度不够等问题进行探索。最后，针对所分析的问题，我们提出了多元化金融服务体系、创新农村金融产品、增强补偿力度、完善信保机制和农业保险等政策思路。

关键词：金融需求；金融供给；金融服务

中国人民银行将县及县级以下地区的各类金融服务，包括存贷款、有价证券买卖、金融咨询、支付结算、投资理财等，定义为农村金融服务。农村金融服务的对象为农户、农村实体企业、农业经济等。农村金融服务不仅关系到农业现代化的发展，还关系到整个新农村建设、城乡经济协调发展、全面建设小康社会、社会主义和谐发展等重大问题。因此，要实现农村经济发展，解决农民增收问题，实现农业现代化，都需要农村金融服务的发展和支持。

浙江省作为全国经济发展较快的省份，金融服务体系较为完善，农业的现代化、工业化、城镇化水平在全国处于领先水平。为了进一步加快浙江省农业现代化建设步伐，浙江省人民政府推出《浙江省现代农业发展“十二五”规划》，为全省的农业发展开创了新局面。2013 年，浙江省农村人均收入达到 16106 元，是全国农村人均水平的 1.8 倍，位列全国第一；农林牧渔业的总产值 2837.3 亿元，列全国第 15 位。浙江省农村经济的快速发展，主要是因为形成了一个现代化的农村金融体系，并逐步朝全方位、多层次、全过程协调发展。

一、浙江省农村金融机构发展现状

浙江省农村地区商业性金融组织体系以中国农业银行为主、其他商业性金融机构为辅,主要包括 4 大国有银行、邮储银行、股份制银行、地区性商业银行、农村商业银行和农村合作银行等。

(一)正规金融机构

1.商业性金融机构

中国农业银行、邮政储蓄银行及浙江农村信用社是浙江省内覆盖农村区域网点最多的 3 家银行。虽然这 3 家商业性金融机构都将“三农”作为企业的发展战略,但在实际的网点分布、业务特点等方面都有自己的侧重点。以下的网点分布情况如表 1 和图 1 所示,反映出 3 家金融机构对“三农”的支持情况。

表 1　浙江省商业金融机构在乡镇的营业网点情况

地区	中国农业银行	邮政储蓄银行	农村信用社
杭州	53	113	400
湖州	37	60	120
嘉兴	58	87	200
金华	35	119	250
丽水	20	76	322
宁波	53	162	400
衢州	9	39	120
绍兴	50	99	230
台州	35	67	275
温州	83	127	372
舟山	7	29	100
合计	440	978	2789

资料来源:根据各银行网站信息整理。

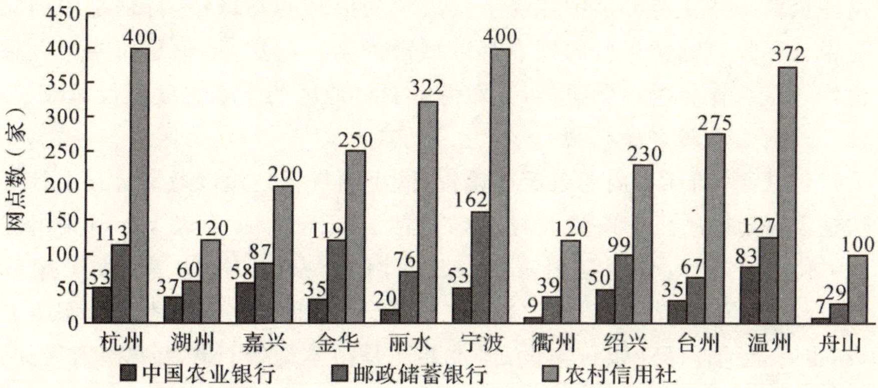

图 1　浙江省商业金融机构在乡镇的营业网点情况

我们可以看到，在乡镇地区的营业网点最多的是浙江农村信用社，网点数量达到 2789 个，远高于邮政储蓄银行的 978 个和中国农业银行的 440 个。因此，农村信用社是提供金融服务的主要渠道。而从地区分布上看，3 家金融机构的网点分布在经济较为发达地区的乡镇会更多，在经济发展较差的地区少一些，例如在杭州、宁波、温州这 3 个城市最多，在衢州、舟山这 2 个城市最少。此外，根据每个地区的情况，我们发现，金融营业网点主要围绕着商业活动较为活跃的县或镇分布，在相对偏远的山区分布稀少，有些农村距离金融网点仍有 10 余公里。村级金融服务网点设置不到位，导致许多偏远的村民无法享受到金融服务。可见，真正的普惠金融还远未实现。

2. 合作金融机构

农村商业银行、农村合作银行是最主要的金融机构。我国目前农村商业银行有 130 家，浙江省有 31 家，约占 24%；农村合作银行有 22 家，浙江省有 15 家，约占 68%。全省平均每家农村商业银行的营业网点数在 40—60 个左右，从数量上看，浙江省的农村合作金融机构占比高，它主要由农民、农村工商户、企业法人等个人及组织的股份入股，有非常明显的区域界线，是为区域内的农民、农业和农村经济提供融资、结算等金融服务的地方性、区域性金融机构，是一种股份合作制的金融组织。在浙江，从县域乡镇的网点数量优势上看，提供农村金融服务的主力是农村信用社和农村商业银行，其次是中国农业银行和邮政储蓄银行。但总体上，这些金融服务主要都集中在经济发展较为活跃的县域镇,特别是中国农业银行和邮政储蓄银行的网点都以城市为主。可见,不论是商业性金融机构还是合作金融金融机构,其对偏远农村地区的支农力度还很欠缺。

3.新型农村金融机构

近几年,浙江省内的各家村镇银行、小额贷款公司以及资金互助社等快速发展,成为了新兴的农村金融机构。截至 2014 年底,全国共组建 840 家村镇银行,分别是山东 82 家、河南 60 家、辽宁 59 家,浙江有 55 家,居第 4 位,如表 2 所示。在浙江,村镇银行的设立既有本地的银行来设,也有全国性商业银行来设,但主要还是由本地银行作为发起人设立;此外,浙江本地的银行还将村镇银行的设立范围扩大到全国。例如,温州鹿城农村合作银行已经在江西、河南等省设立了 7 家村镇银行,整个温州市的本地银行已在全国设立 44 家村镇银行,其中 12 家已正式开业。因此,浙江这种通过推进地方法人金融机构"走出去",搭建金融桥梁对接温州经济和在外温州人经济,在积极支持欠发达地区金融发展的同时,拓展了温州自身的发展空间,对于其他地区的村镇银行有很大的借鉴意义。

温州金融改革试验区 12 项措施的第二条明确指出,小额贷款公司可转为村镇银行,但银监会仍然坚持"银行作为主发起人"的审慎监管要求。银监会目前同意民营企业参与村镇银行的组建、增加资本及增发股份,根据最近的银监会《关于鼓励和引导民间资本进入银行业的实施意见》,原先要求村镇银行主发起行的持股最低比例 20%已修改为持股最低 15%,同时,在村镇银行的各项业务经营进入稳定发展,各项管理比较健康平顺时,为了进一步开拓品牌特有的金融产品、完善相应的公司治理结构模式以及规避防控金融风险、道德风险、市场风险等各类风险,主发起行可以通过协商、召开股东大会等形式,调整和变更村镇银行各股东的持股比例。目前,仍有很多小额贷款公司没有转成村镇银行,有部分原因是由于小额贷款公司在经营中的利率更加灵活,也有部分原因是担心主发起行削弱了原来的控制权等因素。全国小额贷款公司统计情况如表 3 所示,并列举出了分布较多的 3 个省份,可以看出浙江处于第三位。原因可能在于浙江各种类型的商业银行分布较多,因此小额贷款公司相对市场变小,但小额贷款公司可以将目光更多地转向农村市场,力争向村镇银行转变。

表 2　全国村镇银行的分布

省、直辖市、自治区	村镇银行数量	地区	村镇银行数量
北京	13	吉林	23
天津	8	黑龙江	23
上海	10	福建	11
江苏	45	江西	26
浙江	55	湖北	37
河南	60	湖南	29
河北	44	陕西	9
广东	29	甘肃	14
广西	28	青海	1
海南	12	新疆	8
重庆	27	山东	82
四川	42	山西	34
贵州	44	内蒙古	35
云南	22	辽宁	59
宁夏	10		
合计	840		

资料来源：中国村镇银行联盟网。

表 3　全国部分地区小额贷款公司统计情况

地区名称	机构数量（家）	从业人数（人）	实收资本（亿元）	贷款余额（亿元）
全国	8591	104656	8087.6	9078.81
浙江省	337	3789	710.07	916.04
江苏省	623	6169	933.76	1144.18
广东省	392	8232	547.43	571.85

资料来源：李敏，《浙江省农村金融机构对比研究（2014）》，《人力资源管理》2015 年第 4 期。

(二)非正规金融机构

农村非正规金融主要是以居民之间互相借贷、居民与民间金融组织借贷的形式进行,这一现象在浙江民间资金富余、民间金融发达的温州等地尤为突出。民间金融更多的在熟人社会存在,它不受金融体制的约束,常常与正规金融并存,成为一种在正规金融无法延伸到地区的重要补充形式。近年来,浙江的经济发展快速,其中也有民间金融的作用,因为民间金融已经是浙江金融的一个重要组成部分,它的发展直接影响着全省的经济发展,也代表着全省的经济发展趋势。另外,民间金融是浙江省中小企业的重要融资方式,因为当前中小企业普遍存在融资难的现象,特别是在绝大多数商业银行不能为中小企业融资的情况下,民间金融就成为融资和资金周转的重要渠道。虽然民间金融融资的利率远远高于传统商业银行的贷款利率,但也丝毫不影响民间金融的快速发展。据相关数据统计,从 20 世纪 90 年代开始,农村中的民间金融规模已超过了银行等传统金融机构的信贷规模,且每一年还在以将近 20%的发展速度快速发展。在浙江省较有代表性的温州市,中小企业的融资渠道中仅有 25%来源于传统商业银行提供的金融贷款,而 75%来源于地下及民间的金融贷款。在浙江省内一些经济较为发达的县域内,民间金融规模基本都在百亿元规模以上,同时民间金融形式也在逐步变化发展,从最基础的功能机构向较为复杂的中介机构发展,出现了像信用担保等新兴机构。

目前在农村,非正规金融中介的组织形式主要有以下几种。

1.民间借贷

民间借贷是通过非传统商业银行等金融机构以外,企业或个人进行资金借贷的行为,一般是企业、个人与提供借贷的民间机构协定借贷。当前在农村范围内的民间借贷,主要有以下几个方面。一是期限较短的熟人借贷,农村地域较小、人较少,许多亲戚朋友长期生活在一起,彼此非常熟悉且相互信任,在这个社会关系简单的朋友圈中,相互之间及成立的企业之间可以进行无息的借贷;而且金额也较少,期限不长,比较方便和快捷,也是熟人间互帮互助的行为。二是期限固定的非熟人借贷。对于一些不是长期生活在一起的人,或者是通过中介人介绍的人开展借贷,一般会有固定的借款期限,并约定利息,有的利息会远远高于一般传统金融的利息。在浙江省,许多地方盛行民间借贷,还有许多人以民间借贷为生,全球金融危机发生时，许多企业资金链发生断裂，产生资金的连锁危机反应，许多企业饮鸩止渴，以民间借贷苟延残喘，结果导致了大面积的企业破产，产生了较大的社会反响，也引起了国家的高度关注。在2012年，国务院决定在民间借贷较为严重的浙江温州，开展金融综合改革试验，同时出台了一系列关于金融改革的实施方案，其中一些政策和方案产生了好的效果。

浙江省的民间借贷，主要存在以下几个特点。

(1)炒作化。因为中小企业日益旺盛的融资需求，许多企业及个人纷纷投入到民间借贷中，使借贷的户数、金额数日趋扩大；同时，民间借贷也由原先的靠在亲戚熟人之间的借贷发展为用钱生钱的炒作化的形式。这种形式要求借贷双方在进行借贷行为时，要签订一系列正式的借贷合同，并对借贷双方在法律上做了明确的规范。

(2)丰富化。民间借贷不再仅仅局限于亲戚熟人，还可以是与亲戚熟人相关的企业，或者是由亲戚熟人作为中介形成的扩大化的借贷人。此外，其他的民间借贷组织像担保公司、当铺及一些经济实体也参与到其中，纷纷开始民间金融借贷，这样整个社会的民间借贷的主体和内容也变得丰富多样，逐渐延伸到各种不同的金融形式。

(3)难度化。因为民间借贷的利率远远高于传统金融的利率，而且有些相对而言是“高利贷的暴利”；因为赚取的利润相对较高，使得参与民间借贷的人员、企业数量日益增加；因为各式各样的人员、组织参与其中，也让从事民间借贷的对象非常复杂，由于政策因素，许多民间借贷都是地下操作，无法准确掌握相关的信息。此外，借贷结构也有多个层次，一层一层地进行借贷利率中介，每一层都赚取相应的利差，只要有利差存在就有民间借贷，每层都不清楚最低和最高的格局，清晰难度较大。

为了合理引导民间资本，规范民间融资，温州开展民间借贷服务中心试点，成立了民间借贷服务中心，温州民间借贷利率走势图如图2所示。作为温州金融综合改革试点而应运产生的一个具有新型金融服务组织主体特点的单位，其主要工作性质是开展民间借贷登记备案工作，建立民间借贷诚信体系，对民间资金规模、数量、流向进行分析，必要时设定风险提示和预警信号。引导民间借贷进行合法阳光规范操作，职责为地方金融改革提供基础的各方面参考数据，逐步掌握民间资本的流动趋向，以防止民间高利贷、非法集资、非法吸存等不良行为蔓延,扎实推进温州经济转型发展。大力营造规范有序的融资环境,积极开拓融资渠道,防范和化解民间融资风险,探索一条民间资本健康、有序、阳光、合法的发展之路,为全面深化金融改革夯实基础。

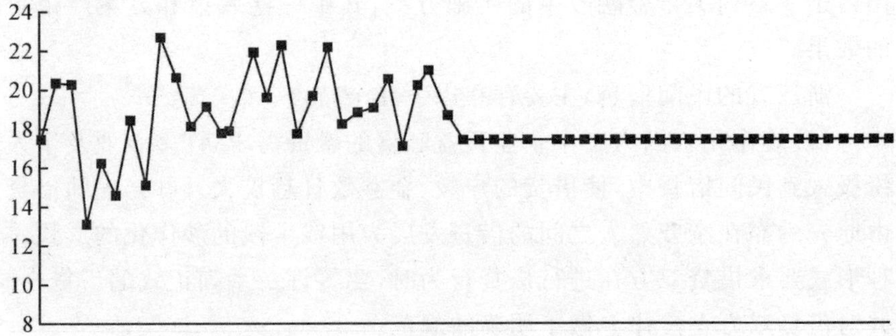

图 2　温州民间借贷利率走势图

资料来源:温州民间借贷服务网。

2. 合会

这是民间盛行的一种互助性融资形式,已有上千年的历史,如今仍活跃在农村,一般由若干人组成,相互约定每隔一段时间开一次会议,每次收集一定资金轮流交给会员中的一人使用,基本上不以盈利为目的。合会按各地习俗不同有不同的形式,如轮会、摇会、标会、抬会等,这种形式的农村非正规金融组织,随其会员数目的增加和相互之间了解程度的减少,盈利性功能就逐渐突出,安全性不断下降。作为金融中介的合会,主要是融通资金,建立一种借贷联系,合会的性质同时也决定了它的融资范围的局限性。

民间金融对促进农村经济的发展起到了不可替代的作用。首先,民间金融缓解了农村农户及中小企业融资难的局面。民间借贷手续简便、操作灵活、方便快捷的固有优势适合小企业、个体工商户、农户之间的资金调剂,与银行信贷相比,是一种更为有效的融资方式。其次,民间金融有利于提高农村资金使用效率。民间融资是一种合约,双方自愿达成交易的市场化融资机制。合约双方之间信息高度对称,作为资金供给方的贷款人对借款人的资金用途和所投资项目有比较全面、深入的了解,因而有利于其正确确定融资决策。最后,民间金融是正规金融的补充,是农村金融体系中不可缺少的一部分。我国是一个典型的二元经济国家，城乡经济和金融发展极不平衡，这为民间金融的发展提供了有利的宏观环境。同时，多种所有制成分、多种经营形式、多种经营层次并存的情况在我国将长期存在，数量众多的中小企业和分布在广大农村的数以亿计的农户的庞大资金需求，相当一部分需要借助于民间金融。

二、浙江省农村金融供给情况

近年来，浙江省农村金融机构不断扩大服务半径，在信贷总量、服务内容、支持渠道上都有了很大的进步，全省已实现了乡镇金融网点全覆盖。浙江省农村金融机构已经形成多层次、较完善的金融服务体系，金融服务覆盖至乡镇和村(社区)，基础金融服务均等化程度和金融服务水平都走在全国前列。

(一)金融机构涉农贷款投放量较大

近年来，在多个部门多项政策支持和广大金融机构的共同努力下，浙江省金融支持"三农"发展的力度持续加大。截至 2014 年末，全省金融机构各项贷款余额 71361 亿元，涉农贷款余额 28911 亿元，占各项贷款余额比重 40.5%；农林牧渔业贷款余额 1213 亿元，占各项贷款余额比重 1.7%；农村贷款余额 26832 亿元，占各项贷款余额比重 37.6%；农户贷款余额 6993 亿元，占各项贷款余额比重 9.8%，涉农贷款同比增长 1.9%，涉农贷款有效需求满足率不断提升。如表 4 所示可以看到，相比较全国其他省市地区，浙江省涉农贷款余额及各项"三农"贷款余额较高，在全国范围内处于领先水平。此外，浙江省涉农贷款中，农村、农户贷款占各项贷款的比例比较突出，说明浙江省对农村和农户的金融支持力度较高。

表4　涉农贷款地区月报表

(2014—12—31)

单位:亿元,%

项目 地区	各项贷款余额	涉农贷款及"三农"贷款情况					
		涉农贷款		涉农贷款/各项贷款	农林牧渔业贷款/各项贷款	农村(县及县以下)贷款/各项贷款	农户贷款/各项贷款
		余额	同比增长				
全国	867868	236002	13.0	27.2	3.8	22.4	6.2
北京	53651	2595	11.9	4.8	0.6	1.7	0.2
天津	23223	2553	16.8	11.0	0.6	4.6	0.6
河北	28052	11758	15.8	41.9	3.6	38.8	8.6
山西	16559	7402	11.2	44.7	4.9	40.2	8.4
内蒙古	15066	5579	14.3	37.0	10.4	29.9	8.0
辽宁	33024	6639	12.9	20.1	4.7	16.0	3.4
吉林省	12695	4257	24.3	33.5	6.8	26.8	5.7
黑龙江	13792	5724	22.6	41.5	10.8	28.1	9.2
上海	47916	1975	11.6	4.1	0.2	1.9	0.2
江苏	72490	24182	6.6	33.4	2.7	29.5	4.8
浙江	71361	28911	1.9	40.5	1.7	37.6	9.8
安徽	22755	7418	17.3	32.6	3.6	25.3	9.5
福建	30051	10141	19.0	33.7	3.0	31.0	8.0
江西	15697	6132	19.8	39.1	10.7	33.5	14.2
山东	53662	21649	12.8	40.3	4.3	36.0	6.9
河南	27583	11710	17.7	42.5	12.4	37.4	11.1
湖北	25290	6576	17.0	26.0	4.3	18.7	5.3
湖南	20783	6719	15.1	32.3	7.4	27.7	13.2
广东	84922	8983	12.9	10.6	1.1	7.5	2.4

续　表

地区＼项目	各项贷款余额	涉农贷款及“三农”贷款情况					
		涉农贷款		涉农贷款/各项贷款	农林牧渔业贷款/各项贷款	农村(县及县以下)贷款/各项贷款	农户贷款/各项贷款
		余额	同比增长				
广西	16071	5479	14.7	34.1	7.5	21.9	9.2
海南	5392	1246	16.2	23.1	3.3	18.3	1.9
重庆	20631	3940	16.4	19.1	1.7	14.0	5.2
四川	34751	12379	15.1	35.6	5.2	29.0	10.1
贵州	12438	4848	26.4	39.0	5.4	33.5	13.6
云南	18368	6234	11.5	33.9	5.3	27.1	8.3
西藏	1619	297	98.1	18.4	3.2	10.9	7.8
陕西	19174	4803	11.9	25.1	5.3	20.6	9.9
甘肃	11076	4142	24.3	37.4	14.5	32.0	16.8
青海	4303	1543	16.9	35.8	2.7	24.7	2.3
宁夏	4608	1626	14.4	35.3	5.8	29.7	10.5
新疆	12238	5451	16.1	44.5	12.2	40.7	9.1

资料来源:《2014 年中国农村金融服务报告》。

(二)农村金融体系日趋完善,金融服务提质增量

近期,为了解浙江省县市区农村金融体系及其服务质量,省银监局调研了辖内 57 个县域经济特征较明显的县市区。从调查结果来看,浙江县域内金融体系日趋完善,金融服务总体实现提质增量,普惠金融理念已逐渐被农民理解并接受。

1. 逐渐完整的金融机构类型,合理的机构网点分布

截至 2014 年 6 月末,全辖县域银行网点数量为 5707 家,占全辖银行网点总数的 59.6%。在所调研的范围,辖内有农村中小金融机构 135 家,基本实现每个县(市)有 2 家县域法人机构。辖内已实现乡镇金融网点全覆盖,乡镇及以下网点占全部网点的 30%以上。城市商业银行、股份制商业银行积极向县域延伸机构,2013 年末两类机构乡镇及以下网点

比例已接近30%。当前的农村金融体系已呈现出以农村合作金融机构、国有商业银行分支机构为主力,政策性银行、中小商业银行积极参与,新型农村金融机构为辅的一种格局。

2.快速增长的自助型网点,日益完善的村级普惠金融体系

各县(市)自助银行网点、ATM机具分别从2011年6月末的2080家、9429台增长到2014年6月末的4296家、24417台,年均增长率分别为27%、37%。截至2014年6月末,各县(市)内行政村(社区)金融服务进驻率超过95%,其中机具覆盖率(含POS机、电话转账宝等)达到78.2%。如临海通过"流动银行"巡回服务偏远山区,富阳288个村(除景山村外)均设有村级便民金融服务点等,这些新创建的网点及金融服务点,与已有的传统银行网点相辅相成,形成并在不断完善"基础金融不出村(社区)、综合金融不出镇(街道)"的普惠金融服务体系。

3.不断深化的"支农支小",持续好转的资金状况

各县(市)银行业金融机构不断加大贷款投放力度。截至2014年6月末,各县(市)银行业小微企业贷款7404.68亿元,比年初增加581.37亿元,增长8.52%,同比增长14.25%,高于各项贷款2.88个百分点。此外,县域小微企业贷款在县域贷款中的占比稳定上升,自2011年以来,连续3年分别为26.43%、30.29%、30.71%,2014年6月末为31.13%。截至2014年6月末,各县(市)银行业金融机构涉农贷款余额1.34万亿元,占县域贷款的56.18%,比年初增加706.44亿元,增长5.58%,同比增长11.6%,高于各项贷款0.23个百分点。县域银行业金融机构存贷比从2011年末的79.54%,逐步上升至2014年6月末的82.77%,与非县域银行业金融机构存贷比的差距已从2011年末的9.08个百分点,收窄至2014年6月末的2.33个百分点。

(三)创新金融产品和服务,破解"融资担保难"

为缓解新农村建设资金需求状况,金融机构积极开展信贷支农产品创新,用以解决农业农户担保难、贷款难问题。基于不动产、存货抵押范围的不断拓宽,浙江省积极探索开展小额质押贷款、应收账款质押贷款,推动了浙江省集体土地房产抵押贷款的快速发展。例如,宁波、舟山和台州等地相继开展了海域使用权抵押贷款试点工作,丽水、建德、江山等地率先开展林权抵押贷款,温州、丽水等地开展了农房抵押贷款。其中,为

了满足农户的生产和创业所需要的资金和服务，农业银行、农村合作金融机构等“三农”服务主体根据农户贷款需求多样化特点，提供了涵盖农民创业贷款、联保贷款、兴农贷款、农户专业合作社贷款等多种信贷支农产品。

为了解决金融服务“最后一公里”问题，缓解“三农”发展中遇到的“担保难、贷款难”问题，除了创新金融产品，政府及金融机构还应该积极优化金融服务，主要有以下几种创新形式。一是担保方式的创新。以政策激励涉农银行积极推广应用土地承包经营权质押、林权质押、农房抵押等新型抵质押担保方式，突破农村抵押担保瓶颈。例如，绍兴嵊州瑞丰村镇银行大力推广林权质押贷款，目前 5 大行动涉农项目林权质押贷款余额 400 万元；嵊州农村合作银行推出全市首笔土地承包经营权质押贷款 100 万元。二是信贷审批机制的创新。引导涉农金融机构对信贷流程进行优化，审批权限下放，信贷办理时间须缩短，同时提高贷款审批及发放效率。例如，嵊州农村合作银行推行限时服务制度，承诺对符合贷款条件的 5 大行动涉农项目，明确承诺办结时间从 1 周缩短到 1—3 天。三是涉农贷款利率优惠定价机制的创新。认真考量涉农小微企业、有创业意愿的低收入农户等可承受能力和生产经营状况，创新涉农贷款利率优惠定价机制，服务于农。

(四)地方、行业机构积极探索

1. 浙江省供销合作社构建农村合作金融服务体系

在十八届三中全会的《决定》中相关条例指出，鼓励农村发展合作经济，允许合作社开展信用合作。在这方面，浙江省供销社积极探索并发展小额贷款公司、农村资金互助会、农信担保公司等多种农村合作金融形式，起到很好的表率作用。截止 2014 年年末，浙江省供销合作社系统已有农信担保公司 39 家，农信担保公司注册资本达到 1025 亿元，累计向 23 万家农民合作社、涉农企业、种养大户等提供担保 12572 亿元，惠及农户 30 余万户。全省供销系统已发展各类资金互助组织 27 家，筹集互助资金 107 亿元，累计发放互助额 805 亿元，全省供销系统已创办小额贷款公司 3 家、参股 1 家，正在筹建 3 家，累计完成小额贷款 11159 亿元。多年来，在不断构建完善农村合作金融服务体系的努力下，浙江省供销社不仅拓宽了为农服务的领域，增强了综合服务功能，推动了经营网络发展，而且与农民形成了紧密联系，构成了生产合作、供销合作、信用合作“三位一体”合作服务的格局。

2. 农业银行推行自治模式

对于农行现行的自治模式，农行浙江省分行行长冯建龙将其概括为农村金融“六自治”，即客户自荐、担保自组、借款自主、用款自律、还款自助、守信自励。农村金融自治将村民的个人信用、金融需求纳入村集体民主自治体系，增加村经济自主权。农行在认真审核村两委提交上来的贷款申请后，最快当天能够放款。经过 1 年多的试点探索，浙江已成立金融自治村 230 多个，发放小额农贷 9 亿多元，惠及农户数 6095 户。

三、浙江省农村金融需求调研

(一)调查样本及问卷设计

本次调查采取随机抽样和分层抽样相结合的方式，我们随机抽取 12 个行政村，并对农户、农产品加工企业、农业种养户、农村经营户 4 个类别进行了问卷调查，共收回有效问卷 326 份。我们主要针对资金需求情况、经济收入、生产经营、金融服务需求、对目前金融服务的评价等方面进行调查，调查对象分布如表 5 所示。

表 5　调查对象分布情况

农户	农产品加工企业	农业种养户	农村经营户
155	34	96	41

(二)农村金融需求特点分析

从调查的情况看，浙江省农村金融需求正从低级需求演变成更高层次的现代化需求。这主要体现在金融需求的用途、支付结算手段、资产保值、金融信息等方面呈现出多样化的特点。根据我们的调研，农户资金需求已从传统的满足基本生存生活要求，转变为投资、购房建房、生产经营、教育学费等发展性需求，在金融支付结算手段也已从传统的单一现金支付转变为更多的使用银行卡、电子银行结算、电脑手机终端等，能实现快速、便捷的交易手段。此外，还有更多的理财投资需求，从单纯的利息转变为投资理财，期望资产实现保值增值，并对投资风险也有较多的认识。

在金融信息需求上，从过去的无所谓到现在愿意主动了解，内容上也扩展到了咨询、理财、证券买卖、资产评估等更为丰富的金融信息。我们按照金融机构提供的信贷需求、支付结算、投资理财3方面的金融服务，对农村金融服务需求进行以下分析。

1. 消费信贷需求方面

调查显示，目前农户传统农业生产或者基本生活消费信贷需求的比例较低，72%以上农户认为不需要为基本生活和简单农业生产进行借贷。究其原因，主要是国家对种田农户有补贴，样本农户2013年享受的补贴同比增长10%，加上部分农户有打工等非农收入，不仅可以满足日常生活消费，而且多余资金弥补了小额农业生产资料的支出。此外，家庭支出结构也逐渐从满足基本生活向更高层次的提高生活水平的方向转变。我们对农户的家庭信贷需求进行了调查，结果显示如图3所示，满足基本生活的消费信贷需求最低，仅为3%，而信贷需求较多的是修建房屋、婚丧嫁娶、医疗保健及教育，分别占到29%、21%、19%、13%，娱乐休闲的信贷需求也达到了9%。这一现象表明，一方面，这些农户在基本生活开支能够满足的情况下，在改善生活、提高生活质量方面有了更高的需求；另一方面也反映出农户们的信贷观念也有所改变，对消费信贷的接纳、范围都在提升，这也预示着我们需要提供更多更丰富的农村金融信贷服务。

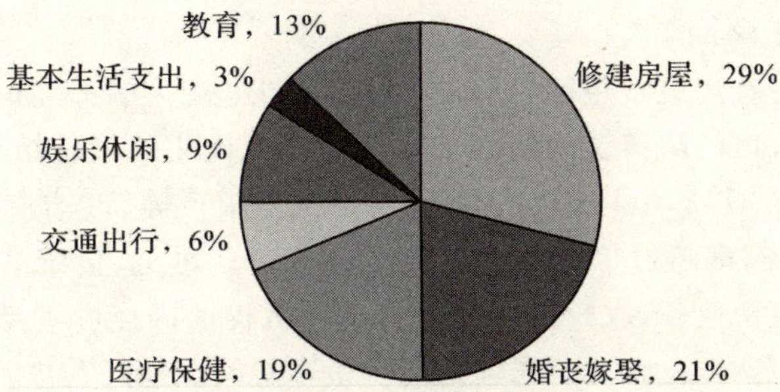

图3 消费信贷需求结构图

2. 生产经营信贷需求方面

调查结果显示，在生产经营信贷需求方面，农户的信贷结构已由满足基本生产条件转变为改善生产条件、扩大生产规模的信贷需求，如购买设备、厂房扩大、更新改造，共占到信贷需求结构的64%，结果如图4所示。

究其原因是在农村土地流转和规模经营条件下，部分农户成为种植大户，建立家庭农场或与人合伙成立专业合作社以后，进行规模化生产而形成较大数额、更高层次的信贷需求，此类生产性信贷需求占所有信贷需求的62%；随着农村经济市场化、产业化趋势日益明显，农户出现了以商贸、加工、运输等为主的非农产业融资需求，部分农村经济主体实力逐步壮大，信贷需求趋向于长期化、大额化。调查显示，种养大户、家庭农场等新型经济组织根据其种养业的生产周期，最希望融资期限 6 个月至 3 年之间的占比 71%，最希望的融资金额在 10 万—50 万元之间的占比 28%。此外，农产品加工企业由于技术改造升级、设备投资等需求，也希望银行提供大额、中长期信贷支持。

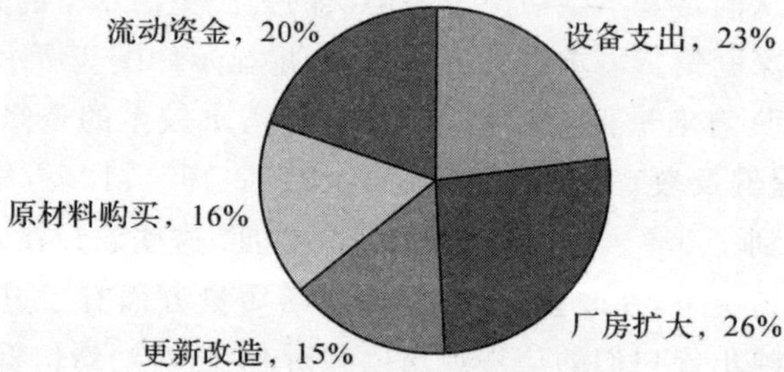

图 4　生产经营信贷需求结构图

3. 支付结算需求

我们对农户最希望使用的支付结算方法进行了调查，如图 5 所示，越来越多的农户已从传统的柜台结算转向了现代化的支付结算方法，如银行卡结算占 37%，电话银行、手机银行、网上银行等新兴的支付结算需求达到了 32%，都超过了传统的柜台结算需求。可见，传统的支付结算仅限于简单柜台业务，农户需要到农村金融机构的网点办理结算、取现、汇兑等业务，费时费力，对于居住地离乡镇金融网点远的农户尤为不便。随着农村总体经济水平的提高和农户收入的增加，农户生产经营和生活消费方面的支付结算需求呈现交易数量和交易金额同步迅速增长的特点。希望获得便捷的支付结算服务成为农户的普遍诉求，占比达 84%。传统的柜台虽然仍是农户经常选择的结算途径，但是随着助农服务点及手机银行、网上银行等新型支付手段的诞生，越来越多的农户开始突破传统柜台向银行卡、网上银行、电话银行、ATM 现代化服务需求转变。此外，我

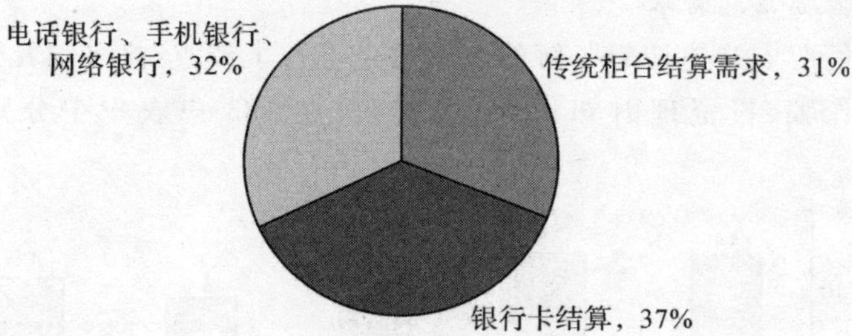

图 5　支付结算需求结构图

们的调查还显示，65％的农户使用过银行卡进行支付结算、转账汇款等业务，59％的农户使用过手机银行、电话银行或网上银行。可见，这些新兴的支付结算方法已被越来越多的农户所接纳。

4. 投资理财需求

在我们调查的 133 户农户中，93 户提出资产增值需求，71 户有资产保值需求，65 户有保险需求。图 6 所示说明农户的投资理财需求正趋日渐强烈。农户的投资理财需求取决于两方面因素，即支付意愿和支付能力，两者缺一不可。传统小农生产方式下，农户收入低且多用于维持基本生产生活，既没有多余资金也缺少投资理财的信息知识。随着农户收入的提高、条件的改善，投资理财的支付能力也与日俱增。同时，人们的行为方式、思想观念、教育程度等综合素质不断趋向城市居民经济特征，产生了投资理财的支付意愿。我们还具体调查了农户的投资理财行为，发现主要集中在购买国债、股票和黄金。

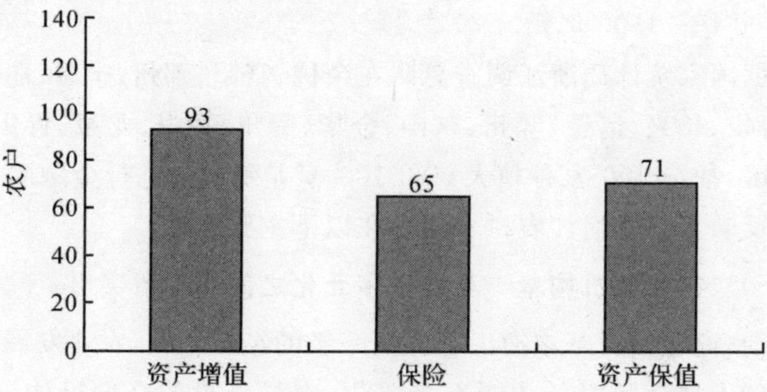

图 6　投资理财需求图

5. 金融信息需求

我们对农户迫切想了解的金融信息进行了调查，排名前几位的是防范金融诈骗、投资理财知识、金融政策，在 133 户农户中分别占到了

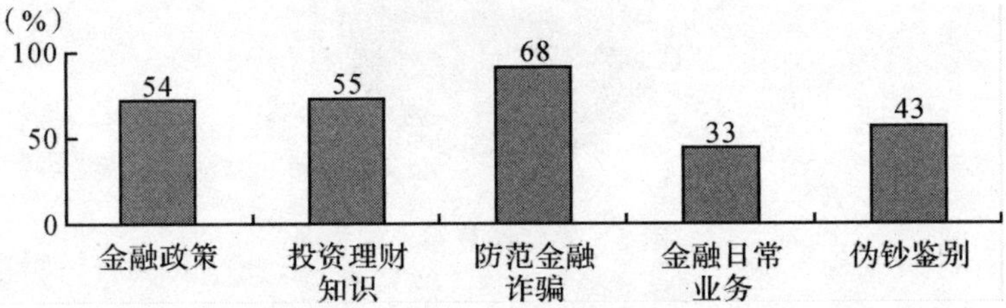

图 7　金融信息需求图

68%、55%、54%。此外，对金融日常业务和伪钞鉴别知识也有不少农户迫切想要了解。如图 7 所示这一结果表明，农户对普及金融知识的愿望较高，金融信息的宣传和教育活动很有必要深入到农村。

四、浙江省农村金融发展存在的问题

目前，浙江农村金融组织体系基本形成，直接服务农业生产的主要信贷机构是农村合作金融机构（包括农村信用社和农村合作银行等）。农村布点最广泛的正规金融机构主要有农村信用社、邮政储蓄银行等，非正式金融组织主要有小额贷款公司和担保公司。据有关资料统计，近年农村信用社农业存贷款占全部金融机构农业存贷款的 9 成以上，呈现“一枝独秀”局面。浙江民间资本充裕，据有关机构估算，浙江全省民间融资规模在 1300 亿—1500 亿元。

根据国家统计局浙江调查总队在余杭、富阳、鄞州、宁海、瑞安、永嘉、桐乡、海宁、长兴、诸暨、嵊州、东阳、金华、衢州、临海、龙泉、青田等 17 个县(市、区)抽选 100 家种植大户和 100 家养殖大户进行金融服务需求状况调查反映，当前，浙江农村金融存在以下主要问题。

(一)农村金融机构单一与需求多元化之间的矛盾突出

目前，商业银行基本撤出了乡镇一级的经营领域，农业发展银行和农业银行的农村金融服务功能逐步弱化，农村正规的金融机构分布单一。200 家种养大户中 94%的农户选择在农村信用社办理金融业务。同时，

从需求主体看，200 家种养大户去银行办理存取款业务的有 88%，办理申请贷款业务的有 40%，认为贷款难不能满足要求的占 23%。浙江农村金融服务呈现以农村信用社为主的单一化趋势，但农村信用社支持“三农”经济主力军的作用发挥有限，“一社支三农”的局面难以支撑。

(二)正规金融部门门槛高，农村金融贷款满足率低

从 200 家种养大户调查可知，33.8%的人通过亲友或担保公司担保取得贷款，抵押性贷款仅占 18.5%。200 家种养大户在目前的经营过程中存在资金困难的占 74.6%，有贷款意愿的占 73.6%；对当地金融机构服务总体评价不满意的占 31.8%，认为贷款难不能满足需求的占 23.0%。同时，农村金融手续繁琐与农民需要存在时间、空间上的不一致。

(三)农村金融信贷产品与农民的需求不匹配

200 家种养大户中，54.7%的大户认为目前个人和中小企业贷款的利率水平偏高，37.3%的大户认为担保公司收费过高难以承受；有 76.6%的大户在经营过程中得到银行支持，但享受过财政贴息贷款的仅占 26.8%。金融机构高利率、高担保费用与农业的低收益率不匹配。同时，据种养大户反映农药、化肥、柴油、饲料等农资价格高，资金的需求也越来越大，但贷款额度并没有水涨船高，制约了正常生产或扩大再生产。

(四)金融机构贷款“锦上添花”的居多，“雪中送炭”的较少

农业本身的弱质性容易造成农业收益的不确定性，涉农信贷的风险性往往比较高，同时农村市场化程度低，农户未能及时充分了解市场需求与价格信息，农产品的大部分利润被中间商赚取，一定程度削弱了农户的还款能力，银行对农业项目“惜贷”“慎贷”现象较为普遍。农业银行、农业发展银行过分追求商业化经营，逐渐远离农村中小客户，对农村经济的支持作用日渐减弱。

(五)金融知识普及率低，农民金融意识普遍较弱

在 200 家种养大户调查中，对金融体系了解的仅占 18.4%，对农村金融业务了解的仅占 15.4%，对农村小额担保贷款政策了解的仅占 22.9%，对目前金融支持农业发展政策了解的仅占 21.5%。由于宣传的不到位，导致一些支持创业的惠农政策不被广大农户及时了解，一些贴息政策受理、审核、发放不及时,从而不能享受。同时也造成农村资金需求和国家政策调整不同步,国家惠农政策与农村金融机构信贷投入脱钩现象仍然存在。

(六)民间融资高风险与需求旺盛的矛盾突出

从调查情况看,200 家种养大户中,有近 60%的大户认为解决资金不足的最便捷渠道是向金融机构借款,40%的人则认为通过向亲戚朋友借款、在典当行融资及民间借贷等方式更为便捷。民间金融在很大程度上承担了农村经济发展所需的资金融通作用,但由于没有规范制度保障而存在着较大的金融风险。农村民间金融活动依赖于一些约定俗成的非正式规模运作,缺乏制度规范,一旦规模扩大就容易失控,导致风险暴露。

(资料来源:国家统计局浙江调查总队课题组,《凸显信贷资金难以流向农村》,浙江经济网,2013。)

五、相关对策建议

(一)构建多层次、多元化的农村金融服务体系

激活农村金融市场要构建多层次、多元化、互相补充和竞争合作的农村金融机构体系。首先,要重新对农村正规金融机构进行功能定位。如农业发展银行作为政策性银行,今后要在农村基础设施建设、农村生态环境建设、扶持农业产业化龙头等方面发挥其财政作用;农信社要进一步发挥其农村金融主力军的作用等。其次,应按照多元化和竞争性标准开放农村金融市场,鼓励和支持发展适合农村需求的新型涉农金融组织,如村镇银行、小额贷款公司等,加快形成农村金融市场体系,在竞争中强化农村金融服务功能。

(二)加大农村地区金融产品和金融服务方式的创新

浙江分布的金融机构虽然比其他省市较多,但浙江省内农村地区特别是乡村地区的金融服务需求很难得到满足,因此要利用现有的条件进行多种形式的金融创新,比如在乡村增设自助金融设备,并且以流动银行的形式,银行工作人员下基层了解农民金融需求,满足农村多层次、差异化的金融服务需求。另一方面金融机构要创新服务手段,提升金融服务现代化水平,着力推广简便、低成本的非现金结算工具,将支付结算服务向农村地区延伸，逐步形成适应农村需求的支付结算模式。要做到按需供给，加强金融服务与创新：一是应根据农村居民、小微企业及农民专业合作社的实际，大胆进行信贷担保抵押创新，大力开办林权抵押、土地承包经营权抵押、农机具抵押、农房抵押、订单抵押、固定资产抵押等多种抵押方式，采取“公司＋专业合作社＋基地＋农户”“协会＋种养大户”“信贷担保公司＋农户”等方式的农村信贷产品。二是提高支付结算的科技含量，广泛布放 ATM 机、POS 机等现代支付机具，推行电话银行、手机银行、网上银行等现代银行服务，并拓展银行卡的服务功能，加大银行票据的推广使用力度，提供足不出村、足不出户方便快捷的农村支付结算服务。三是针对农村居民设计推出多种类型的金融理财产品，如国债、基金、黄金及纸黄金、保险等金融产品，真正让金融理财服务走进农村、走近农民。同时在目前简单代理和咨询产品的基础上，贴近农村居民推出全面的全程的涉及各方面生产生活的代理产品和咨询业务，切实让农村居民享受到方便舒心的服务。四是进一步扩宽农村金融宣传的渠道，因地制宜，结合当地政府、银行、农村组织等各方力量，以丰富的形式及贴心的方式为农户带来全方位的金融信息。

（三）政策上增加农业贷款补偿力度

要以风险补偿、灵活利率等方式鼓励金融机构对农村的信贷支持。探索设立由政府、企业、农户共同出资的信用担保基金或风险补偿基金，对金融机构的风险提供保障。另外，政府应当从监管、财政、税收等各方面加大对参与农村金融的政策扶持力度。要因地制宜，做好政策支持与引领，一是应充分发挥财政资金的杠杆作用。有效落实中央关于各类补贴向种养大户倾斜的政策，将家庭农场与农民专业合作社、农业龙头企业有机统一，适当提高农机作业补贴，拓宽农村政策性农业保险的范围，切实减轻农户负担。二是做好各类配套服务设施，如农田配套、晒场和水利排灌设施及其他生产辅助设施设备，积极搭建服务于土地流转的沟通和交易平台。三是完善农村金融担保体系。成立由政府牵头的农业抵押登记公司、农业设施评估公司、农业担保公司等，为农村经营户融资打造一套标准化、便利化的服务。同时，在政策上尽可能让农村各类群体将集体土地类房产，特色种养业的预期收入、果权和林权等转化为金融抵押资产，提高资产利用率。

(四)完善农村信用体系以及担保制度

利用农村的基本单位即村委会与金融机构联合进行信用等级评定，建立农村居民的信用档案，并且加强对农民进行良好信用建设的宣传。增加担保公司商业担保、担保基金、村民联保、村委会担保等多种形式，切实解决农业企业、农民专业合作组织和农户贷款担保难的问题。

(五)完善农业风险保险险种，降低涉农信贷风险

要健全机制，降低涉农信贷风险。一是应逐步完善农业风险保险的险种，探索建立保费补贴机制，研究农村互助合作保险和农业商业保险发展的机制和途径，农村保险机构要进一步增强社会责任意识，真正从服务"三农"的角度出发，大力开办农业保险业务，积极研发适合"三农"的保险产品，不断扩大农业保险参保覆盖率和参保额，满足"三农"的各种保险需求。二是组建政策性农业保险机构，专门负责落实包括家庭农场在内的农业保护政策，管理农业风险基金，为农村金融机构提供风险保障。三是加强农产品标准化建设。深化农技推广体制改革，指导农户应用先进农业新技术，引进优质高产新品种、种养新模式，提高病虫测报准确率。

[参考文献]

[1] 郑南源.关于完善浙江省农村金融服务体系的调查思考与政策建议[J].浙江金融，2010(11).

[2] 李敏.浙江省农村金融机构对比研究[J].人力资源管理，2015(4).

[3] 郭延安.浙江省新型农村金融机构发展的现状、障碍与对策[J].经济研究导刊，2011(8).

02

地区实践篇

解析丽水地区农村合作金融发展模式

□刘　颖

摘　要:本文首先对丽水地区在农村金融改革领域已经做的大量卓有成效的工作做了全方位多维度的描述,重点总结了“银行卡助农取款服务”“林权抵押贷款”“小额保证保险贷款”和“农村信用体系建设”这几项标志性的改革工程,通过对丽水农村金融改革的背景以及现状的介绍,分析了改革过程中存在的制度性约束、农村金融体系不完善、家底薄财力不足等问题,从创新金融产品和金融体系建设方面对未来农村金融改革提出建议。

关键词:丽水模式;农村;合作金融

2012年5月17日,丽水市的农村金融改革项目开始实施。作为全国在农村金融领域的改革先行军任重而道远,同时这项先行改革也得到了党中央国务院的大力支持和鼓励。时任国务院总理温家宝专程到丽水调研农村金融改革,鼓励丽水要把这项史无前例的改革用心做好,勇于改革创新,为全国做出表率,探索一条属于本地区的农村金融领域的发展模式和路径出来。在该项改革工程正式启动之前,丽水地区在农村金融改革领域已经做了大量卓有成效的工作,在全国率先开展了银行卡助农取款服务、林权抵押贷款和农村信用体系建设,这三项标志性的农村金融改革项目的成功实施极大地鼓舞了当地农民创业热情。在该项改革工程启动以后,丽水地区对农村金融改革领域的探索继续深入,不断刷新全国金融改革领域的多个首创性纪录。

国家外汇管理局把丽水地区作为第一批本外币特许经营城市,享有多项优惠政策,积极推进浙江省第一批货币兑换公司的成立,积极建立全国第一个村级外币兑换点。中国保险监督管理委员会浙江监管局努力协调，积极推动全面深化银保合作项目的深入开展，积极推进丽水市景宁畲族自治县创立浙江省第一个保险服务民生示范点。建立多层次多功能的农村金融服务体系，建立“三农”贷款保险证券协办站、反假货币工作站、小额取款服务站、农户基本信用信息采集服务站、金融消费者权益保护站、金融宣传工作站等金融服务体系的诸多重要节点，扎扎实实实地做好农村金融服务体系构件节点的建设工作。2015 年 3 月 4 日上午，由丽水市莲都农村商业银行与中国太平洋财产保险股份有限公司丽水市中心支公司共同合作“丰收·惠民”小额保证保险贷款项目正式实施，这项改革项目为丽水市农村金融改革项目增添了许多亮点。

基于以上诸多农村金融改革项目的陆续启动和实施，丽水农村金融改革已经从这边风景独好迅速发展成为全国各地区模仿的标杆，走出了一条大胆改革锐意创新的新路。

一、丽水农村金融取得成效

(一)林权抵押贷款

丽水市的森林面积有 2100 多万亩，大概能够占到浙江省森林总面积的四分之一。如何将林农的“叶子变票子、青山变金山、资源变资本”？丽水从建立农村信用体系、实行林权抵押贷款破题信贷支农，渐成“丽水模式”。

农村金融没有很好的发展，最突出的困境就是现有的信用体制的缺乏，而农民拥有所有权的抵押物又很少，商业贷款的经营风险非常大，这些不利因素严重制约了农村金融的发展。农民拥有所有权的抵押物又很少出现这个瓶颈，在丽水现有林业资源丰富的条件下，开始有所转变，这个瓶颈被突破始于 2006 年，在其他生产生活资源所有权被限制的情况下，林地的产权作为突破口开始在 2006 年当地颁布的《丽水市林业发展“十一五”规划》中实现，在这项规划中体现了几个亮点，丽水的林业“十一五”规划为林权抵押贷款提供了战略政策的支持。这也为丽水市开展一系列的改革措施奠定了基础，随后丽水政府专门设立配套的各类服务中心，积极稳妥地发行林权 IC 卡，建立了一整套体系来保障这项改革措施的实施，从林权的评估到登记再到抵押担保甚至于不良贷款处理等。

2007 年 4 月，庆元县作为丽水市首个试点县，最先开始实施林权抵押贷款方案。到 2012 年 4 月末，全市发放林权抵押贷款共计 7.25 万笔，贷款总量达到 50.55 亿元，贷款余额共计 26.62 亿元，位列浙江省第一，整个项目的实施让 20 多万林农受益。在了解中我们得到这样的信息，比如从丽水市云和县外垟村农民廖永祥口中我们得知，对于不同林农有一个信用等级的评级，如果能拿到“3A”级别，就可以拿到浙江省农村信用合作银行的丰收卡一张，有了这张卡，农户就可以无须担保的情况下拿到 5000 元的贷款，如果要贷款 5 万元，就需要第三人担保，或者可以拿林权进行抵押。在廖永祥三口之家的 20 多亩山林上，主要用来栽种山油茶，每年均可生产 100 多斤山茶油，可以有几千元的利润。林权抵押贷款利率为 8 厘多一点，贷款期限最长 3 年，在抵押贷款期间，山林的生产仍然是农家自己拥有，只不过贷款到期要赎回，如果赎不回来将有可能被拍卖掉。据了解，在云和县有大约 30% 的农民通过贷款创业，主要经营与农业相关的农产品种植、手工艺品加工以及农家乐经营管理等，也有部分人是用于盖房子或者买房子。

据了解，在云和县主要的涉农金融机构把农户的授信额度，从最起初的 1 万元调整到了 5 万元，信用贷款可以在授信额度的基础上调整，同时随时可以对持有信用证书的农户用完再贷，既可以用林权作抵押，也可以用房产作抵押，作为抵押物的林权和房产做登记评估后 3 年内都有效，而对于次一级信用的农户可以实施差别利率的政策优惠，而对整体信用良好的村镇上的农户可以在原有优惠利率的基础上享受再优惠政策。

有学者认为，城乡两元化情况下，造成了信用管理的差距也很大。对于绝大多数农民来说没有足够的抵押品进行抵押贷款，在通常意义上讲的信用不太牢固的前提下，可以通过这种抵押贷款方式得到一部分资金支持，对于现在全民创业创新战略背景下，有利于农民的创业创新，激发他们的创新热情，实现当前产业结构的升级调整，这不仅仅是对金融领域的创新试点，还是对当前实际背景下产生的创新创业实际有效的配套措施。扩大贷款抵押担保物范围，也是试点总体方案要求之一。除了用林权作为抵押物外，可以适当拓宽抵押贷款的担保物范围，例如对于小产权的抵押物方面适当突破现在的限制，农民的住房等也应该允许进行公允的评估与抵押。随着担保范围的拓宽，农村金融改革会逐步突破很多改革的深水区。

到2013年5月末为止,丽水市的林权抵押贷款总量超过30亿元,名列浙江省第一位。此外,丽水市政府正在着力全面推行财政注资、市场化运作、地方性行业协会的、各层级的担保基金等4个层面农村担保体系建设。现在,共计有9家面向农业性担保公司运营服务,丽水市共建立220个村级资金互助组织,为农户提供贷款的总量共计5100万元。

谈到这些年来的改革措施,大部分的丽水市林农感触很深的话是:“活树变成了活钱,青山变成了银行。我们农民手里的东西现在值钱了!”这项措施搞活了林权、绿了青山、富了林农,丽水市的“三农”经济迸发出很强的活力。改革措施实施的这些年以来,越来越多的农村财富故事在丽水大地上如雨后春笋般生出。浙江省政府副省长朱从玖专程赴丽水市调研,朱从玖强调当前的丽水是农村金融改革专门从林权抵押贷款作为一个突破口,既能够把抵押物的估值问题解决好,还能够对交易问题和存储问题等非常核心的问题迎刃而解。当前对于丽水市的农村金融改革的评价不管是现实意义还是理论意义都是远远低于它的价值,随着时间的推移,这项改革的引领性意义和标杆性价值将不断被挖掘。因为这项改革的理论基础逻辑上是合理的,改革的配套措施也在很深入扎实地开展的前提下,成功地突破了很多现实的局限性,并且不断拓展发展的模式和发展的思路,当前改革的阶段性成功也为下一步的改革提供了信心,积累了改革基础。从这个角度讲,丽水农村金融改革的核心就是可拓展性,改革越深入,当前农村和农民的可利用资源就会越来越多。

2009年3月,青田县利用当地的自然资源优势,开始着力推动石雕抵押贷款项目。共计实现贷款近5亿元,资金的融通也使得该行业能够在全球经济不景气的背景下保持增长,很多人把该项目誉为点石成金工程。2010年1月14日,庆元县利用当地的资源优势,逐步推进生态公益林的抵押贷款项目。2011年11月初,松阳利用当地茶叶行业发展优势,发放浙江省第一笔茶园的抵押贷款。该政策的实施,使该地区百分之八十多茶农的茶园真正变成了金子。丽水市第一批农副产品存货质押贷款也得以实现。对农产品经营户而言,农副产品存货也可以实现未变现即可抵押贷款的先例,可以用于抵押贷款的物品越来越多。

对于丽水市不断推进的农村金融改革项目,中国人民银行丽水中心支行行长孔祖根概括道,丽水市农村金融改革的抵押贷款担保物的范围不断扩大，实现了覆盖面广、风险降低、范围可拓展的新型农村金融衍生品创新体系，实现了多方共赢的局面。

(二)农村信用体系建设

“人手一本信用证，守好信用人人贷。”这句话是对丽水市农村金融改革中信用体系建设的很好概括和诠释。

一次在北京召开的丽水市农村金融改革专题汇报会上，中国人民银行副行长潘功胜评论道，丽水市农村金融改革中的农村信用体系建设是具有典型意义的，已经成为一个成功的模式，这个模式正在被全国的其他多个省市模仿和推广。之所以能够作为全国学习的标杆，最主要还是在于建立了金融体系中最基本也是最重要的农村信用体系，在现实境况最难实现的农村实现了信用体系的全面覆盖，能够让更多的农民从这项体系建设和改革项目中获益。这个全面覆盖的丽水市农村信用体系，使得经济发展水平相对落后的 210 万丽水深山农民，即便是经济基础较低，但只要保持良好的信用，就很容易取得创业的启动资金。伴随丽水市农村金融改革的深入推进，信用体系的配套项目建设所产生的正面影响力已经超越了金融领域。时任浙江省委书记、中央书记处书记赵洪祝同志曾经在《农村信用体系建设“丽水模式”显成效》的金融专刊中，对丽水市农村金融改革中的信用体系建设给予高度评价，他认为丽水农村信用体系建设不仅仅对防范金融风险起到强有力的支撑作用，还对社会层面的生态优化产生了积极的推动作用。从这个意义上讲，丽水农村信用体系建设从金融的路径解决了很多公共管理领域的问题，创造了非常良性的发展环境，这对于促进各方面的可持续发展产生了积极的作用。

现在，在丽水的农村里，大家口口相传最多的一句话就是“穷可贷、富可贷，不守信用不可贷”。据当地的统计数据显示，在丽水市农村信用体系的农户信用评价项目建设之初，共计 849 户农户主动偿还“可以及损失类”的贷款共计 1098.81 万元。随着丽水市农村信用体系不断推进，现在的建设思路从之前的零售改为批发，也就是现阶段正在实施集中授信整村批发，这项大范围的信用授信推进已经将问题的核心从信用体系的建设问题逐步转换为信用体系的应用问题。从当前批发阶段的实施情况来看，这种“整村批发”的实施明显改进了效率，同时也实现了信用运营的良好路径。

随着信用体系建设的深入,信用的价值不断得到体现,人们逐渐意识到信用的重要价值意义。比如在庆元县,整村授信的实施很快在庆元县引起了一场争做信用户的社会现象,很多个农村的农户们结伴而行去到庆云县金融机构主动归还已经拖欠很多年的贷款。针对越来越良性的信用循环机制,浙江省政府朱从玖副省长做出重要批示,他认为丽水市农村信用体系建设的最核心的建设是让农户认识到信用的价值,越来越多的人转变了思想观念,让存在信用基础的市场运作外部环境逐步巩固,不仅为农村营造了良好的社会环境,而且为农业运行市场化提供了关键的外部环境,这项改革的影响意义已经远远超过了改革本身,必将对接下来的全国性改革不断推进产生深远的影响。

通过林权抵押贷款项目的金融杠杆作用,林农的经营积极性不断提高,从政策性号召造林计划转变为商业性资本逐利的经营性造林,这种影响也产生了很强的正向外部性。另外,银行卡助农取款项目则为帮助实现城乡公共服务公平做了很好的铺垫。中国人民银行行长周小川曾经专题讨论了丽水的农村金融改革,他把丽水的农村金融改革看作十大金融改革工程之一。这一场开始于丽水农村地区的金融改革,能够引来如此多的关注和重视,最根本的原因是,这场从农村金融改革所产生的影响不仅仅是受惠于丽水本地,它就像小岗村的土地承包制一样必然影响一个时代的改革步伐,也将使得我国的农村经济改革之路推向一个崭新的阶段。

国家统计局数据显示,2007 年中国农民的人均收入是 4140 元。而在 2007 年,丽水农民的人均收入是 3869 元,甚至于不到浙江省平均水平的一半。即便是与全国人均收入水平的平均数比照,丽水的农民人均收入还有 200 多元的差距。站在这个收入水平上,按照传统的金融观念,以不到 4000 元的年收入,实现银行的贷款,是一件天方夜谭的事情。但是,就是在 2007 年,丽水人以特有的智慧和魄力,拉开了农村金融改革的序幕,并在步步为营的各项改革中突破了各种藩篱,逐步踏出改革的深水区,为“三农”发展融通了资金,让农民真正受益。

随着改革的深入和配套措施的层层推进,老百姓正在感受到改革带给他们的福利,丽水的农民人均收入在短短的 4 年内就实现了全国农民人均收入平均水平以下到突破全国农民人均收入水平以上,并连续多年的统计指标实现了增长幅度连续多年居浙江省第一位。该项改革的正向外部效应还表现在，全国性的城乡二元结构问题在丽水找到了很好的解决路径，城乡二元结构的差距也逐步在缩小，这也为全国的城乡一体化改革提供了很好的参考方案。中国的农村金融体系建设很长一段时间以来是农村金融改革中最为基础也是最难解决的一个环节，农村金融服务解决城乡二元结构问题长期以来也是一个很难解决的问题。

改革之前的丽水处于中国农村的一个典型发展境况：在全市将近1.8万 km^2 的版图上，遍布2800多个行政村，这些山区距离城市很远，根本谈不上金融机构的普及，而“三农”经济更是缺乏资金的支撑，金融机构和农村之间形成了两元结构下的鸿沟。在农村金融改革推行后的丽水市农村里，每个农民手里都有一个信用证，政府督办了一个遍及全市的农户信用信息数据库，实现了银行与农户之间的信息通畅，为每个农村建立了一个没有网点的银行。

浙江省政府副省长潘功胜指出，在农村实现网点全面覆盖是不现实的，但金融服务的功能却全面下沉。丽水市推进的农村信用体系建设，推进阻力小，反而主动性很强、可行性很强，对于解决当前的“三农”发展中的很多现实问题，比如贷款难、融资难问题是最有效的实施模式，同时丽水市的成功模式也为全国广大农村落后地区起到了很好的示范作用。

(三)银行卡助农取款服务

在解决丽水市农村地区小额取现问题上，中国人民银行丽水市支行推出了更为完善的农村金融服务配套措施，在全国率先开展“银行卡助农取款服务”。丽水市委、市政府各级领导和部门对此项改革措施高度重视，将该项措施作为全市十项重点工作来做，推进各层级一体化联动机制，各部门配合配套措施的实施和跟进，初步形成市、县、乡、村四级互联的联动体系。

在丽水市银行卡助农取款服务试点的实施工作中，相关部门为了防范风险，对项目实施实行制度指导，严格准入机制，对承办银行应当需要的条件以及对指定商店的要求细则做出明确的规定。按“应布尽布、先远后近、先急后缓”的原则循序渐进地开展项目推进。为保证该项计划的顺利实施，切实使得各配套节点的顺利运营，实施正面的激励引导机制，通过实施“分片包干”的负责制、专项补贴、惠农政策等政策激励，充分发挥机制的有效作用,调动运营方的积极性,确保“银行卡助农取款服务”持续有效地开展。

作为一项民生工程,“银行卡助农取款服务”把支付结算服务拓展到偏远的农村地区,为农民支取现金提供了便利条件,为农民节约了支取成本,成本降低了,相应地就直接促进了当地消费,既便利了农民,又促进了区域性经济发展和流通,实现了多方共赢。丽水市已有 2114 个行政村办理了该项目,取现数目共计 9.16 万笔,金额共计 3209.99 万元。并在丽水市推行涉农的补贴政策以及实现了农村缴费的“一卡通”服务,走出了一种“银行愿意、商户乐意、农民如意、政府满意”的具有丽水特色的农村金融服务之路。

丽水市“银行卡助农取款服务”,也因为解决了很大的民生问题而获得了浙江省十大民生工程项目推荐奖。

(四)“丰收·惠民”小额保证保险贷款

在中国保险业监督管理局浙江监管局和丽水市政府相关部门的积极推动下,丽水的小额贷款保证保险项目实现了新突破,丽水市莲都农村商业银行与中国太平洋财产保险股份有限公司丽水市中心支公司共同合作“丰收·惠民”小额保证保险贷款项目正式实施。

小额贷款保证保险项目的顺利实施,将使得超过 8 万户的农户和小企业主获益,贷款额度达到 30 多亿元。小额贷款保证保险项目的启动是丽水市小额贷款保证保险工作深度开展的一个缩影,既优化了资源配置,又实现了为“三农”服务的根本初衷。小额贷款保证保险项目是丽水市农村金融改革试点中的一个亮点,也是丽水市保险行业为解决民生问题提出的一项重大举措,中国人寿财产保险和中国人民财产保险等公司都在将这项改革推向深入,并将和丽水市各金融机构互通合作,创新金融产品,更加深入全面地服务好“三农”发展。

二、丽水农村金融存在的问题

随着丽水农村金融改革的不断深入,很多有效的改革措施得到了现实的检验,改革激发了经济发展的活力,极大地鼓舞了农民的创新创业的热情和勇气,为全国的试点开了一个好头,但我们看到成绩的同时,也要清醒地认识到现阶段改革已经进入了深水区,很多项措施的实施和执行遇到了很多困难，主要表现在“三农”资金需求大但是“三农”融资难；城乡二元结构差距大，真正实现城乡一体化普及难，具体表现在以下几个方面。

1. 制度性约束。虽然现在已经实现了抵押贷款担保物的范围拓展，但这个范围再往外围拓展的难度相当大，虽然现在实现了林地抵押担保等，但在现阶段的农村产权制度条件下，很多产权不归农民所有的物品法律规定是不允许作为担保物的，所以现阶段担保物的范围基本上遇到了很大的挑战。在当前担保物稀缺的条件下，不拓展担保物范围，必将在这条路径上限制农村金融改革的进一步深入开展。

2. 农村金融体系的完善问题。很长一段时间以来，丽水的涉农金融机构主要是农村信用社，在近几年引入了泰隆商业银行、浦发银行、稠州商业银行以及村镇银行等，农村金融体系建设逐步形成多头参与，但现阶段作为国有商业银行的支农在支农资金上的力度仍然略显不足。

3. 家底薄财力不足的问题。尽管近年丽水的经济总量发展较快，但财力薄弱的现状没有实质性改变。但同时，丽水的农村地广人多，居住相对不太集中，涉农资金需求量大需求面广，涉农项目经营风险较高投资回报率低，存在很多不确定因素，这就造成了农村金融机构营运成本高、风险高、收益低的“两高一低”现象，影响了投资的支持力度，提高了财政支撑的难度，很大程度上限制了农村金融的发展。

三、进一步深化农村金融改革对策建议

从丽水农村金融改革的前期进程中，我们可以得出这样的启示，农村金融改革的根本核心在于金融创新。

1. 创新金融支农产品

为集体林权制度改革、小额贷款保证保险改革项目制定改革配套措施，进一步拓展金融担保物的范围，积极探索合理合规的政策方案，积极引导各类金融机构创新支农金融产品，为创新项目提供各类政策性扶持力度和优惠政策，使一些好的金融产品发挥作用。

2. 创新多层次农村金融体系

一方面推进有优势的农村金融服务企业通过股改达到上市的要求，进一步提高融通资金的能力，提升服务“三农”的力度。拓展涉农业务范

围,采取有效措施加大薄弱环节的支持力度,促进向农村业务的深入开展。降低农村金融服务机构准入门槛,同时配套加强市场监管的力度,让一些土生土长的地方性企业开展财务公司和类似银行金融机构的业务,引入金融市场良性竞争制度,促进传统农村金融机构在创新中逐步加大对“三农”的支持力度。

四、总　结

丽水的农村金融发展模式是我国农村金融发展历程中的一个典型代表,但要想建立起一个完善的农村金融制度仍然需要有一系列的配套措施出台,可以在不断探索和总结的基础上,结合当地的资源特点,发挥当地的比较优势,探索出一条适合于本地区的农村金融改革之路。

[参考文献]

[1] 应国虎.浙江丽水农村金融改革评价研究——兼论普惠金融评价体系构建[J].浙江金融,2015(2).

[2] 蔡雨晴.关于丽水市农村金融改革和发展的建议[J].经济研究导刊,2014(24).

[3] 钱剑岳.“丽水模式”对商业银行拓展农村金融市场的借鉴意义[J].金融管理与研究,2012(11).

[4] 叶银龙.经济学视角下农村金融服务站发展的实践与思考——以浙江丽水农村金融改革试点为例[J].金融发展评论,2015(1).

温州市小额贷款公司发展现状、存在问题及对策

□ 陈丽君

摘　要:温州市金融综合改革中加快发展新型金融组织这一任务促进了小额贷款公司的发展,本文分析了温州市小额贷款公司发展的总体现状,并以乐清市为具体实例对温州市小额贷款公司发展的主要特点、主要优势以及存在的主要问题和困难进行分析,最后提出推进温州地区小额贷款公司可持续发展的对策。

关键词:小额贷款;问题;对策

温州是国家民营经济的发祥地,改革开放以来,被誉为"温州模式"的发展路子适应市场经济的发展,具有地域性的特点,引起了国家和世界的关注。在促进民营经济的过程中,因扮演投融资的重要角色,温州民间资本得到广泛关注。它体现了资金的剩余和短缺,它的变化动向已成为政策效应和经济发展趋势的重要参照点。温州地域性金融结构分布呈现二元金融的特点,为主的是现代银行业,同时存在传统的民间借贷。民间借贷的资金主要来自民营企业主和普通家庭,这一点严重遏制了民间金融的发展。出于对风险的防范,很多民间金融活动长期运作于地下,没有有效的监管,大量资金处于体外循环,存在很大风险。民间金融随着经济的快速发展得到发展壮大,一定程度上促进了经济发展。然而当席卷全球的金融风暴、欧债危机来袭,经济增长随着环境的恶化而下滑,这种运作模式的弊端也就暴露出来,2011 年在温州爆发的信用危机就是最好的证明,一度成为全社会焦点的就是温州企业家跳楼、民间借贷崩盘等。于是 2012 年 3 月 28 日,国务院通过了《浙江省温州市金融综合改革试验区总体方案》,并开始实施。借助于系统和机制创新构建了多元化的金融体系,大大提高了金融服务能力,提高了控制金融风险并且化解这一风险的

能力。温州市金融综合改革12项任务得到确定,其中一项任务就是要加快发展新型金融组织,鼓励民间资金参与地方金融机构改革,鼓励一些新型金融组织,例如农村资金互助社、参股村镇银行参与其中。特别是小额贷款公司,如果这些公司符合条件,可走改制的道路,转为村镇银行。小额贷款公司得到了发展条件,使民间资本转为合法金融资本成为可能。

一、小额贷款公司概述

《关于小额贷款公司试点的指导意见》(银监发2008〔2008〕23号)是人民银行与银监会共同发布的,其明确提到小额贷款公司是指自然人、企业法人与其他社会组织投资设立,不吸收公众存款,经营小额贷款业务的有限公司或股份公司。根据有关政策,政府计划将小额贷款公司过渡到正规金融的组织模式。民间贷款机构的合法地位由于法律的颁布、政策的制定得到了确认。许多小额贷款公司很快得到运营,并取得成功,不仅规范了民间金融,也极大地促进中小企业发展,农村金融也得到了发展。小额贷款公司有着显著的价值,具体表现如下。

(一)有助于农村金融体系的完善和农村金融服务的改善

金融疲软的问题一直存在于我国广大农村,广大农户有着很急迫的贷款需求,但是向传统金融机构贷款的条件之一就是要有充足的抵押或担保,而且有着很繁杂的手续要办理。同时以前各类金融机构通常因考虑过高的监管费、潜在的经营风险而不愿意提供小额信贷给广大农户。小额贷款公司作为金融组织的一种新形式,在正规与非正规金融组织之间的市场中占有一席之地。小额贷款公司将作为未来一股重要力量存在于多元化金融市场中,可以提供更高效的信贷服务,并突破金融垄断供给。

(二)有助于解决中小企业融资难的问题

我国中小企业数量据统计在企业总数中占99%,产值占工业的60%,就业安排占75%,资金融通上相对于中小企业的数量来说很不够,这制约着大多数中小企业发展甚至生存。相比正规金融机构,小额贷款公司具有多项优势,它担保条件低,手续简便,控制灵活,门槛不高,满足放贷的基本条件就可,跳过烦琐的交易手续,更快捷,也很好地控制了业务风险,不仅满足了中小企业贷款的需要,也开拓了融资渠道。

(三)有助于民间资本阳光化

非金融机构不能从事金融活动在法律中是有明文规定的,所以很多民间资本生存的空间一直是在地下,排除于合法金融之外,不适宜国家调整经济结构,不利于实施国家利率政策。民间借贷,就是向组织或个人借钱,而非向银行业等金融机构,例如"各种基金会""标会"等。市场和交易的机会使得民间借贷得以产生,完善的法律法规下产生的小额贷款公司使民间借贷运作得更规范,它的发展在一定程度上遏制了非法融资的现象,同时也影响着民间借贷的利率水平,尽管国家规定小额贷款的利率可以达到同期基准利率的 4 倍,但 2012 年乐清市 4 家小额贷款公司的月平均贷款利率为 17.76‰,仍低于民间贷款水平。

二、温州市小额贷款公司发展现状

(一)温州市小额贷款公司发展总体现状

温州金融办最新数据表明到 2014 年底,有 45 家小额贷款公司已营业,如表 1 所示。到当年 7 月末,这些公司总资产达 143.3 亿元,注册资本达 111.9 亿元,贷款余额达 133.8 亿元。据温州小额贷款公司协会统计,截至 2014 年底全市小额贷款公司总贷款达 1863 亿元,共 159466 笔。2014 年贷款累计发放总额为 407.9 亿元,计 28827 笔,其中农业类贷款 84.8 亿元,小额贷款 196.8 亿元,中小企业贷款 23.6 亿元。温州小额贷款公司在 2008 年后定位普惠金融,面向农业、渔业、小微企业,办理季节性、临时性、短期性的融资业务。从 2011—2014 年,温州市小额贷款公司数量不断增加,贷款余额一直上升,其他指标均呈稳步上升趋势,大大促进了"三农"发展和小微企业的发展。

表 1　截至 2014 年底温州市小额贷款公司状况

序号	小额贷款公司名称	序号	小额贷款公司名称
1	温州鹿城捷信小额贷款股份有限公司	24	苍南民兴小额贷款股份有限公司
2	温州市瓯海恒隆小额贷款股份有限公司	25	苍南融合小额贷款股份有限公司

续 表

序号	小额贷款公司名称	序号	小额贷款公司名称
3	温州市龙湾区华商小额贷款股份有限公司	26	苍南如意小额贷款股份有限公司
4	温州市亿兆小额贷款股份有限公司	27	永嘉科信小额贷款股份有限公司
5	乐清市正泰小额贷款股份有限公司	28	永嘉瑞信小额贷款股份有限公司
6	瑞安华峰小额贷款股份有限公司	29	文成县百川小额贷款股份有限公司
7	苍南联信小额贷款股份有限公司	30	平阳县联众小额贷款股份有限公司
8	永嘉县瑞丰小额贷款股份有限公司	31	平阳合信小额贷款股份有限公司
9	泰顺县中泰小额贷款股份有限公司	32	平阳县北港小额贷款股份有限公司
10	平阳县恒信小额贷款股份有限公司	33	洞头县诚意小额贷款股份有限公司
11	温州鹿城禾本小额贷款股份有限公司	34	文成县广纳小额贷款股份有限公司
12	温州市龙湾区富际小额贷款股份有限公司	35	苍南浙福通源小额贷款股份有限公司
13	温州市龙湾区振华小额贷款股份有限公司	36	洞头县恒博小额贷款股份有限公司
14	温州市瓯海国泰小额贷款股份有限公司	37	平阳县众鑫小额贷款股份有限公司
15	温州瓯海鸿泰小额贷款股份有限公司	38	苍南佰金小额贷款股份有限公司
16	温州日胜小额贷款股份有限公司	39	永嘉海星小额贷款股份有限公司

续 表

序号	小额贷款公司名称	序号	小额贷款公司名称
17	温州市鹿城华泰小额贷款股份有限公司	40	永嘉长诚小额贷款股份有限公司
18	乐清市华信小额贷款股份有限公司	41	乐清市华仪小额贷款股份有限公司
19	乐清市合兴小额贷款股份有限公司	42	平阳县昌大小额贷款股份有限公司
20	乐清民扬小额贷款股份有限公司	43	泰顺汇峰小额贷款股份有限公司
21	瑞安瑞立小额贷款股份有限公司	44	温州市龙湾区华隆科技小额贷款股份有限公司
22	瑞安五洲小额贷款股份有限公司	45	乐清市精实小额贷款股份有限公司
23	苍南汇通小额贷款股份有限公司		

(二)温州市小额贷款公司发展现状——以乐清市为例

1.贷款规模不断扩大

自2009年以来,乐清市小额贷款公司贷款和贷款总额逐年增加。2013年,5家小额贷款公司累计发放33.19亿元贷款,共3424笔,如表2所示。

表2 历年贷款发放情况

单位:笔,亿元

	2009年	2010年	2011年	2012年	2013年
贷款笔数	1274	1719	2028	2398	3434
贷款总额(亿元)	9.91	14.31	18.39	22.80	33.19

2.担保方式多样化

2013年,5家小额贷款公司主要的贷款担保形式是保证担保,贷款金额31.55亿元,占比95.1%,其次是信用担保,贷款金额为1.14亿元,占3.4%;质押担保贷款0.44亿元,占1.3%;其他形式贷款0.06亿元。

3.贷款额度小、期限短、定价灵活

5家小额贷款公司2013年平均每笔贷款额度为96.93万元,单笔贷款金额是100万元以下的占86%,比上年增长16%,其中50万元以下的占38.8%。1年期是最长的贷款期限,1—3个月、4—6个月、半年期都是短期。23.76%是最高贷款年利率,6.0%是最低贷款年利率,18.8%是加权平均年利率,9‰—12‰是种植和养殖户、农业龙头企业贷款月利率,大学生、退伍军人、残疾人等弱势群体的创业贷款、助学贷款有优惠利率。

4.取得较好经济效益

5家小额贷款公司2013年人均年薪酬达28.96万元,比上年增加了7.61万元,有31306.8万元的营业收入,缴纳1735.9万元的营业税及附加税,5538.5万元的所得税,税后利润是17319.5万元,税后资本利润率是13.86%,而小额贷款公司全国平均每年的资本利润率约为8%。

5.风险在可控范围之内

小额贷款公司提取更多坏账准备金对付不良贷款激增带来的坏账风险。5家小额贷款公司2013年计提的贷款损失准备是2826.45万元,2205.78万元的一般风险准备,核销不良贷款和坏账损失1433万元。到2013年底,不良贷款率降至1.99%。

6.做大和增资业务意愿不强

做大和增资业务意愿不强的原因:一是资本增加和企业的意愿不强。实体经济依然低迷,贷款客户的质量下降,贷款风险加大;二是银行金融机构的不断增多带来日益激烈的市场竞争;三是对增资股东未能达成统一意见,股东分散,资金实力水平不对等。股东分红时要交纳个人所得税,无法取得预期的投资收益率。

(三)温州小额贷款公司发展的主要特点

1.完善的公司治理、操作过程和合同规范。温州小额贷款公司发起人均主要是当地有实力、有规范的管理,有良好信用的民企,如瑞安华峰集团、乐清市正泰集团等,其他机构股东也是工商信贷水平很高的。小额贷款公司经营权和所有权是分离的,设立董事会、股东大会、监事会、总经理负责制。13家企业高管曾担任高级领导人于股份制银行、国有银行,他们中的一些人已经不再担任市、县(区)分行或支行领导,在银行业务方面有着丰富的经验。每个公司一般 10—13 人，建立一个业务，全面(包括规划、财务会计)和风险管理 3 个部门，相对分离信贷调查、检查、审批这些流程，但操作简单、快速，效率远远高于其他放贷银行。

2. 该服务在正确的方向上，社会效益和经济效益初步显现。小额贷款公司是对“正规银行”的补充，为“三农”和小企业提供量身定制的金融服务是它的基本目标。它的目标客户主要是县域经济的金融机构，不愿为如小规模种植、养殖，农机作业服务(处理)的家庭，或仍处于初期没有担保，或担保要求不符合正规银行要求的农户提供服务。但这些农户的产品有市场、有发展潜力。截至 2009 年底，共有 13 个小额贷款公司发放 9180 笔贷款，合计 83.26 亿元，有 8040 笔是发放给 100 万元以下小户和种养业，分别比例为 55.20%、87.58%，平均年利率远低于民间借贷利率，仅为 14.41%。小额贷款公司还依据小企业和“三农”需求特点，创新信贷产品，力求社会效益最大化。如欧海恒隆小额贷款公司与当地房管部门积极协调，建立农村住房抵押贷款，大部分农民资产得到盘活。

3. 政策支持强，能有效控制经营风险。温州市委、市政府《关于促进温州小额贷款公司健康发展的实施意见》(温政办〔2009〕122 号)放松融资，放宽担保业务范围，促进了小额贷款公司的可持续发展。平阳恒信、瑞安华峰已被批准增资和扩股，并依据政策积极向银行融资，使经营规模不断扩大。另外，实施财政部门的财务管理制度，在风险可控原则下，建立计提贷款损失准备金制度，已计提 22405600 元，运行稳定。

(四)温州小额贷款公司的发展优势

温州小额贷款公司发展优势如表 3 所示：

表 3 “小额贷款公司”与正规金融、民间金融的比较

比较项目	金融类型	小额贷款公司	正规金融	民间金融
金融交易成本	贷款对象	中小企业及农户	国有企业或民营大中型企业	中小企业及农户
	贷款批复期限	短	长	短
	信息对称程度	高	低	高
	信息收集费用	低	高	低
	谈判签约费用	低	高	低

续 表

比较项目	金融类型	小额贷款公司	正规金融	民间金融
金融交易成本	监督费用	低	高	低
	坏账费用	低	高	低
	利率	较高	低	高
	吸储能力	不能吸储	高	吸储违法

从表3可以看出,小额贷款公司与正规金融机构相比,在金融交易成本、贷款批复期限和信息对称程度上有明显优势,与民间金融类似;而在利率方面与民间金融相比又具有一定的优势。在本土化效应作用下,熟人经济模式体制下,小额贷款公司对于贷款的用项随时在监控范围内,使得事前、事后的风险最低化。例如温州永嘉科信小额贷款公司,后面称科信公司,2012年贷款余额是4.3亿元,拥有500多户的贷款对象,最低贷款额度仅为2万元,最高贷款额为500万元,批复贷款的手续十分简单,最快是申请后1小时,最慢是申请后的第二天。如果具备公司认可的担保人或抵押人,通常都可以顺利取得贷款。小额贷款公司一般服务于当地农户和中小企业,开业1年多以来,已经为很多农户和中小企业解决了缺乏流动资金的问题。

三、温州小额贷款公司发展存在的主要问题和困难

(一)资金来源渠道狭窄,杠杆效应难以发挥

作为资本密集型的小额贷款公司,只贷不存资金会产生很大的缺口。在2008年5月,银监会发布了《关于小额贷款公司试点的指导》明确规定,小额贷款公司的主要资金来源是从不超过两个银行业金融机构中取得的资金、捐赠基金和股东支付资本,同时资金的余额不得超过净资本的50%。如果之前的贷款还没有收回来,就无法开展后续业务,因为小额贷款公司除了贷款业务,其他的业务都没有得到批准。开办小额贷款公司的目的是将大量私人资本引入正确的轨道,金融活动合法化,能为"三农"、中小企业服务。但根据当前的规定,私人资本不能被转移到小额贷款公司,反过来是最需要资金的私营企业提取企业的资本去发展小额贷款公司,随着时间的推移,会导致私营企业实体经济空心化。

在2011年11月,《关于深入推进小额贷款公司改革发展的若干意见》发布。在这个公告发布后,小额贷款公司从银行业金融机构获得的融资比例将会达到净资本额的一倍。同时还提出鼓励小额贷款公司与其他金融机构合作,通过代理服务等提高中间业务收入。但在实际运作过程中,商业银行因规模控制或宏观调控,逐步严格控制和小额贷款公司合作,或提高合作门槛,不利于小额贷款公司的发展,融资额度有限、成本高。

2012年2月,《浙江省小额贷款公司融资监管暂行办法》发布。其中规定,小额贷款公司从法人股东处可以指向性地取得借款。这就是所谓的浙江新政法,不仅放松了对小额贷款公司融资的限制,从50%的融资比例提高到100%,使公司能定向向主要法人股东借钱。但因股东之间的利益问题和规定的利率问题,目前只有瑞安华峰小额贷款公司有这种举动。

例如信科公司的注册资金为3亿元,可以从国家开发银行进入资本1.5亿元,另外需要公司的股东以资产作为担保才可向银行业取得资金。这一规定也导致了高成本的同业拆借和高门槛的资金严重短缺,成为小额贷款公司可持续发展的主要障碍。

(二)支持"三农"力度薄弱,偏离政策初衷

小额贷款公司是以服务中小企业融资、促进中小企业经济发展为主要目标,而它利率高、贷款金额小、运营模式不规范和中小企业收益低、贷款金额大有许多矛盾。小额贷款公司的股权结构主要是私人资本,趋利性在经营行为中难以避免,偏重选择个体工商户、微小企业作为客户群体,有时会将"三农"的客户群忽略了。

(三)转制村镇银行受限,前景不明

温州金融12条,鼓励发展良好的小额贷款公司转为村镇银行,但是据温州银监局统计,到2012年12月,温州开业的30多家小额贷款公司,没有一家转为村镇银行。当初小额贷款公司大多是因为能转变成村镇银行而设立,为何至今都持观望态度呢?分析其深层次原因,应是制度设计障碍。

到2006年底,引进新的金融机构的村镇银行,其目的是调整放宽金融进入农村地区的银行业务。在2007年,银监会出台了村镇银行管理暂行办法,规定在村镇银行中,银行业的金融机构必须是其最大的股东或者唯一股东。最大银行机构的持有股票至少要占有村镇银行股本总额的20%;也就是说,一旦小额贷款公司变为村镇银行,银行机构肯定是最大的股东,这就意味着经营权和控制权将转移给银行。所以一旦小额贷款公司重组成村镇银行,原股东股权比例显著下降,企业控制权丧失,小额贷款公司当然不希望转给银行本公司的控制权。并且,转为村镇银行是有严格的转制条件的,这些大大影响了小额贷款公司改制的积极性。

小额贷款公司转型难的另一个重要原因是一旦改制为村镇银行,受目前银行体制的限制,改制后成为金融机构,纳入银监会的监管体系,会带来许多经营上的问题。经营上"小雨快"的优势、"短、平、快"的特色,小额贷款公司将难以维持,而这也有悖小额贷款公司成立的初衷。网点少、认知度不高、产品创新能力不足、利率管制、吸储难等也必然成为村镇银行的短板。与此同时,村镇银行目前尚不能加入中央银行的支付结算系统,这成为其开展业务的最大障碍。

(四)不良贷款利率上升,经营风险控制制度薄弱

自小额贷款公司开业以来,受宏观经济环境影响,小额贷款公司不良贷款率有所上升。当前宏观调控、货币紧缩效应、经济下行的影响加大了小额贷款公司贷款风险,自2012年以来,部分企业权益恢复难度加大,不良负债率上升;单笔贷款规模要进一步加大,小规模贷款公司放贷规模小的特点并不明显,但要进一步加大。

至今还有一些小额贷款公司没有接入征信系统,贷款多以保证方式为主,缺少抵押物担保,担保风险控制制度薄弱,贷款客户资格审查操作简单,增加了小额贷款公司的经营风险。

(五)小额贷款公司制度存在缺陷

1.法律地位至今难以界定

小额贷款公司是在《公司法》的规定下成立的,由工商局颁发营业执照,不属于《商业银行法》的管辖范围,而它从事的业务又属于金融行业,银监会金融办等管理机构要将所有的贷款进行汇签后,它才能领取执照,同时受央行监控,政府金融办随时要来检查,这样就会产生多头管理现象，真正的管理也就缺失了。在纳税身份、同业待遇层面，对公司发展造成阻碍。由于现行的法律法规不够健全，小额贷款公司的法律地位没有完善的法律体系来明确。银监会和人民银行规范和指导小额贷款公司的政策法规缺失法律层面的规范。另外，小额贷款公司由政府金融办（局）、银监局、人民银行、工商局等多部门监管，易产生监管漏洞。

2. 财政税收问题

作为工商企业的小额贷款公司，营业税的5%是需要缴纳的税金，教育费附加和城市维护建设税等附加税率约1%，村镇银行作为小额贷款公司业务范围类似的竞争对手，企业所得税税率部分仅15%。为了鼓励金融机构向农户贷款，财政部和国家税务总局规定，在2009年1月1日到2013年12月31日期间，面向农户小额贷款的利息收入，金融机构将不用缴纳营业税；对于农户小额贷款的利息收入，在计算应纳税所得额时，金融机构只需要按90%计入收入总额，村镇银行不仅能享受到税收方面的优惠，还能享受到贴息政策，如果小额贷款公司将农户及中小企业作为主要业务对象，这项税收优惠和贴息政策将无法享受，因为它不属于金融机构。

华泰公司和科信公司是两家典型的小额贷款公司。华泰公司2012年的利润为3000多万元，税收达1000多万元；科信公司2012年的利润约8000万元，税收近2000万元，税收几乎已经达到利润的1/4。另外，对小额贷款公司从银行融资的注册资本50%的同业贷款，企业的税负在计算营业税时，如果将融入资金部分也作为全额计税依据，将会极大增加企业营业税，对于一些不良贷款和费用的扣除，这两家公司的投资受益率在5%—10%。小额贷款公司的正常发展将会受到高资本成本率、高风险和低投资回报率不相匹配的影响。

四、推进温州地区小额贷款公司可持续发展的对策

（一）拓宽资金来源渠道，加大金融支持力度

一是小额贷款公司在法规形式方面应明确，通过当地人民银行报备后，与金融机构自主协商拆借的利率、期限，并且约定从金融机构融入资金的方式为同业拆借，在场外方式进行的拆借是不需要纳入“银行间同业拆借市场”的。对于小额贷款公司拆放的操作，县域分支机构在银行制定

的细则下能够得到拆放权限。二是提高向银行业金融机构的融资比例。对小额贷款公司进行考核评价,若其依法经营且状况良好,可以适当提高融资比例。三是小额贷款公司要积极引入信托资金、尝试资产证券化等方式来拓宽自身的融资渠道。

(二)落实“支农支小”方针的配套扶持政策

配套扶持政策方面对于积极、主动“支农支小”的小额贷款公司给予支持,对小额贷款公司“支农支小”贷款的比例、利率标准等提出明确的要求和细化。对达到要求的小额贷款公司,要提供人行再贷款、税收减免、贴息等优惠政策支持。同时还要引导各小额贷款公司根据贷款人的资信状况、风险等级等情况,合理确定贷款利率。“支农支小”的利率标准也必须下降。小额贷款公司的支农贷款拨备率标准,各地人民银行可以进行适当提高,为减少小额贷款公司支农的经营风险,各地方政府可以对“三农”贷款提供适当风险补偿。如果小额贷款公司成效显著、贷款质量较优,可以提前按规定程序申请实施增资扩股,以增加贷款资本金。

(三)完善地方法律,明确合法地位

首先,选择合适的发起人和发起机制。根据村镇银行成功经验,对于外资银行和政策性银行等有较强意愿参与村镇银行的银行,小额贷款公司可加强与它们的合作。在转化为村镇银行后,如何协调小额贷款公司原有股东和银行机构的股权比例至关重要。其次,降低改制标准。相关部门可根据当前小额贷款公司的经营状况,选择业绩突出的小额贷款公司的各项指标作为参考。如果不破坏金融安全,可以在原有标准基础上适当降低,可以提高小额贷款公司改制村镇银行的热情。最后,创新经营机制。对于联保贷款、权益质押贷款、信用贷款等多种贷款方式积极探索,控制不良贷款率,拓宽业务空间,积极开拓其他业务,同时要注意避免与现有金融机构发生同质化竞争。

要实现小额贷款公司健康发展,需要及时反馈贷款质量劣变,加强贷款事前审查、事中管理、事后风险监测工作,构建一个高效、合理的公司治理结构,应当完善联保制度和完善信用担保体系建设,主要包括解决“缺乏担保”问题的制度建设以及实现征信系统全覆盖。

立法明确小额贷款公司的身份及地位。我国的金融机构分为银行金融机构和非银行金融机构，小额贷款公司按照从事的业务属于非银行金融机构。但目前小额贷款公司被界定为工商企业，限制了公司的进一步发展。政府部门应该尽快立法，明确小额贷款公司的法律地位，确认其应有的非银行金融机构的身份，享受相应的同业待遇。小额贷款公司应对多层次信贷体系的搭建进行完善，进入正规的金融体系之内，资金补充允许来自同业拆借。同时，中国人民银行的征信系统也应该将小额贷款公司纳入进来，有利于共享信息平台，消除其信息不对称，降低交易成本，使小额贷款公司更好地为中小微企业及“三农”服务。另外，应该鼓励发展良好的小额贷款公司积极转型，出台相关政策对转型小额贷款公司给予适当扶持，使其走向正常化、市场化。

（四）完善小额贷款公司相关制度建设

拉美国家对小额信贷的监管经验及用商业化导向使小额贷款公司实现可持续性发展的经验，值得我们去学习。浙江省政府办公厅在 2012 年 9 月 19 日印发了《浙江省小额贷款公司监督管理暂行办法》，该监管办法构建了省市县（区）三级监管体系，进一步加强了对小额贷款公司的监管，确保合规经营严格风险防范。但对于小额贷款公司的融资及利率还是没有明确放开。因此，政府应该尽快立法，在对小额贷款公司进行制度化监管的前提下，废除只贷不存的规定，真正开放农村金融，把闲置的零散的民间资本集中起来为经济发展服务，这是将农村金融做大做强的最有效途径。同时推进利率市场化，放宽利率上限；引入保险机制，降低民间资金存款的风险。

国家出台更多的法规及措施。国家需要为小额贷款公司专门设计有效的财政补贴和税收优惠政策。小额贷款公司在扶持中小企业发展和加快新农村建设方面有着其他金融机构不可替代的作用。为鼓励其开展相关业务，建议对小额贷款公司的涉农贷款和中小企业贷款，比照金融企业的税收优惠政策执行，允许计提一定的贷款损失准备金在企业所得税前扣除，对农户小额贷款的利息收入减计收入总额，对其营业税率减至按 3%计税等。除了税收方面的优惠政策，还可以采取各种倾向性措施，对国家和地方扶持范围的贷款业务进行财政贴息，从有关经费中安排专项资金对小额贷款公司进行风险补贴，从而使得公司的风险成本得以降低，风险抵补能力得以提高，通过这些措施可以有力地支持小额贷款公司的业务发展,让中小企业的融资环境得到极大改善,推动当地的经济发展。

[参考文献]

[1] 苏浩宇,陈思憧.新形势下小额贷款公司发展再思考[J].金融创新,2012(1).

[2] 杨虎锋,何广文.商业性小额贷款公司能惠及“三农”和微小客户吗[J].财贸研究,2012(1).

[3] 唐蓉.浅析小额贷款公司转制村镇银行的风险与防范措施[J].中国证券研究,2013(1).

[4] 施沈杰,李婷.基于 SWOT 分析的江苏省小额贷款公司可持续发展研究[J].商业经济,2012(3).

[5] 何广文,杨虎锋,张群,等.小额贷款公司的政策初衷及其绩效探讨——基于山西永济富平小额贷款公司案例的分析[J].理论探索,2012(1).

农村金融发展存在的问题及对策分析
——以绍兴市为例

□ 周凤华

摘 要:本文主要以绍兴市为例,探索农村金融在发展中取得的成效和存在的问题,然后对存在的问题进行分析,提出一些对策建议。

关键词:农村金融;问题;对策

2015 年中央 1 号文件《关于加大改革创新力度 加快农业现代化建设的若干意见》提出了"三农"工作目标:"农业要强、农民要富、农村要美。"在具体的工作指示中,对推进农村金融体制的改革也提出了一些要求,其中要求积极探索新型农村合作金融发展的有效途径,稳妥开展农民合作社内部资金互助试点,落实地方政府监管责任。做好承包土地的经营权和农民住房财产权抵押担保贷款试点工作。鼓励开展"三农"融资担保业务,大力发展政府支持的"三农"融资担保和再担保机构,完善银担合作机制。支持银行业金融机构发行"三农"专项金融债,鼓励符合条件的涉农企业发行债券。绍兴是浙江 11 个地级市中的一个,也是浙江四大经济支柱中的一个。绍兴位于浙江省中北部、杭州湾南岸。绍兴下辖的行政区有越城区、柯桥区、上虞市、诸暨市、嵊州市、新昌县。每个区域都经济发达资源丰富,其中柯桥区已发展成为浙江省经济最发达的地区之一,农产品也很丰富,有霉干菜、手工黄酒、安昌腊肠等;上虞的二都杨梅、魁栗,还有"江南吐鲁番"美誉的盖北葡萄、上虞柳编、崧厦的榨菜、短黄瓜等等;诸暨是中国百强县之一,境内四周群山环抱,人杰地灵,有名的特产有香榧、西施豆腐、野山笋干、茶叶、银杏等;嵊州、新昌也盛产香榧、茶叶、笋干,还有嵊州有名的桃形李和新昌有名的小京生等。每个地区农产品资源发展都各有特色,农村金融的发展也参差不齐。

农村金融服务是指在县及县以下地区提供存款、贷款、汇兑、保险、期货、证券等各种金融服务的总称。传统的农村金融需求仅仅涉及农业的信贷资金往来,随着国家对农业的政策支持,农村生产经营方式的转变和农村产业结构的调整升级,来自农业的金融需求就不单单是季节性的购买良种、化肥和农药等,而是逐渐向大规模和专业化生产方面转变。随之而来会需要更多的资金支持和金融服务。金融服务的需求主要由农户、农村企业、公共项目主体(如农村基础设施建设和农村公共产品)三大主体构成。在市场经济条件下,农村经济的进一步发展,社会交流与开放的进程加快,影响生产力发展的变量逐渐增多,农村经济早已超越了"土地是财富之母,劳动是财富之父"的阶段,土地与劳动已经不再是主导地位的要素。科技、管理、信息、资金这些要素显得更为重要,解决的是劳动与资本的结合问题。另一方面,农村城镇化表现为农业内部的产业转型和结构升级,表现为劳动力就业结构从以农业(第一产业)为主向以第二、三产业为主的转变,并由此带动人口和资源的空间结构从分散到相对集中的过渡。这个过程中,新创办企业、工业园区、涉农乡镇企业以及农业现代化专业化等无一不需要大量资金的融通,引致新的金融需求。当前,农村资金需求量较大,但农村缺乏资金,自身无法满足需求。一段时间以来,农村存在大量剩余劳动力。在城市良好经济发展环境的吸引下,农村剩余劳动力向城市转移,进行就业、创业。转移到城市的农村劳动力在城市获得的收益,通过邮寄、随身携带等方式带到农村,进而在农村金融机构进行储蓄。农村金融机构通过购买国债、同业拆借、提交准备金等种种方式把资金又回流至城市,农村依然缺乏资金,无法承担包括基础设施建设等在内的投资。绍兴市下辖越城区、柯桥区、上虞市、诸暨市、嵊州市和新昌县 6 个县(市、区),全市总户籍人口 440.83 万人,其中农村人口 203.47 万人,占全市总人口的 46.16%。绍兴是农业大市,金融支持农业发展、农民增收、农村繁荣意义重大。

一、绍兴市农村金融的发展成效

(一)涉农贷款总额在不断提高

随着国家对"三农"问题的逐步重视,在贷款金额发放方面虽然和其他行业还有一定的差距,但是涉农贷款总额每年还是呈现出上升的趋势。2008 年浙江全省的涉农贷款余额为 1512.44 亿元,2009 年浙江全省的涉农贷款余额提高到 1843.66 亿元。从全省看,农户贷款有贷款需求的也在不断提升。从绍兴市来看,因为绍兴是农业大市,所以农户的贷款需求也在不断提升。

(二)涉农信贷品种不断创新

针对农村一些特有的特点,金融机构积极开展涉农信贷品种的创新。特别是农村合作金融机构、农业银行等"三农"服务主体也根据农户贷款需求多样化的特点,提供涵盖了联保贷款、农户专业合作社贷款、兴农贷款、农民创业贷款等多种信贷支农产品,为农户的生产和创业提供所需要的资金和服务。绍兴农业土地广阔,经济作物丰富,在嵊州、诸暨银行和政府合作进行了香榧园林的建设。银行还和农村合作社合作,对农村合作社提供信贷帮助,例如对上虞合作社提供信贷支持,扶持葡萄、猕猴桃等产业。在绍兴,还对农民购买有些农用机械例如大型收割机、翻土机等提供了贷款帮助,贷款的品种也较多,使得农业现代化加快发展。

(三)金融环境不断优化

随着绍兴新农村建设的加快,农村的金融环境也在不断优化。全市 100 多个乡镇共有银行网点近 450 个,其中,农村合作银行、农业银行和建设银行的网点增速尤为迅速,占到了所有银行网点的 80%以上。自助银行也在迅速发展,其中 ATM 机已接近 500 台。在诸暨有些发达的乡镇,例如大唐,担保公司小额贷款公司也已经开始兴起,有些民间资金已经注入。

二、绍兴市农村金融存在的问题

(一)农村金融抑制现象严重

现在还是以追逐利润目标为主的时代,虽然如前所述涉农贷款总额每年呈现出上升的趋势,但是和其他行业相比,农村金融抑制现象仍然严重。而且要面对农业生产周期长、季节性因素影响大、收入不确定性高的风险,且在实际利率执行过程中,农户极少能享受到优惠利率。正规金融机构普遍出现"惜贷"情况,使得农村经济市场难以形成有效的金融供给,同时也会制约银行信贷对经济发展的促进作用,使银行资金无法真正用于农村农户,在一定程度上也会限制国家经济政策对经济的刺激作用,不能发挥对经济的推动作用。有些在农村的银行受到自身条件的限制,其经营状况和发展前景受到了产权不明晰、历史遗留问题多、结算功能不完善等问题的牵绊,导致其在同行业竞争中劣势地位明显,资金等供需矛盾突出。

(二)高素质人才缺乏,配置不完善

涉农贷款的领域相对分散,涉农贷款的风险有不确定性,涉农贷款的贷款成本往往高于非农贷款,但是回报的收益却小于其他行业。金融机构在以盈利为目的的情况下,一般都不愿意开发涉农贷款,所以从事涉农贷款的人才也相对缺乏,涉农贷款的相关配置还不够完善。从行业来看,农村金融机构从业人员的整体文化素质较低,缺乏对金融专业知识系统学习,以及业务系统专业培训,并且缺乏对农村实际的调查和思考,不能将农村实际和金融理论有效地结合在一起。从业人员固守成规,只想满足于固定的信贷业务,而在开发农村特色理财产品等方面捉襟见肘,农村金融机构创新不足阻碍了农村经济的发展。农村信用社虽然按照股份制银行进行了改革。但其在经营上仍停留在过去简单的存贷业务上,贷款的投放限制条件高,没有股份制银行的产品,也没有专门的客户经理服务。村镇银行成立的数量在增长,但大都基本各自一体,不成规模,在面对市场上不同对象的需求方面,其农村金融的供给在各项产品研发上成本偏高。现实生活中,在追求利润最大化的背景下,村镇银行将目光锁定在大型银行的客户群体,却提供不了相当的服务水平。

(三)农村金融体系不够健全

随着国有银行和部分商业银行出于对利益的追逐,在农村地区的逐一撤离,金融机构和营业网点逐渐减少,金融服务供需不足,农村金融业务相对萎缩。多数地方只剩下农业银行、农业发展银行、农村信用合作社、邮政储蓄银行等金融机构仍在农村地区服务"三农"。特别是信用社撤销以后,局部地区出现了金融网点空白,形成金融服务盲区,如嵊州通源、雅璜、竹溪和里南4个建制乡均无金融网点,当地农户连日常的存取款都无法办理。这些正规金融机构的资金供应有限,难以满足农户对金融的需求;且通常情况下,为规避风险,正规金融机构的手续较烦琐,贷款条件较严格,多数农户无法进行快捷、便利的贷款,正规金融机构的"惜贷"使得农村民间借贷趋于活跃。但农村民间金融借贷利率高,不受市场政策调控,潜藏一定的金融风险。民间金融缺乏必要的规范和保护,给农村金融市场的规范发展带来了一定的负面影响。

三、绍兴农村金融发展的对策分析

(一)积极普及金融知识

在农村多数农民文化程度较低,还是比较传统的老农民。很多农民对银行的业务只停留在存钱取钱上。有些农民需要资金但不知道融资的渠道,对金融产品也不了解。所以要扩大农村的金融服务,必须增加金融机构的宣传和服务,才能使得金融市场上的需求和供给平衡。需普及的金融知识包含支农惠农政策、借贷政策、理财产品更新等。在对农民知识的普及上可能更需要努力和耐心,对于特定的用户有时需要进行专门详细的解说。农民是农村金融需求的主体,他们最切实了解农业生产、生活发展中对金融服务的需求,只有大力宣传相关金融知识,农民们才能更好地科学地做出决策,更好地享受金融服务。农村金融的宣传和发展可以以农民专业合作社为突破口。农民专业合作社是在家庭承包经营的基础上,农民自愿组织起来的互助性经济组织,被视为解决农业生产中小规模经营与社会化大生产之间矛盾的有效途径。农民专业合作社的发展每个省份都有各自的特点和优势。2004 年《浙江省农民专业合作社条例》颁布实施以来,浙江省农民专业合作社在发展中规范、在规范中发展,合作制度广泛应用于农业生产的各个环节和农村经济发展的各个领域。浙江省是全国首批农民专业合作社试点省之一,农民专业合作社的发展处于全国前列。绍兴农产品资源丰富,给农民专业合作社的发展提供了一个有利的平台。农民专业合作社是金融服务的一个突破口。绍兴的很多农产品,例如茶叶、香榧等都已经产业化,而这些产业化的背后都离不开资金的支持。于此也能很好地推动落实县域金融机构涉农贷款增量奖励、农村金融机构定向费用补贴、农户贷款税收优惠、小额担保贴息等政策来引导农村金融的趋向。

(二)加大政府支持和监督力度

完善的社会保障体系对于农村金融体系的构建具有重要意义,是农村金融体系的重要支持,众多国家的历史实践表明,农村金融体制的形成受诸多因素的影响,如金融政策、政府因素、财政政策环境等,其中政策的支持和财政的投入是完善农村金融体系必不可少的部分。政府可以制定相应的公共财政政策,如对金融机构贷款的农户提供适当的财政补贴,以保证金融机构经营农户贷款的正常收益,调动和保护金融机构增加农户贷款的积极性。同时,政府部门应配合农村金融机构,为农村金融发展创造有利条件,通过资金聚集效应进行政策支农,引导资金的正规使用,如进一步对农户贷款提供低息供应、减免税收政策等,持续积极支持农村金融改革发展。政府对金融机构应该加强监督和考核,始终坚持把增加涉农贷款作为银行业绩增长的重要指标。金融监管部门要按照职责分工,监督农村各类金融机构确保本区域内金融机构涉农贷款增长不低于各项贷款增长水平。各银行、保险和担保机构,对涉农贷款、提供保险和担保等情况要单独统计,单独管理,单独考核,作为年终考核和享受补助的主要依据。农村合作银行、农业发展银行、农业银行要坚持服务"三农"、让利"三农"的原则,把更多资金投向"三农",确保涉农贷款业务稳步增长。鼓励地方性商业银行拓展商业性支农功能,积极探索支农新领域、新业务,并成立相应职能机构专门从事涉农贷款,规定一定贷款规模用于"三农"发展,加大对农村金融服务力度,邮政储蓄银行要由吸储为主向吸储和放贷并重转变,当年新增贷款的一定份额用于农业、村镇银行和小额贷款公司,用于服务中小企业和"三农"的比例不得低于一定标准。

(三)规范民间金融资本市场

在现在的资本市场中,借贷纠纷和逃废债情况明显增多,在农村也不例外。民间金融资本市场往往缺乏一定的监管和风险规避,一些非法集资和高利贷的发放,不利于民间资本市场的发展。所以,政府的介入对民间资本市场的发展是必不可少的,政府应该逐步规范民间资本市场,对其进行一定的引导和约束,使其真正对农业经济发展有时效。对于一些以非法集资目的的民间金融应该予以取缔,鼓励民间金融组织法制化、正规化,以满足农户和农村企业较大规模的资金需要。

[参考文献]

[1] 苗宁.我国农村金融发展中存在的问题与对策研究[J].安徽农业科学,2012(7).

[2] 薛国琴,项辛怡.政府在金融支农中的作用分析——基于绍兴市金融支农实践的调查[J].浙江社会科学,2015(5).

[3] 郑南源.关于完善浙江省农村金融服务体系的调查思考与政策建议[J].焦点时空,2010(11).

城乡统筹发展背景下台州市农村金融改革创新问题研究

□ 陈鑫子

摘　要:台州农村金融在大力推动农村经济发展及服务“三农”等方面走出了极具特色的一条新路子。农村金融创新已经成为台州城乡统筹发展这一系统工程中的重要环节。如何进一步加大农村金融改革与创新的力度,从而逐渐形成良性的经济金融互动局面,成为一个紧迫而又现实的问题。本文以城乡统筹发展为背景,从台州市农村金融发展的现状分析入手,深入分析了当前台州市农村金融发展中存在的问题,并探究了台州市农村金融改革创新的举措。

关键词:农村金融;创新;问题;举措

近年来,台州的城乡面貌发生了巨变,城乡功能也逐步进行了完善,城乡形象和城乡品位因此不断提升,最终使得城乡发展进一步融合。为了更好地促进社会主义新农村建设,台州在农业和农村产业结构调整上加快了步伐,在农村小城镇建设上也加大了投入,并稳步推进农村基础设施建设,使得整个农村经济驶上了快速发展的道路。然而金融制度的城乡二元分割,金融供给的“向城不向乡、向工不向农、向富不向贫”的现象一直严重制约着农村经济的进一步发展,成了统筹城乡发展的最大障碍之一。因此,为了打破城乡分割的“二元经济社会结构”,使得金融资源在城乡之间配置更加合理,台州市必须从发展现代农业,统筹城乡发展,扩大内需、保持增长的高度,进一步提高对深化农村金融创新重要性的认识。

一、城乡统筹发展背景下台州市农村金融发展的现状

(一)农村金融机构组织迅速发展

近几年台州市农村金融机构呈现迅速发展态势,尤其是新型农村金融组织如雨后春笋般冒了出来,它们成了农村金融市场的新鲜血液。台州现有的新型农村金融组织主要有村镇银行、小额贷款公司、扶贫资金互助会、农村资金互助社以及微型金融组织。这些新型农村金融组织与大中型银行相比,具有机构设置简单、运营成本低、决策链条短、贴近农村市场等特点,而且可以有效推动筛选机制、监督机制、激励机制的改进,弥补农村网点覆盖率低、竞争不充分等问题。但新型农村金融组织尚处于发展初期,经营管理水平、资金实力、监管体系还需要改进与提高。

目前,台州市共设有国有银行、政策性银行、城市商业银行、股份制银行、村镇银行、农村合作金融机构、农村资金合作互助社等 29 家银行业金融机构,从业人员 1.6 万余人,出现覆盖面广、层次多、分工有序、职能互补的局面。截至 2010 年 6 月底,台州的所有银行业金融机构总贷款余额为 2827 亿元,在这当中涉农银行业金融机构共有贷款余额 601 亿元。农村信用社发展的步伐尤为惊人,台州市的 9 家农村信用社,已改制为商银的就有 6 家,法人治理结构也逐渐完善,并充分发挥了支农主力军应有的作用。邮政储蓄银行以及农业银行也陆续回归到农村,最为重要的是农业发展银行在支农新领域上不断拓展。此外,3 家城市商业银行有效地依托了机制灵活的优势,从而大力地支持和促进了农村经济的发展。

(二)农村金融服务日趋成熟

面对台州市经济社会发展新形势、新任务,农村金融服务“三农”的工作意识不断增强,服务理念在提升、服务机制在完善,政府的政策保障在加强,从而初步形成了“三农”金融服务体系。这为今后全面拓展农村金融市场打下了坚实而稳固的基础。近年来,农村金融服务的持续发展有力地推动了台州市新农村建设,从而有效实现了其与农村金融之间的互动良性发展。台州市农村经济发展迅速,其中特色农业产业规模继续扩大,拉动了农民收入的持续增长,据 2008 年的数据统计,台州市农民人均纯收入达到 9180 元。台州全市进一步设立并延伸各大金融服务网点,建

设便农支付项目工程，积极展开金融知识下乡等具有重大意义的活动，在培育农业经营主体上取得新成效。目前，台州市已有450家县级以上的农业龙头企业，有2043家农业专业合作社。农村基础设施建设大为加强，农民创业热情高涨，农村人居环境不断改善。

(三)农村金融产品不断丰富

台州市发展农村金融十分注重城乡统筹经济发展的特点，在加大金融支农力度的同时，不断丰富新农村特色金融产品。为了更好地满足日益增长的农村金融需求，台州市相继开发出了20多个信贷产品，从而有效解决了农村在建设方面筹资困难的问题。其中较有影响力的如临海市在全省率先发放"丰收小额贷款卡"，据统计截至2010年6月底，全市已发放了9.5万张卡，授信余额共计44亿元，实际用信余额41亿元。"外出务农创业贷款""农村土地承包经营权质押贷款"等农村金融产品也受到了广大农村群众的广泛喜爱。"小额贷款""惠农卡""创业贷款""新农村新家园康居小额贷款""林权抵押贷款""农村住房抵押贷款""商标权质押贷款"等产品，有力地支持了农民生产生活的资金需求。

(四)农村金融生态环境日渐改善

台州市在农村金融生态环境的改善方面也下了不少功夫。一方面，逐渐加强以信用户、信用村、信用乡(镇)为重点的农村信用体系建设；另一方面在发展传统担保贷款上也加大了力度，且适度并合理地扩大了抵押担保的范围。在推出个性化信贷担保产品的同时，努力提高单位及个人征信数据库的覆盖比率，从而达到逐步完善农村信用信息共享机制的目的，使得农村信用担保体系初步建立，各类农业担保公司逐渐发展壮大。农业贷款风险补偿机制得到了进一步完善，2008年台州市的农业贷款风险补偿额高达3077.7万元，居全省首位。此外，农户信用评价体系也逐渐健全，台州市的农信系统已经给全市66万余农户建立起信用档案，占据了辖区农户数的53%，建立914个信用村，拥有48.5万户信用农户，累计贷款278亿元，从而有效改善了整个农村金融生态环境。

二、城乡统筹发展背景下台州市农村金融存在的问题

台州市政府一直以建设社会主义新农村为任务，以服务民营经济发

展为目的，不断加大政策引导，推动城乡统筹发展，但台州市农村金融仍然存在一些问题阻碍了新农村建设的发展。

(一)农村金融机构组织体系不完善

台州市农村金融机构组织体系并不完善，金融机构服务资产质量差、资本充足率严重不足。国有商业银行考虑到农业贷款成本高且收益低，又与其所追求的流动性和安全性恰恰相反。因此，对农村地区分支机构与营业网点进行了大量撤并，从而也大大弱化了其在农村的金融服务。如农业银行信贷资金“农转非”，与农村信用社“脱钩”，快速调整经营战略，确定市场定位，面向城市化、规模化的方向进一步发展。自 1999 年以来共撤并台州市农业银行 40 余个基层网点。此外，农业发展银行由于政策性的特点，贷款规模损失较大，盈利能力较差，严重束缚其发挥政策性功能。邮政储蓄银行采用各种手段和方式来抢占农村庞大的市场，从而引起农村原本就非常紧张的资金“倒流”向城市的局面。村镇银行试点工作仍然处于起步阶段。此外，作为农村金融的主力军，农村信用社依旧定位不清，从而对农村经济发展壮大的支持显得力不从心。虽然农村信用社是不以盈利为目的的，但税赋仍然按照商业性的金融机构来处理，实际上是政策性、合作性和商业性混为一体的，这种模糊的性质定位导致了农村信用社商业化倾向越来越明显。

(二)农村金融服务体系不健全

台州农村金融服务方面取得的成效还是阶段性的，与新农村建设的要求相比仍有很大差距，多样化、多层次、竞争化的农村金融服务体系仍未建立。台州是民营经济先发地，也是农民专业合作社的发源地，农业产业化的经营起步比较早。据调查，农业专业合作社数量高达 5000 多家，其带动的农户有 50 多万。农村经济发展，农民多元化的金融服务需求与目前金融服务方式单一、金融服务的质量及效率不相匹配。部分地区的农村金融服务意识依旧落后，缺乏危机意识和创新意识，“等客上门”的思想需要转变为“服务上门”。农村金融服务不够便利，相较于城市金融“百米一网点”的情况，乡镇以下地区的农村金融，尤其是银行类服务仍然非常不便利，农民办理信贷业务时仍需要赶赴遥远的路程。此外，农村金融服务在为农民提供咨询、代办业务等方面还不够周全。

(三)农村金融产品难以满足实际需求

台州目前适销对路的金融产品仍然较少,如何满足市场需求和农民需求,如何使得农村金融产品发展多样化、具有竞争力,以适应新形势,需要解决以下几方面的问题:第一,农村金融产品功能定位不佳,多元化、综合性、大规模的需求者无法得到满足;第二,农村金融产品相较城市成熟产品推广比较慢,ATM 网络、POS 网络、电话银行等在村镇地区还不多;第三,农村金融产品针对各类农业产业的涉及面不够广,针对农村新兴产业开发出的金融产品不多;第四,能够有效分散信贷风险的金融产品还比较单一、要实现农村信贷创新与农村多元化需求还有一定差距;第五,办贷手续简便、灵活的金融产品到目前为止推出的不多,不少农户因受到认知能力的局限性,对贷款心存忌惮,对预期缺乏信心。

(四)资金供求矛盾导致农民贷款难

台州市农村金融供求矛盾十分突出,农民贷款困难的问题依然存在。当前台州市提出"农业龙头企业+专业合作组织+农户"形式能够有效发展农村经济,提高农业产业化经营水平,大力推动农村的资金需求量。这些资金需求的特点主要有:第一,规模化,主要是由传统农业逐渐向规模经营和特色产业发展形成的;第二,多元化,主要是因当地农村不断繁荣和发展的二、三产业所带动的;第三,产业化,主要是通过农业主导产业推动关联产业壮大发展所导致的。然而与日益旺盛的资金需求形成鲜明对比的是,农村金融的有效供给却明显不足。原因涉及很多方面:一是农村金融市场中多数供给主体具有很大的局限性;二是原有的农村金融供给模式十分滞后;三是农业本身存在高风险约束;四是农业担保公司的发展处于起步阶段;五是农业保险局面尴尬;六是缺少有效的抵押担保物导致障碍重重;七是受管理责任的制约;八是受社会信用环境的影响。

(五)农村金融生态环境较差

台州农村地区的金融生态环境比较差,亟须改善。主要体现在以下几方面:第一,政府对农村金融的政策扶持力度不够,政银农合作不够密切,缺乏联动性;第二,与农村金融相关的政策法规建设不健全,缺乏严格有力的惩罚机制;第三,行政管理机构对农村金融的管理能力以及相关中介服务机构的服务水平不高,严重阻碍农村金融的发展;第四,农村信用体系建设不完善，尤其是信用评价体系和信用服务体系建设还在探索过程中，从而导致征信难；第五，农民的信用观念和意识相对淡薄，整个农村金融的信用环境都比较差，农民对非法金融活动的辨别能力和自我保护意识比较薄弱。

(六)农业保险发展滞后

台州是台风高发地区，农业生产要承受自然风险和市场风险的双重压力，农民面对各类自然灾害大大缺乏抵御能力，也无法规避因市场波动所引起的重大损失。农业保险发展滞后，保险公司难以承受高额保险赔付问题依然存在。很多商业保险公司都不愿意涉足农业保险的领域主要原因有：一是农业生产的高风险性；二是按照农业的受灾损失率来确定农业的保险费率，对于广大农民而言，自身是无力承担的，从而导致了农业保险承保密度非常低，保险公司很难形成规模经济效益；三是农业保险赔付率高使得保险基金不能有效积累。尽管这些年各级政府有在努力推动农业政策性的试点工作，多数保险机构在涉及农保赔付方面是亏损的，因此对进一步发展农业保险并不看好，直接致使农业保险的品种少、范围小。

三、推进台州市农村金融改革创新的举措

改革开放以来，台州努力"奔跑"在农村金融改革与创新征程的前列，如被列为省级现代农业经营制度创新试验区的温岭，以及跻身于省级金融创新示范市试点和省级农村金融改革试验区的临海。台州市各级党委政府已经把农村金融支撑当作有效推动农村改革发展的主动力，深化农村金融创新发展，增加农村金融供给，大力解决当前农村金融存在的问题，并取得了显著成效。

(一)农村金融机构组织的改革创新举措

台州在新型农村金融机构组织创新与发展方面也走在了前列，完善农村金融机构的网点布局和队伍建设，努力推进全市各银行类金融机构的改革，使其在农村金融体系当中的支柱作用充分发挥出来。以下列举一些银行类金融机构的改革创新措施：第一，农业银行坚持为农提供服务，巩固和稳定县域农业银行分支机构，进一步完善服务县域经济的组织

架构和网点布局，进一步扩大对基层机构的信贷权限，使融资功能迅速增强，利用资金优势切实加大支农投入；第二，农业发展银行要持续做好粮棉油的收购资金供应与管理工作，拓展对农业、农村的服务范围，要加大对农村的基础设施建设、农业产业化、农业综合化、农村扶贫及农业科技转化项目等工作的支持力度；第三，农村信用社要做好巩固农村金融主要地位的工作，使其与农民的金融纽带功能，以及主力军作用充分发挥出来，迅速推动农村信用社管理体制改革，给予政策帮扶，加强经营管理。以“发展是硬道理”为指导思想，使农村信用社轻松支农；第四，推进农村合作银行改革，明晰产权，完善治理结构，建立健全乡镇分支机构；第五，邮政储蓄银行要尽快调整业务范围，加快发展步伐，发挥网络优势，扩大小额贷款试点范围，培养信贷人员，更好地改变只吸不贷的现象，逐步增加对基层网点的业务授权；第六，台州已经拥有 3 家民营城商银行，包括台州、民泰和泰隆这 3 家地方性商业银行，它们主要采用扁平化的管理体系，按发达和欠发达地区的比例进行匹配，并陆续向县及县级以下地区增设机构和拓展服务，从而有效支持了农村小企业的发展，如表 1 所示。

表 1　农村金融机构创新典型案例

时间(年)	创新金融机构	创新成效
2008	农村合作银行	农村信用联社向农村合作银行转型升级，现全市共有 6 家农合行
2008—2010	小额贷款公司	2008 年 10 月第一家小额贷款公司在台州开业，到 2010 年 1 月底共发展了 14 家小额贷款公司
2008	玉环永兴村镇银行	2008 年 5 月，玉环永兴村镇银行作为浙江省首家村镇银行正式成立，试点运作良好
2009	涌泉镇忘不了农村资金互助社	2009 年 11 月，全国首家以农民专业合作社为依托成立的临海市涌泉镇忘不了农村资金互助社开业，它是全省推广农业产业组织创新试点
2009	天台平桥后山创业基金会	2009 年 1 月天台平桥后山创业基金会是全国首家农村先富带后富的创业基金会
2010	三门县村镇银行	2010 年 3 月，台州首家由本土银行发起设立的三门县村镇银行开业，主要满足了“三农”方面的资金需求

(二)农村金融服务的改革创新举措

创新金融服务理念,改进服务方式,完善农村金融服务管理和考核政策,大力提高农村金融服务的效率,为广大农户提供高质量且多元化的金融服务。金融机构可以根据实际条件来单独设置涉农贷款的服务中心,从而有效简化贷款办理手续,加快涉农贷款客户经理制度建设,积极鼓励信贷员下村入户。大力发展涉农金融中间业务,扩大服务范围。如为广大农民工提供代发工资服务和汇兑服务,为农户提供了养老和医疗保险的代理业务,为农民致富提供了投资理财等业务。增加县及县以下银行网点的设置,大力推广农村金融新产品。推动支付清算系统向基层延伸,发挥有利条件来推进服务手段,使其充分体现出信息化和电子化的优势,并通过联络员来指导农民如何使用银行自助设备,从而达到提高自助服务水平的目的,如表 2 所示。

表 2　农村金融服务创新典型案例

<table>
<tr><th>创新举措</th><th>地点</th><th>实施机构</th><th>具体措施</th><th>显著成效</th></tr>
<tr><td>创新农村金融服务模式</td><td>临海</td><td>农商银行(台州首家股份制农村商业银行)</td><td>深入每家农户,建立起农户的经济档案。档案包括每一农户的资产、收入、借贷以及村民的评议等情况</td><td>农民依靠农户经济档案,无抵押物也能贷款</td></tr>
<tr><td rowspan="2">优化农村金融网点设置</td><td>临海</td><td>涌泉镇梅岘村</td><td>设立起全国首家“农村小微金融便利店”,方便村民小额取款,代缴水费、电费。同时,在“农村小微金融便利店”村民能咨询办理各类贷款业务</td><td rowspan="2">达到村民在办理基本的金融业务时不出村的目的,更好地满足农民家门口的金融需求。同时加大对农村的金融支持力度</td></tr>
<tr><td>头陀</td><td>台州银行</td><td>2014 年 6 月,台州银行不断下沉机构,开设了全省首家社区支行。此外,在浙江、北京、重庆等地发起设立 7 家“银座”系列村镇银行,提高在农村地区的网点覆盖面</td></tr>
</table>

续 表

创新举措	地点	实施机构	具体措施	显著成效
探索建立多人联保制度	临海		积极引导金融机构展开以村为单位、以农户信用评级作为基础的"集中授信和整村批发"的阳光信贷业务，努力为农民"增信"	临海市已创建省级信用镇3个，市级信用镇2个，信用村497个，授信14.8万户，授信金额高达129亿元
"一站式"服务提高办贷效率	临海	农商银行	在彩灯、户外休闲用品的集中乡镇设立起"一站式"的办贷服务，按照贷前、贷时完全隔离原则，形成内外分设、服务上门、流程隔离、"三查"交叉的"一站式"办贷流程	加强客户体验，加强风控管理，提升本行业务竞争力。方便村民生活，为村民创业提供了便利
			在尤溪设立阳光信贷服务中心，简化贷款流程，采用轮流坐班制度，10万元以下的小额贷款能实现随到随贷	服务品质、效率均大幅提升
			突破传统的单个主体信贷模式，遵循实际推出"丰收农链贷"金融服务，梳理了杨梅、茶叶、柑橘、西蓝花4大农业主导产业和"彩灯""眼镜""休闲用品"3大区域特色涉农工业，以及渔业等8条产业链	至2014年末，产业链上的授信户数达11408户，授信数额达6.9亿元，贷款余额达3.95亿元
			推出"转易贷"金融服务，为个转企的企业处理好资金周转的问题	至2014年末，共发放"转易贷"贷款8户，金额1650万元

续 表

创新举措	地点	实施机构	具体措施	显著成效
推进涉农产业链金融服务	临海	农商银行	推出"新农贷"金融服务,为新型农业主体量身定制贷款	至2014年末,共发放贷款154户,金额达10987万元,其中农业龙头企业10户达3680万元,农业合作社64户达5165万元,家庭农场40户达946万元,种养大户40户达1196万元
开展城镇化的金融"服务定制"	路桥	路桥农村合作银行(中国最具发展潜力农村金融机构)	围绕"阳光普惠、便捷普惠、创业普惠"三大目标,"做小、做精、做散",积极构建基础金融不出村和综合金融不出镇的服务体系,将普惠金融工程分解成"开展五大便捷优惠行动""实施八项创业普惠政策""践行三项感恩回馈活动"等具体量化的责任目标,让农民乐享普惠阳光	实现普惠金融建设全民化和城乡金融服务均等化。2013年各存款余额达111亿元,增幅为15%,各贷款余额83亿元,存贷款总额位居台州农信系统第二,存款增幅位居路桥金融机构的首位
			针对小额贷款农户多、办贷手续烦琐、老信贷员营销能力弱等实际,以丰收小额贷款卡为载体,连锁打造4家"小贷中心"并设立小额农贷专管员,实行"六三三"办贷模式,简化业务流程,优化服务品质	彻底改变了农民对银行"门槛高、贷款难、手续繁"的看法,有力地支持了农村的春耕备耕等各项工作。2011年累计发放春耕备耕等小额信用贷款1.48亿元
			在全区175个村中设立181个金融宣传专栏,加强对金融知识和产品的宣传,加强农民的金融素养	

续 表

创新举措	地点	实施机构	具体措施	显著成效
普设“百晓金融讲堂”促普惠接地生根	路桥	路桥农村合作银行	2013年底，在全市率先启动“百晓金融讲堂”，组建66个金融宣讲队，把百姓的日常生活与一线金融服务联系对接，足迹遍布全区所有村居及部分学校、企事业单位。至今已开展了430场次，存折换卡13651张，发放借记卡10209张、贷记卡1416张、丰收小额贷款卡2026张，预授信户数10821户，布放助农POS机244台	拉近了银行与农户的距离，更好地践行了普惠精神。打通了城乡金融服务的“最后一公里”

(三)农村金融产品的改革创新举措

根据台州当地农村各类群体对所需资金的特点以及生产、消费、创业等不同资金的用途，从而有目的地开发适合农村和农民需求的金融创新产品。积极推行台州农信，9个县(市、区)争先创新金融产品。不少金融机构针对乡镇企业、个体户(种植户、养殖户等)的不同融资需求，积极开发各种简易的积数贷款和小额贷款。遵循因地制宜和灵活多变的原则，探究开发大型农用生产设备、农副产品及水产品仓单质押等多种贷款方式。针对农民还款积极创新信用卡的分期付款业务。此外还在拓展农村个人金融市场上下功夫，以创新理财产品作为“敲门砖”，充分利用好庞大的资金池，依靠专业的理财团队，运用多样的理财产品线，迅速渗透农村金融市场。

农村金融产品创新列举如下：温岭农合行率先在全省推出“农链通”贷款；仙居农信联社率先在全省推出“丰收农场贷”家庭农场贷款；临海的农商行在全省首创“助农保”贷款；天台农村合作银行推出了“福寿通”养老贷款；路桥农合行则推出了“小微快捷贷”；台州农信展开了农村住房的抵押贷款试点工作，并陆续推渔船、海域使用权等抵质押贷款；台州银行推出“安居贷”专门为购买拆迁安置房和农村个人建房提供信贷方面的支持，且无需抵押。以上各类金融机构推出的农村金融产品,大大降低了农户的借贷成本以及借贷过程中发生的交易成本,切切实实为农户省了钱和时间。农户可以通过柜面、ATM 机、网上银行等多种渠道进行贷款还款。通过不断优化这些产品,有利于为更多农户提供更长效的资金支持。

(四)农村金融担保机制的改革创新举措

要有效地解决农民贷款难问题,必须深化农村信贷的担保机制创新,有效扩大农村抵押担保物,并对农村抵押担保贷款展开改革创新。具体举措有:第一,加强担保模式创新,进一步探索"农村专业合作社+社员""担保公司+农户""专业市场+经营户"和"农户联保"等多种模式,从而有效分散贷款风险。例如,迅速推广"助农保"模式,把行政村作为一个单位,通过担保公司的审核批准,专门为符合相关条件的农户提供批量担保,金融机构必须让出部分利息当作农户的保费补偿,为更好地实现金融机构、担保公司和农民之间的合作共赢。第二,扩大农村有效担保物的范围,积极开展农村住房抵押贷款的试点工作。尽快把宅基地这块"沉睡的资本"转化为农民的创业资金。第三,积极发展和扶持涉农担保机构。严格遵循"政府支持、部门协作、市场运作"的原则,积极探索政府参股、以各类农村专业合作经济组织作为依托建立农业担保机构,鼓励发展多种形式的支农贷款担保组织。为涉农中小企业和农户提供贷款担保,各类金融机构还必须大力加强与各种担保机构的合作关系,合理适当地确定贷款的放大倍数,扩大贷款领域,建立共享利益、共担风险的战略合作关系。第四,完善并保护农村中小企业质押、抵押机制,建立并健全农业经营风险的分摊机制。规范各类中介机构,有效降低担保、抵押等中介收费。第五,创新农村抵押担保贷款,积极拓展林权、土地承包经营权、专利权、水域滩涂使用权等多种多样的抵质押贷款。在财产权益归属清晰、转让渠道通畅、风险可控的情况下,应当积极展开应收账款、商标权、特许经营权、农业订单、保险单、存单等各类权利的质押贷款以及大型农用生产设备的抵押贷款。

(五)农村金融生态环境的改革创新举措

为了营造良好的农村金融生态环境,可以从以下几方面改革创新:第一,必须继续推进农村信用体系建设,着力完善征信体,加快农户信用档案的电子化建设以及农户信用信息的标准化建设，从而提高农户信用档案的科学性和规范性。目前，台州市已经创建农户信息档案87.64万户。建立健全信用联络员制度，以信用户、信用企业、信用村、信用乡(镇)作为创建工作的载体，构建成立农户、乡镇政府、村委会、农村合作金融机构四位一体的农村信用服务体系。第二，建立健全农村中小企业、农业龙头企业和农民专业合作社的信用评价机制。在不断完善信用评价体系的基础上，进一步推广"一次核定、随用随贷、周转使用、余额控制"的小额信用贷款模式。面对信用户采取贷款优先、额度放宽、利率优惠、手续简化的农户小额信用贷款业务。在台州，已经建立了一个专门的金融信用信息服务平台，其整合推动了工商、质检、税务、法院等13个部门将有关企业和个人的信用信息全部纳入人民银行的征信系统，从而为银行贷款提供有用的信息支持。第三，积极展开"金融知识"的下乡活动，扩大诚信教育宣传，加强农户的诚信意识。努力构建"守信激励和失信惩戒"机制，落实对优质信用主体的信贷优惠政策，能够维护好金融机构的合法权益，对故意逃废金融债务的个人及企业除了实行停贷、通报等举措外，还要承担相关法律责任。引导广大农民参与合法金融活动，构建和谐金融生态。第四，建立和完善农村金融法律法规体系，切实落实金融生态制度。同时改进完善失信惩戒机制，让失信者接受大众舆论的监督。各级党委政府努力营造有利于推进农村金融创新的环境，如财政支出1400万元建立3家农信担保公司，逐渐完善农业贷款的风险补偿机制。从2008年开始，台州市农业贷款风险补偿额高达3077.7万元，位居全省第一，如表3所示。

表3　农村金融生态环境创新典型案例

时间	地点	机构	过程	成效
2013年下半年	三门涛头村	农行台州分行	三门涛头村是农行台州分行树立的一个成功典型。它把握发展大局，谨记"三农"服务的宗旨，大大推进农村的普惠工作。有效发展当地青蟹养殖，加强推广"农村金融自治"新模式，成功实践出"村民自荐、担保自组、借款自助、用款自律、服务自助、授信自励"的"农村金融自治"新道路，助力该村新增养殖面积30%	"金融自治"优化农村金融生态环境，解决了青蟹养殖的贷款不便、额度低的问题。该村2014年度实现总产值超1亿

(六)对农业保险的改革创新举措

必须有效整合农业补贴和农业政策性保险，具体的改革创新举措：第一，对蔬、果、畜禽等一般性的农产品以农业政策性保险为主，大力开展农业政策性保险、农村互助合作保险，为开拓农村保险市场而鼓励商业性保险机构发展，降低参保门槛，设计科学的赔付条件及金额，规范并简化理赔程序，根据开展的农业保险业务以及当地特色，创新农村保险产品；完善农民住房保险，提高农户参保比例，规范保险工作流程。扩大借款人的意外人身伤害险，放大保险与信贷的联动效应，支农信贷风险得以分散。第二，对稻谷、小麦、蛋鸡、奶牛、油料等涉及基本民生的大宗农产品主要是进行补贴。逐渐加大财政对农村保费的补贴力度，快速建设农村的再保险体系以及巨灾风险的分散机制，从而有效提高农村农业抵御风险的能力。建立县市区财政风险的补偿基金，对因自然风险和市场风险而形成的农业贷款损失、农村中小企业贷款给予适当的补偿，对农户贷款及涉农企业实行了贴息，奖励那些发放涉农贷款较好的金融机构，完全发挥出财政资金对金融资源有利引导的作用，如表 4 所示。

表 4　农业保险创新典型案例

时间	地点	农村保险创新过程	成效
2012	天台县	天台县在全市首推高山蔬菜和葡萄两个特色农业保险作为试点，其具有公益性，费率设定低、投保规模小，天台县财政补贴保费 100 多万元，还设立了风险保证金	政策规定，每亩葡萄产业的保额为 8000 元，保费财政贴补 80%，种植户自出 20%，一亩地保险费只要 144 元。而高山蔬菜保费由县财政承担 90%，农户自负 10%，这让全县数千户葡萄和高山蔬菜种植户无后顾之忧了

四、结　论

综上所述，农村金融已成为农村发展的重要支柱，“三农”问题如需有效解决，在一定程度上直接或间接地依赖于农村金融的发展。农村金融创新是未来金融创新的重中之重，也是统筹城乡发展，拉动经济结构调整，有力推进社会主义新农村建设的现实要求。台州农村金融创新改革的任务依然十分艰巨，但意义却相当重大。随着农村工商业的迅速发展，其市场化和产业化的程度大大提高了，我们必须充分认识农村金融创新在“三农”工作中的基础地位，积极改进和完善农村金融服务，确保农村金融创新工作有效推进，确保农村改革发展取得突破。本文通过对浙江台州农村金融创新问题的研究，以期为我国其他地区农村金融的创新发展有所借鉴和启示，从而逐步完善与健全整个农村金融体系，对我国农村经济的发展壮大能起到积极的推动作用。

[参考文献]

[1] 吴杰. 台州新型农村金融组织可持续发展研究[D]. 宁波大学，2013.

[2] 王国才. 拓展集镇和农村个人金融市场的探索和思考——以浙江台州为例[J]. 借鉴，2013(1).

[3] 周才勇. 浙江台州农村金融创新的实践与思考[J]. 农村工作通讯，2013(1).

[4] 奚尊夏. 新型农村微小金融组织发展框架与发展路径研究——以台州为例[J]. 浙江金融，2011(1).

[5] 蒋俊贤. 台州小微金融发展现状与存在的问题探究[J]. 产业与科技论坛，2014(20).

[6] 高洁，周杰，朱艳婷. 在城乡统筹发展中推进农村金融创新——以成都市为例[J]. 农村经济，2011(12).

03

合作金融篇

互联网金融视角下发展浙江省新型农村合作金融组织的研究

主要经济体农村合作金融比较研究及启示

互联网金融视角下发展浙江省新型农村合作金融组织的研究

□ 林承松

摘　要：互联网金融下的网络融资模式是一种互联网技术下的全新的资金借贷模式。网络融资突破传统金融市场空间和时间的限制，突破传统金融概念和信用交易模式创新，让小微客户“随时随地”实现贷款申请。其更低成本优势，更好贴近用户与更快速发展速度，引起了强烈的社会反响。结合网络融资的模式，主要有大数据金融、P2P融资、众筹融资3种模式，对“互联网＋农村合作金融”模式的研究，对促进新型农村合作金融组织发展有重大意义，也将为新型农村合作金融的发展提供一种新型的发展模式探索。

关键词：新型农村合作金融；互联网金融；供销合作社；模式创新

合作金融与政策金融、商业金融一起，构成农村金融体系的三驾马车。构建一个政策性金融、商业性金融和合作性金融分工明确、优势互补的农村金融体系，是适应我国农村地区多元化、多层次金融需求的必然要求。合作金融是农村金融体系的基础，发展农村合作金融，是解决农民融资难问题的重要途径，是合作经济组织增强服务功能、提升服务实力的现实需要。但是我国农村合作金融地位靠后与支农作用较弱以及理论上存在对农村合作金融生存土壤的质疑，实践中部分相关政府管理部门也对发展农村合作金融保持消极态度，严重制约了我国农村合作金融合理健康的发展。

2014年初，中共中央、国务院印发了《关于全面深化农村改革加快推进农业现代化的若干意见》（以下简称《意见》），在强化政策性和商业性金融机构支持“三农”职责的同时，突出对新时期我国发展新型农村合作金融组织进行了安排和部署，肯定了合作金融在农村金融系统中的作用，显示了党中央、国务院推动农村改革与发展有了新的重大政策导向。新型农村合作金融将是当前农村中最有生命力的金融事业。因此，在新型农村合作金融发展方兴未艾之时，研究新型农村合作金融组织的发展现状和存在的问题，对构建我国多层次的农村金融体系和促进新型农村合作金融组织持续健康发展有着重要的实践意义。

2015 年 3 月，中共中央、国务院印发了《中共中央国务院关于深化供销合作社综合改革的决定》(以下简称《决定》)，明确供销合作社作为农村合作金融建设的组织主导作用。《决定》提出供销社以资金互助合作、互助合作保险、中小型银行、融资租赁公司、小额贷款公司、融资性担保公司、与地方财政共同出资设立担保公司等 7 种形式的基层金融探索的权利，在政策上确立以供销合作社为主导，大力发展多种类型的合作金融组织。这更是在政策上为农民以互助合作方式开展金融互助提供了可能，对于发展新型农村金融体系的建设具有重要意义。

在 2014 年的《政府工作报告》中，首次提及“互联网金融”，其意义重大而影响深远，2015 年，李克强总理在报告中再次强调“互联网＋”，即互联网和其他传统产业相结合的一种模式，同时强调要大力发展普惠金融，推进金融与农村的革新。互联网金融下的网络融资模式是一种互联网技术下的全新的资金借贷模式。网络融资突破传统金融市场空间和时间的限制，突破传统金融概念和信用交易模式创新，让小微客户“随时随地”实现贷款申请。其更低成本优势，更好贴近用户与更快发展速度，引起了强烈的社会反响。结合网络融资的模式，主要有大数据金融、P2P 融资、众筹融资 3 种模式，对“互联网＋农村合作金融”模式的研究，对促进新型农村合作金融组织发展有重大意义，也将为新型合作金融的发展提供一种新型的模式探索。

一、发展新型农村合作金融组织的必要性

所谓“新型”，是与过去失败的农村合作基金会和农村信用合作社相区别的，原农村基金会被清理关闭，农村信用合作社则向商业化、股份制方向改革，已丧失真正的合作金融性质。新型农村合作金融组织，是指农村低收入弱势群体，为解决自身信贷约束难题，以入社者的股金为资本，

实行民主管理，为入社社员提供资金互助而自愿联合组建的一种合作经济组织。其特征主要有：社员既是出资人也是客户；实行一人一票的民主管理，而非股权比例投票；融资成本低，不以盈利为目的的合作性等。

（一）发展新型农村合作金融能够有效增加农村金融供给

随着国有商业银行改革与大量撤出农村市场，政策性的农业发展银行只局限在农业粮棉油流通环节，无法满足农户和农村小微企业的信贷需求；作为农村金融的主力军农村信用社向商业化与股份制改革的"去合作化"趋势及出现偏离服务"三农"办社宗旨的倾向，竭力规避向农户、农业贷款，而把资金投向二、三产业的大企业、大项目，造成农村资金供给不足与需求巨大的突出矛盾，这为新型农村合作金融发展留下了较大发展空间。

（二）农业现代化需要发展新型农村合作金融组织

农业生产经营方式由传统小农生产向社会化大生产加快发展，分散的小农模式转变为规模化、集约化、产业化的生产模式，小农户与大市场对接过程中必然走向生产合作和销售合作，农民专业合作社等新型农业经营主体应运而生，农民专业合作社等新型农业经营主体生产集约化、专业化、规模化程度不断提高，从而催生了旺盛的资金合作需求。

（三）新型农村合作金融能有效降低农村融资交易成本

新型农村合作金融组织有着独特的"熟人环境"，有效解决了商业银行开展农户贷款面临的信息不对称和成本高的问题。新型农村合作金融组织在合作社内部成员之间开展信用合作，原撤销的农村信用社代办站代办员都是村里德高望重及信用非常好的人，农村信用社代办站代办员对该村社员的经济状况、还款能力、道德品质和信用状况等都十分了解，这就解决了融资过程中信息不对称和成本高的问题。

二、新型农村合作金融组织发展面临的障碍

我国新型农村合作金融组织在发展过程中仍然暴露出如立法保护缺失、政府扶持政策力度不足、资金来源受限、资本逐利动机强烈及风险控制机制不健全等突出问题。

(一)新型农村合作金融组织的有关立法保护缺失

2006 年颁布的《农民专业合作社法》,使农村的生产合作和消费合作有法可依。2007 年银监会出台的《农村资金互助社管理暂行规定》,也只对农村资金互助社的运营作了一些具体的规定,但上述两个法律法规并没有对各种产权形式的新型农村合作金融组织的权、责、利等做出明确规定。目前,在我国还没有一套完整的法律体系来清晰界定新型农村合作金融的经营范围、目标宗旨、组织架构和盈利方式等,新型农村合作金融的发展仍缺少应有的法律保障。虽然新型农村合作金融组织从事的是金融类业务,但又不具备合理明确的法律地位,这不利于新型农村合作金融的健康持续发展。

(二)政府政策扶持力度不足,制约新型农村合作金融组织的发展壮大

发展农村合作金融是离不开政府的政策扶持和财政资金的持续投入。目前在我国对新型农村合作金融的政策扶持力度不足,主要表现如下三个方面。

1. 政策上对资金互助社顾虑较多,限制其发展。2006 年末银监会决定放宽农村金融市场准入标准,于是村镇银行、贷款公司、农村资金互助社等新型农村金融组织如雨后春笋般涌现,截至 2014 年底,全国已有 1045 个县(市)核准设立村镇银行,县域覆盖率 54.57%;全国金融机构空白乡镇从启动时(2009 年 10 月)的 2945 个减少到 1570 个;从表 1 可以看出主管部门明显倾向于优先发展商业性更突出的村镇银行等,对于具有合作性质的农村资金互助社只有 49 家,发展速度极其缓慢,这说明主管部门对发展农村资金互助社仍然心存顾虑。

表 1　主要涉农金融机构相关情况

机构名称	2014 年		
	机构家数	营业网点数(个)	从业人员人数
农村信用社	1596	42201	423992
农村商业银行	665	32776	373635
农村合作银行	89	3269	32614
村镇银行	1153	3088	58935

续 表

机构名称	2014 年		
	机构家数	营业网点数(个)	从业人员人数
贷款公司	14	14	148
农村资金互助社	49	49	521
合计	3566	81397	889845

数据来源:中国银监会。

2.税收优惠支持不足。新型农村合作金融机构扎根于农村、服务于社员,经营范围和经营能力水平有限,致使其盈利水平普遍较低。在此情况下,新型农村合作金融机构并未享有优惠的税收减免政策,极大地制约了其提高盈利和资本积累的能力。

3.资金支持渠道不畅。目前我国新型农村合作金融组织暂未被允许进行同业拆借和向中央银行申请再贷款融资业务的权利,向其他金融机构融资面临抵押物不足制约,导致其持续经营的资金压力较大。

(三)资金来源不足,可持续发展能力受限

资金来源是金融组织发展活力的源泉,资金来源不足,必然影响农村合作金融组织的可持续发展。当前我国新型农村合作金融组织面临的最大现实困难是资金不足,出于资金安全与金融风险的担忧,中央明文规定农村合作金融组织"不对外吸储放贷",农村合作金融组织的主要贷款资金仅靠社员股金、自身积累和财政扶贫资金,合作社社员的入社资金一般都很有限,而各农户经营项目雷同(这是加入合作社的前提条件),用款季节、时令基本上一致,很难通过时间差来调节资金,这就更加剧了资金紧张,难以支持其正常资金需求,亟须补充和畅通资金渠道。加上由于农村合作金融机构法律定位不明确,在开展横向业务联系及同业协作方面也处处受阻,严重阻碍了农村合作金融机构的可持续发展。

(四)部分新型农村合作金融组织经营不规范,资本逐利动机强烈

《意见》明确了要坚持社员制、封闭性原则,在不对外吸储放贷、不支付固定回报的前提下,推动社区性农村合作金融组织发展。但从我国新型农村合作金融的发展现状看,新型农村合作金融组织产权形式呈现多元化,既有"正式"的资金互助社,又有"准正式"的贫困村村级资金互助组织,还有大量“非正式”的合作金融组织;导致各合作金融组织的管理经营水平良莠不齐,一些参股的社会资本为了牟取利润,打着办合作金融的名义成立互助资金组织,采取高息对外揽储、支付高额固定回报并参与跨地区、跨行业的投资活动,背离了其合作金融的初衷和宗旨,使合作金融组织不是为农民服务,而是为投机资本服务,甚至少数地区的新型农村合作金融组织出现了非法集资的苗头,极大地影响了新型农村合作金融的舆论环境和发展前景。

(五)运行机制与风险防范措施不健全

1.运行机制不健全。一个层面是外部审批门槛过高,专业监管缺位。按照“谁批准、谁监管”的原则,由地方审批就应由地方进行监管,《意见》明确了地方政府的监管职责,但在地方政府内部具体由哪个部门监管,仍需要进一步细化落实。另一个层面是组织内部的运行机制,尤其是财务管理流程未形成完整的约束体系,会计基础工作薄弱,内控制度不健全,从而造成财务管理混乱,也带来操作风险隐患大,信贷审批违规操作情况较多,导致贷款发放较为随意性,信贷风险隐患大。另外,还有的互助社没设内部审计部门,缺乏必要的财务监督机制。

2.风险防范措施不健全。一方面目前我国仍未建立存款保险制度,如果新型农村合作金融组织由于经营不善或其他原因而出现倒闭时,就难以保障社员的存款安全;另一方面大多地方政府并未建立专门针对新型农村合作金融的风险补偿基金,当新型农村合作金融组织集中爆发风险时,将难以得到有效处置和化解。

三、新型农村合作金融组织发展的对策建议

(一)建立健全新型农村合作金融法律体系,明确其合法的法律地位

农村合作金融的发展和完善离不开制定相关的法律法规。为了进一步促进新型农村合作金融的发展,首先应尽早出台《农村合作金融法》《农业保险法》等法律法规。在法律上明确我国新型农村合作金融的性质、市场准入、经营宗旨、业务种类、监管方式、政策扶持、税务优惠和合并、撤销等方面内容。从法律上确保其合法金融机构的正式身份,赋予其独立自主经营、自我发展、自负盈亏的地位,规定其应承担的相应义务及保障其

在发展中享有的各项权益,从而为新型农村合作金融的规范持续发展提供有力的法律保障,确立其法律地位,保证合作金融组织在统一完备的法律框架内运行。

(二)认真落实《意见》精神,加大政策扶持力度

1.落实《意见》精神,加大对资金互助社的发展扶持。《意见》对新型农村合作金融组织有明确的规定,即:一是社员制、封闭性、社区性;二是不对外吸储放贷;三是不对吸收的资金支付固定回报;四是管理民主,运行规范。而我国金融监管部门明显存在重发展村镇银行、轻农村资金互助社的倾向。但实际上村镇银行的发展也有偏离政策初衷的倾向,各金融机构纷纷跑马圈地、抢占地盘,主要目的是加快其自身扩张,在农村吸储,真心服务农业和农户的很少,至多能够对农村二、三产业有所扶持。真正能够服务农业和农户的金融组织还应依靠农村资金互助社。金融监管部门应该履行职责,研究具体办法,落实《意见》精神,加大对资金互助社的发展扶持力度。

2.加强和完善财政各项扶持力度。一是进一步加大对新型农村合作金融贴息,对其借款及社员贷款同时给予财政贴息,以减轻其融资成本,体现并增强互助精神,吸引社员入社,提高其可持续发展能力。二是政府应在新型农村合作金融组织的审批筹建、登记注册、信息技术支持、人员培训等方面给予大力支持,为其创造更好的外部经营环境。

3.实行优惠的税收支持政策。根据国家有关税收方面的规定,政府有关部门应积极研究出台针对新型农村合作金融发展的具有保护性和扶持性的税收优惠政策,以便提高其盈利和资本积累能力。

(三)积极拓展新型农村合作金融组织资金渠道,促进其发展壮大

新型农村合作金融组织是社员制、封闭性、不对外吸储,主要依靠社员自身的资金积累,通过生产经营规模的扩大,不断地滚动发展。我们也不应排除其他的资金来源,应积极探索、尝试开拓新的资金筹集渠道。

首先是统筹各类财政涉农资金及支持合作社发展财政专项资金,作为铺底资金,无偿拨付给农村合作金融组织使用,并建立配套监督机制。其次是建立政策性"三农"担保公司,为新型农村合作金融组织外部融资提供担保,促进政策性、商业性金融资金回归农村。再次是明确农村合作金融组织向中央银行借款资格,中央银行对信贷投放效果较好的新型农村合作金融组织给予支农再贷款支持;同时,允许实力相对较强的新型农村合作金融组织进行同业拆借。

(四)建立完善监管体系、运行机制、风险防范和处置措施

1.健全的运行机制是新型农村合作金融组织健康发展的保证。《意见》对新型农村合作金融组织运行机制主要方面已经明确规定:一是进入机制上是社员制、社区性;二是资金运营机制上,是封闭性、不对外吸储放贷,即自筹自用、封闭循环、互助互惠、滚动发展;三是在分配机制方面,首先要坚持"同股同权、同股同利",但不对吸收的资金支付固定回报;四是在管理机制方面,要坚持民主化管理,各个农户之间大家是平等的关系。这些框架性的机制规则还不够全面、具体,无论从外部层面还是内部层面看,都需要有可执行的细则。从外部来看,主要是建立健全新型农村合作金融组织的设立条件、程序以及管理与退出机制等;从内部来看,主要是建立健全农村合作金融组织的章程、管理规定、财务规则、分配机制、奖惩机制等。

2.建立完善新型农村合作金融组织监管体系。首先,遵照《意见》要求,明确地方政府对新型农村合作金融监管职责,加快建立新的合作金融监管机构。作为监管商业性金融机构的银监会,不适合监管合作金融组织,建立在银监会框架下的农村资金互助社的监管职能应交由新监管机构负责,统一管理。其次,建立和完善行业自律组织,充分发挥其柔性处理成员内部各种关系和对合作金融组织金融活动的自律监管作用,对行业违规者和失信者进行公示和惩罚,营造公平的市场竞争环境,引导新型农村合作金融更加规范发展。

3.建立完善风险防范和处置机制。首先,中央银行应探索推出存款保险制度,以增强社员对合作金融组织的信心,保障存款人的合法权益。其次,建立风险担保分散机制,建立由政府、企业、民间资本、银行等多方参与的再保险和再担保制度,发展多主体分担风险机制,分散和转移金融风险。再次,地方政府应安排一定的财政资金建立风险补偿基金,专门用于防范和处置新型农村合作金融组织出现的系统性风险。

四、基于互联网金融视角的新型农村合作金融发展探析

近年随着互联网技术的深入普及，通过互联网渠道和电子化手段开展金融业务的互联网金融发展迅猛，众筹融资、网络销售金融产品、手机银行、移动支付等互联网金融业态也在快速涌现，运用互联网技术和思想为推进新型农村合作金融组织开辟新路径探索。

（一）互联网金融的主要特征

1. 相对的信息对称性：将互联网信息技术与金融业务进行相结合后，金融行业信息的结构发生了变化，由信息不对称的金字塔形转变为扁平化，使金融业务信息逐渐透明化，获取信息的方式更加方便快捷，实现了金融业务信息的高度共享；同时互联网企业根据不同客户的不同信用额度，全方面地了解客户的还款能力，使交易两方的信息更加对称。

2. 交易成本较低：新时期互联网金融模式相较于传统的金融业务模式，搜集信息和处理信息的成本逐渐降低，同时互联网的跨时空交易更加便捷，使资金配置的效率逐渐提高。

3. 资源获取性更强：互联网金融模式是通过设计和营销，为客户提供多种多样的金融服务，满足客户的个人需要，逐渐拓展客户资源量。

（二）学习借鉴互联网技术和思维

目前，农户贷款资金需求数额相对较小，农村经济组织资金需求普遍较大。而传统金融由于客户规模相对庞大，人力配置和制度管理未能及时跟进，难以充分摸清农村区域客户情况。为减少信息不对称带来的风险，或过分倚重抵押物，或简单采取降低单笔融资额度方式，而“大数据＋平台”的行为分析模式，可促进解决农村区域因信息不对称、缺乏有效抵质押品带来的融资难题，弥补传统金融服务不足等。

随着近几年农业结构调整，农村资金需求从短期流动资金向中长期加速转变。如林果种植业、特殊养殖业，因资金投入大、生产周期长（3—5年），贷款人希望改变“春贷秋还”的传统融资方式，适当延长贷款期限；同时，也希望能采取更加灵活、方便的还本付息方式。而借助以云计算、行为分析见长和以客户需求为宗旨的大数据挖掘技术，恰好可以打破这一局面。

总体而言,互联网金融服务的实时性和个性化特质,可在一定程度上契合农村区域短、小、散的资金需求。农村金融服务引入互联网思维和技术手段,加强传统金融与互联网金融的合作互补,将能更好地满足农村区域各具特色的资金需求,同时也将与传统金融形成竞争,刺激、加速传统金融调整服务和产品,以适应农村金融需求的新趋势。利用互联网技术,大力发展农村手机银行、网上银行等业务,也可对接外部电商平台,或与互联网公司合作开发网络化产品。更为关键的是,吸纳、借鉴互联网思维对传统业务运作模式进行改造,包括利用传统金融积累的行为数据,分析农村区域贷款额度、放款进度和回收期限;创新和推广专营机构、信贷工厂、便民服务点等为特定群体量身定制的便捷高效服务模式;依托现有网点,整合线上生活和线下交易,提升数据分析能力,发展在线农村合作金融服务。

(三)互联网金融视角下发展新型农村合作金融组织的思索

1. 构建统一电子商务平台。农村中大量农民存在农业资金困难,但由于我国的风险管理体系往往需要农民提供财产抵押担保,使得大多数农民无法获得银行贷款。这类问题在农村小微企业中也很常见。构筑统一的电子商务平台,一方面实现了贸易的电子化,另一方面也有利于获得农户、小微企业真实的经营情况等信息,形成了农村的大数据系统,有利于金融机构收集农村地区居民的信用信息,方便金融机构审查其还款能力,改善信息不对称的现状,让信用贷款有了实现的可能性。

2. 与其他电子商务平台合作,实现大数据共享互通。在农村也存在一些年轻人利用淘宝等电子商务平台进行交易,但是这部分人的交易信息并不能被金融机构获得。促成电子商务平台的合作,实现大数据的共享有利于农村信用大数据的构建,对于改善农村地区信息不对称有一定效果,对于提高农村信用放贷能力、实现金融扶助“三农”有重要的现实意义。

3. 建立 P2P 平台,允许民间资本支持“三农”。农村信贷的风险性往往让银行在审核发放贷款时格外慎重,同时收益与成本的不对称造成的逆向选择也使得银行并不愿意发放农村个人或者小微企业信贷,虽然民间资本一直被认为是目前解决这一矛盾的一个良方,但是关于民间资本的争议却始终不曾消停。对于农村这一特殊地区,政府可以适当放宽民间资本扶助“三农”的准入政策，建立 P2P 平台。在 P2P 平台上，借贷双方的信息透明公开，借贷双方可以自主选择，网络信息的公开化可以降低信息不对称，让闲置的民间资本得以在市场自由流通，支持“三农”建设，弥补了现在市场上对于“三农”资金支持的空白，拓宽融资的渠道。

4. 建立众筹平台，拓宽个体户、小企业融资渠道。建立众筹平台，允许小企业通过众筹获得资金，拓宽其融资渠道，缓解农村小微企业融资困难问题。

五、浙江省供销合作社积极发展新型农村合作金融组织的探索

近年来，浙江省供销合作社把发展农村合作金融，作为新时期供销合作社密切与农民联系、创新为农服务方式、增强综合服务能力的重要抓手，积极参与农村金融改革，探索开展农村金融服务，培育发展新型合作金融组织，初步构建起以农民合作组织为基础，农信担保、资金互助、小额贷款等为主要内容，富有供销合作社特色的农村合作金融服务体系，为打造综合性为农服务平台迈出了坚实步伐。

(一)建立健全政策性农信担保服务网络

本着“多方筹集、小额分散、风险补偿”的原则，在市、县层面，争取地方财政与供销合作社等部门共同出资组建农信担保公司，担保规模按注册资本放大 5—10 倍，政府承担部分风险补偿金，为农民合作社、涉农企业、种养大户向银行贷款提供担保。

截至 2014 年底，浙江省供销合作社系统已有农信担保公司 39 家，农信担保公司注册资本达到 10.25 亿元，累计向 2.3 万家农民合作社、涉农企业、种养大户等提供担保 125.72 亿元，惠及农户 30 余万户。

(二)创新发展“内置”资金互助服务

全省供销合作社系统已发展各类资金互助组织 27 家。筹集互助资金 1.07 亿元，累计发放互助额 8.05 亿元。通过不断的探索实践和改革创新，主要形成了 3 种服务模式。

1. 正式的资金互助社模式。以供销合作社为发起人，有企业及参办领办的合作社和农户为成员，经银监部门批准，按照“社员制、封闭性”的

要求开展资金互助,为社员生产经营活动提供资金支持。如平湖市供销合作社发起设立的新当湖农村资金互助社,注册资本500万元,已为371户社员发放贷款6208万元,至今未发生一笔呆账坏账。

2.行业性资金互助会模式。由供销合作社参股的农民合作社发起,在同一产业的合作社和农户中开展资金互助,互助金可以在会员中相互借贷,也可以由资金互助会统一向签约银行"批发",再根据会员需要"零售"。如由新昌县兔业专业合作社发起的兔业资金互助会,现拥有从事兔业的农民合作社、企业、农户等会员235家(户),自成立以来共发放互助金3.5亿元,带动兔业产值5.6亿元。

3.非正式的农民合作社资金互助会模式。在供销合作社扶持发展的农民合作社内部开展资金互助。如温州市供销合作社把握"金改试点"的契机,已发展此类资金互助会22家,计划3年内达到100家。资金互助组织的运作,有效缓解了小规模农户社员的应急性资金短缺,降低了经营成本,提升了合作社的服务功能和凝聚力。

(三)开展多种形式的"外置"金融服务

截至2014年底,省供销合作社系统已创办小额贷款公司3家、参股1家,正在筹建3家.累计完成小额贷款111.59亿元。

1.发挥联合社的组织优势。主动参与农村金融改革,加强与农村金融机构的业务合作,努力向金融服务领域拓展。目前,全省系统已参股9家农信社和农村合作银行、4家村镇银行,参股资金近1亿元。各地还创新开展"小额贷款卡""一卡一点一服务""中小企业金融服务平台"等便民服务,受到普遍欢迎。

2.发挥社有企业的资本优势。通过联合组建小额贷款公司,鼓励小额贷款投向"三农"领域,搭建涉农融资服务平台。如上虞市供销合作社所属大通购物中心,联合浙江惠多利农资公司、崧厦供销合作社等6家单位发起成立大通小额贷款公司,注册资金3亿元,自去年5月创办以来已发放小额贷款21.67亿元,其中涉农业务占到5成以上。

3.发挥基层社的服务优势。把为农融资服务作为基层社经营服务的重要功能,引导和鼓励有条件的基层社,通过经营服务综合体建设,开展农信担保、小额贷款、合作社账户托管、资金委托结算等服务,领办、参办资金互助组织。

通过多年来不断构建农村合作金融服务体系，不仅拓宽了供销合作社为农服务领域，增强了综合服务功能，支撑了经营网络发展，而且深化了与农民的紧密联系，形成了生产合作、供销合作、信用合作“三位一体”合作服务的格局。

总之，新型农村合作金融作为一项金融创新的尝试，应在其立法保护、政策扶持、健全风险防范机制、“互联网金融＋”等方面进行大胆探索，摸索出一条适合浙江省发展的农村金融改革之路，着力构建多层次的农村金融体系，从根本上解决农村金融供给不足问题，进而将浙江省农村经济发展、实现农业现代化、做好农村社会扶贫事业不断引向深入。

［参考文献］

［1］《中国合作经济》编辑部．浙江省供销合作社构建农村合作金融服务体系［J］．中国合作经济，2014(4).

［2］曹协和，韩芳，戴鸿广．我国新型农村合作金融的发展现状、存在的问题及政策建议［J］．海南金融，2014(12).

［3］周立．新型农村合作金融迎来发展新机遇——关于深化供销合作社综合改革决定的解读［J］．中国农村金融，2015(9).

［4］张晓朴．互联网金融监管的原则：探索新金融监管范式［J］．金融监管研究，2014(2).

［5］刘志平．互联网金融对农村金融的启示［J］．中国金融，2015(3).

［6］朱迎，刘海二，高见．互联网金融有助于实现农村金融普惠金融［J］，新金融，2015(2).

主要经济体农村合作金融比较研究及启示

□ 张道路

摘　要:本文对国外主要经济体农村合作金融发展路径和趋势进行了分别述评,并比较分析了国外农村合作金融发展的特点,在此基础上有针对性地对我国农村合作金融的发展提出了建设性的措施和意见。

关键词:农村金融;合作金融;比较研究

农村合作金融,指农村经济组织为提高自我主体经济发展水平的需要,按照合作金融的理念指导下组建金融组织,在此基础上为农民和农业组织提供金融服务。经济发达经济体合作金融的开展很大程度上推进了经济水平的提高,也展示了它们作为新兴制度的优越性。由于各个经济体农村合作金融的发展历程和路径各有各的特点,也是源于不同经济体的发展是在不同的背景下产生的,是在制度和社会演进的不同情况下产生的不同制度的结果。这些社会演进和制度演进相互影响、相互促进,产生了更为优秀和各具特点的发展路径。基于此,我们在这样的背景下研究各个主要经济体的农村金融服务模式的发展路径和特点,厘清各个发展模式的优点和缺点就具有重要的现实意义,也为我国当前的农村金融服务的政策层面的制度设计和现实层面的发展考量提供了现实的思考依据,对于当前世界经济发展一体化,更具有很强的历史借鉴意义。

一、国外农村合作金融的发展趋势

(一)德　国

从历史发展历程这个角度上讲,很多学者基本统一了这样一种观点:农村金融服务的起源地是德国,因为德国农村金融的发展为较成熟的组织是全世界最早的,最初就是我们今天所说的农村合作银行这样一种机构体系。

1. 组织结构形式

德国这种所谓的合作银行的体系大致可以概括为3个层面。首先，在第一个层面上就是最底层的基层信用合作组织，而在这个层面上的组织结构又分为两种形式：第一种是自发农业信用合作组织；第二种就是针对手工业的专门信用合作组织。其次，在第二个层面上就是按照地理位置划分的区域性的农村合作组织，这个层面上比第一层级规模和影响力要大。最后，在第三个层面上是从整个德国层面而言的集权的管理机构，也就是现代意义上的德国中央合作银行。这个层面上的机构与前两个层面上的机构组织之间是相互分开的，没有联系的，各司其职、各主一方，而不是传统意义上的从属关系，这也使得各个层面上的决策和经营没有牵制，更加灵活机动，经营管理更加有活力。这3个层面从整体来看就像金字塔结构一样，所以通常学者们把这种结构体系叫作金字塔体制。

2. 资本结构

在3个层面上的机构组织形式的资本结构组成是不同的。首先，第一个层面上最底层的基层信用合作组织资本的组成是由基层的农民、小企业主、个体户、合资企业主、小城镇住户等基层民众自愿入股的形式构建而成，所以该基层信用合作组织的所有权属于上述基层民众股东；第二个层面就是按照地理位置划分的区域性的农村合作组织，其资本结构一部分来源于入股的基层信用合作组织，还有一部分资金来源于其他入股的股东；第三个层面是从整个德国层面而言的集权的管理机构的绝大多数资本来源于由区域性农村合作组织，另外还有一部分资金来源于德国政府部门的注资持股，这一定意义上是国家层面意志的表示，同时也支撑了全国最高层面的农村合作组织的资金信誉。

3. 业务范围

首先在第一个层面上最底层的基层信用合作组织所从事的业务大部分着眼于传统的银行存款和贷款的资金业务。在第二次世界大战之后，这个层面上的基层组织又陆续将业务拓展到结算、证券交易、保险业务、信用卡信用证业务等，已经出现了现代意义上金融服务的雏形，这些金融服务最初主要面向于基层的入股股东，随着资本逐利的需求，这些金融组织开始将业务对象拓展到了入股股东以外的各类人群。第二个层面就是按照地理位置划分的区域性的农村合作组织的主要业务对象是第一个层面的金融服务组织,主要作为资金融通的平台,满足各个基层金融组织的资金拆借和融通,并为基层金融组织的资本保值增值提供便利平台,随着基层金融组织的业务面向对象拓展到现代意义上的证券、保险、信用卡、结算业务等各方面,区域性的金融服务组织也开始将业务拓展到这些领域,为基层组织的业务发展提供便利和保障,同时也实现了现代意义上的金融服务的逐步形成。第三个层面是从整个德国而言的,集权的管理机构的业务范围最初是为了满足国家层面意义上的传统银行业务,实现资金融通,随着基层金融组织和区域性金融组织的业务拓展到现代意义上的金融业务,集权的金融服务组织也逐步拓展到现代意义上的各类金融服务,如证券、保险,同时也作为满足国家利益服务的需要,提供一部分国际资金业务的融通。

4. 监督管理

德国作为大陆法系的典型代表,对于农村金融组织的监督管理思维也沿袭了德国大陆法系的这种优良传统,对 3 个层面上的农村金融服务组织的监管有法可依,也就是在监管上主要在《德意志合作银行法》框架下进行。对于第一个层面上的基层金融服务组织和第二个层面上的区域性农村金融服务组织,在治理层面上凸显了现代意义上的公司制治理机构,在管理层面上,公司政策的制定是类似于现代意义上公司制的股东大会的组织,每位股东在表决权上是平等的,公司政策的执行是类似于现代公司制中的专门理事会执行,同时也有类似现代公司制监事会的组织机构,该机构的成员是由股东大会投票产生,理事会在行使执行权力时专门聘请职业经理人执行组织运营中的决策执行。第三个层面是从整个德国层面而言的集权的管理机构,中央合作银行也是具有现代意义上的治理结构,股东大会、理事会、监事会。有所区别的是,理事会中部分成员是由德国联邦政府任命,因为德国联邦政府也作为主要的入股方参与经营管理。监事会的权力行使是从德国联邦政府层面上负责监督管理的联邦金融监察局和联邦中央银行督办。因为联邦金融监察局没有设立下一层级的机构,因此对于下一层级的农村金融服务组织的监督略显薄弱,不能凸显出直接监督的力度。所以在对于下一层级的农村金融服务组织的监督主要由民间的审计协会实现。每一个中央层级以下的农村金融服务组织必须加入一个类似于现代意义上的注册会计师协会的组织，也就是审计协会，主要由审计协会实施对基层和区域性农村金融服务组织的监督职能。同时，整个体系中也保有了该体系内部的行业性自律组织来实现对审计协会监督以外的行业监督的补充性作用。

（二）法　国

从法国的发展历程来看，法国在很长一段历史时期内，农业经济占据了主要的支撑地位，这样的社会演进结构和发展方式也促使农村金融服务的衍生和发展，促成了农村金融组织的发展和壮大。

1. 组织结构形式

不同于德国农村金融服务的现代公司制理念，法国农村金融服务组织结构具有部分官办部分民营的交叉结构的组织体系。法国农村金融服务组织结构形式可以大致概括为 3 个层面。首先，第一个层面基于地域区划间隔分离的具有各自区域特色的农村信用贷款互助银行，因为这个层面的农村金融服务机构基本按照地理性区域划分，很少出现跨区域建立的情况出现。其次，第二个层面是省一级的农业信贷互助银行，该组织是由很多个基层的农业信贷互助银行构建而成。最后，第三个层面是中央一级的农业信贷银行，该组织是全国层面的农村金融服务，该组织是由法国农业部与法国财政部共同负责。

2. 资本结构

在 3 个层面上的机构组织形式，它们的资本结构组成是不同的。首先，在第一个层面上就是最底层的地方农业信贷互助银行的资金主要来自社员，社员的成分组成包括农民、小企业主、雇佣工人等。其次，第二个层面的省一级农业信贷互助银行的资金来源绝大部分是地方互助银行，部分资金来源于省一级的互助银行员工。最后，第三个层面的中央一级的农业信贷银行，具有浓重的官方色彩，这也是源于这个层面的银行要体现国家层面的意志力，也是作为经济政策的主要推动因素，可以通过该机构深入落实国家政策面的执行，推动法国农村各类经济政策的执行与协调发展。

3. 业务范围

首先，在第一个层面上就是最底层的地方农业信贷互助银行的业务包涵存款贷款业务、结算业务、外汇业务、证券业务、投资业务等，该层面的业务对象主要面向他们的股东。其次,第二个层面的省一级农业信贷互助银行业务范围包含地方农业信贷互助银行的业务,主要有存款贷款业务、结算业务、外汇业务、证券业务、投资业务等,同时业务还拓展到沟通各个地方农业信贷互助银行间的业务往来,为法国银行提供良好的管理服务。最后,第三个层面法兰西农业信贷互助银行主要业务范围是为各个基层下一级机构分配国家的贴息贷款,对省一级农业信贷银行提供资金管理,清算各银行间票据业务,提供对外业务和大型国有企业的贷款。

4.监督管理

法国农业信贷互助银行分为两个层面,一个是中央总行一级,另一个层面是省级,实施二级核算模式,实施集权和分权相互结合的管理形式,地方农业信贷互助银行严格按照信用合作原则进行,实行民主管理,设立董事会与贷款委员会,最高权力机关为股东代表大会。对于省一级的农业信贷互助银行具有半官方的性质,总行决定主要管理层人员结构,具体管理则落实到本级管理部门。该层次的互助银行在公司治理上有最高决策组织,即董事会,另外还有领导委员会与信贷委员会。作为最高层次的中央农业信贷银行是具有政府的官方组织,作为全国最高管理组织,负责监督与控制各个省一级银行。

(三)美　国

相对于上述欧洲主要经济体而言,美国的农村金融服务起步较晚,但随着世界经济中心的迁移,美国的农村金融服务也与其经济发展一起有了长足的进步,并逐步发展为全世界最高水平。

1.组织结构形式

相对于上述欧洲主要经济体而言,美国农村金融服务组织的结构形式比较复杂。学者们普遍认为美国的农村合作金融虽然复杂但大致也分为 3 大类农村金融服务组织,包括美国联邦土地银行、美国联邦中期信用银行及其生产信用合作社和合作银行 3 大类。首先,对于美国联邦土地银行具有中央层面的组织,同时下设 12 个相互间没有依存关系的农业信用联邦土地银行,然后在此层面基础上再下设基层信用合作组织。其次,对于联邦中期信用银行不具有中央层面的组织,同时设相互间没有依存关系的中期信用银行,然后在此层面基础上再下设生产信用合作社。合作银行系统具有中央层面的组织，同时下设12个相互间没有依存关系的区域性合作银行。这种复杂的组织结构形式也被学者们总结为多元复合模式。

2. 资本结构

美国三个三大类农村金融服务组织中，基层信用合作社的资金都是来自农民和农场主。区域性的信用合作银行资金来源于各基层信用合作社以及入股的借款人。美国联邦土地银行系统和合作银行系统的中央机构资金则主要来源于区域性的美国联邦土地银行和合作银行。

3. 业务范围

美国联邦土地银行主要业务对象是农场主和农业商人，主要业务范围是提供长期抵押贷款。美国联邦土地银行下一层级合作社业务范围不包含贷款业务，而是由美国联邦土地银行提供贷款业务。美国联邦中期信用银行主要业务对象是下一级的机构，主要业务范围是贷款业务、担保业务。生产信用合作社主要业务对象是农场主，主要业务范围是提供中、短期贷款，增资业务。合作银行及其下属分支机构主要业务对象是农场主合作社，主要业务范围是贷款业务。

4. 监督管理

美国农村金融服务的监督管理是由美国信用社管理局以及州立信用社监管组织负责。美国信用社管理局主要监督管理美国联邦注册的信用社，州立信用社监管组织主要监督管理州注册的信用社。同时在该行业中也设有相互保持独立、无关联关系的3个行业协会：美国信用社协会、美国联邦注册信用社协会、注册信用社协会。各个监督管理组织与行业协会组织相得益彰，有效地行使该行业的监督管理职能。

(四)日　本

随着日本经济的发展进入历史性的明治维新之后，很多世界经济发达国家的优秀经验被日本有效地借鉴而来，这也促进了日本经济的飞速发展；与此同时，日本的农村金融服务也随着经济发展而日益壮大，得到了长足的进步。

1. 组织结构形式

日本的农村金融服务组织结构形式有其本民族自身的特点，主要是在农业协同组合框架下的子系统，该结构组织同时具有独立的融资机构。

农业协同组合框架下的农业金融服务组织由3个层次和3个行业共同协同构成。3个层次分别是基层农协信用合作组织、中层信用合作联合会和最高层农林中央金库和全国信用联合会。3个行业是农业、林业和渔业,它们都有为它们服务的农村金融服务组织。因此,日本农村金融服务组织结构形式被称为“三三模式”。

2.资本结构

基层农协信用合作组织的资金主要是农户及居民团体入股构成。中层信用合作联合会的资金则主要是由综合农协、事业联合会及非农协农业团体的资金构成。最高层农林中央金库和全国信用联合会的资金大部分是农业、渔业信用联合会、森林联合会入股构成。

3.业务范围

基层农协信用合作组织主要业务对象是农户,主要业务范围是信用业务、保险业务、购销业务等。中层信用合作联合会的主要业务对象是基层农协信用合作组织,主要业务范围是同行拆借、筹融资业务、保险业务、供销业务、中央金库业务。最高层农林中央金库和全国信用联合会农林中央金库主要业务范围是存款业务、贷款业务、汇兑业务、外汇业务、债券业务和委托代理业务。

4.监督管理

日本农村金融服务组织结构形式下3级机构相互独立,行使经济职能上相互配合。3级结构接受政府部门的双重监督管理:一是由金融监管厅负责各类金融机构监督管理;二是农林水产省下的金融科,实施对农林中央金库的监督。而且下设农政局,实施所辖区域的基层农协信用合作组织的监督管理。

二、国外农村金融发展模式评述

各个经济体的历史发展路径和经济发展情况不一,世界经济发展的历程和世界经济发展中心的迁移也决定了各国的经济和社会发展所表现出的不同特色,这也同样影响到了各个国家农村金融服务的形成和发展,演进成了各领风骚的农村金融服务模式,具有典型代表意义的有如下模式:德国和法国的“金字塔模式”、美国的“复合管理模式”和日本的“三三模式”。各种模式各具自身的优点,表现在组织结构形式、业务范围、资本结构、监督管理等方面。

（一）组织结构形式

世界经济发展的不断进步，为各个主要经济体的农村金融服务发展提供了有利的条件，从最开始为了对冲风险、融通资金组成的基层小范围的信用合作社，到随着农村金融服务机构不断壮大，资本由于自身的逐利性，开始不仅仅为本社员提供金融服务，与之相关联的金融组织开始拓展，入股的结果逐步拓展，向营利性的金融组织发展趋势开始越发显著，上下互通的金融网络逐渐显现，逐步呈现了一个层次分明的组织结构体系，这对不同层面的业务类型，形成既能够规避风险又可以提供不同层面相互配套的优质金融服务的完整组织结构体系。合作制的结构逐渐融入了现代治理机构的思想和框架，形成了现代公司制股份制的组织结构形式。

（二）业务范围

在业务范围内实现了3个方面的突破。首先是业务服务对象突破了原始社员的限制，由于资本的逐利性，能够提供优质金融服务的平台，逐步拓展了业务范围的对象。第二个突破是实现了业务范围突破原始的借贷业务，业务范围逐步向证券业务、外汇业务、债券业务、保险业务、租赁业务等各个范围领域拓展。第三个突破是突破了地域上的限制，不仅仅突破了基层区域的限制，加强区域间的金融联系，同时还把业务范围拓宽到了世界水平，尤其是经济全球化的今天，任何一个国家和企业都不能关起门来造车，独善其身，而是敞开大门共享世界经济发展的福利，共担世界经济衰退的风险，从国际金融业务中获得利益。

（三）资本结构

在资本结构上有3个方面的主要变化。首先是资本结构中贷款结构逐渐由短期发展为中长期，贷款的流动性方式不再仅仅是信用担保还包括了抵押等形式类型。其次在资本结构中，股东范围不断拓宽，不再仅仅局限于个人更是增加了股东的单位类型，资本结构中中长期股权投资更为多见，实现了现代公司治理结构下的资本结构优化。

（四）监督管理

各国的监督管理结构，很大程度上受本国文化的影响，体现出本国所特有的人文素养和管理监督文化。共同的特点就是,实现了现代管理思想框架下的民主监督管理和分权管理,逐步推进现代公司股份制的管理理念和治理层级结构,有效实现行业自律和治理监管的结合。

三、对中国农村金融发展的启示

(一)坚定不移地走合作制之路

首先一个问题是商业金融和合作金融的选择问题,在今天市场化日益成熟、金融市场日益成熟的中国,简单的否定合作金融优势是偏颇,因为合作金融和商业金融适用的基础和条件是完全不同的,商业金融更适合规模经济条件下,随着经济的不断发展,商业金融会凸显出它特有的优势。在这一点上,合作金融会有它的局限性和缺点。但在中小企业筹融资问题日益严重的今天,对于中小企业规模不大,但急需资金的情况下,合作金融的优越性就更加明显,尤其是我国的人口和地理版图、资源环境相当于一个欧洲,各个地区的发展很不平衡,各项经济指标在发达地区和欠发达地区的差距巨大。在这样的情况下,在全国实施统一的一种发展模式是不现实的,但对于欠发达地区提倡多样化的金融发展模式是具有重要的积极意义的。在我国经济相对落后的地区实施合作金融模式,按照合作金融的发展模式和规律促进该地区农业经济发展、改善农村面貌、提高农民收入。只有针对我国特殊的国情,实行差异化的发展模式才是当前解决"三农"发展困境的必由之路。

(二)构建多层次的合作金融管理体系

在组织管理体系建设方面,首先认清我国的国情和现阶段的状况,需要从实际情况分类分层考虑金融管理体系建设,对于经济发达的区域可以试试商业金融的组织体系。对于其他经济发展欠佳和城乡一体化水平不高的地区,可以根据自身的特点组织实施遍布广泛的服务多层次的金字塔结构的合作金融组织管理体系。实现自下而上、相互连通的协调顺畅的合作金融体系,打通欠发达地区农村金融服务的任督二脉。

(三)拓展业务范围

从上述国外主要经济体农村金融发展的规律可以发现,各个经济体的农村金融服务的业务范围逐步扩大,一方面是资本逐利的需要,另一方面也是通过业务范围的多元化拓展，实现该组织的做大做强，为农村金融提供更加优质的服务。就我国而言，农村合作金融应该抓住国家战略转型的重要机遇期，推行业务范围的多元化发展，实施金融产品的创新，通过提供整体水平的一揽子服务和金融咨询等新业务，不断为基层农村农民提供灵活便利的金融服务，同时也要防止为了适应市场竞争资本逐利的需要，过多地参与到商业银行的业务竞争中去，将合作金融的主业经营风险不断提高。这样一来，一方面不仅对于金融合作企业是很大的经营挑战，就宏观层面而言，对我国金融体系的发展也是有百害而无一利，所以在分层拓展业务范围，为农村农民提供便利金融服务的同时，政府要把握好分层之间的业务边界，指导金融体系健康发展。

(四)加强外部环境建设

从主要经济体的农村金融发展的历史经验来看，政府部门在农村合作金融组织的形成、发展的过程中起到了积极的支持作用，比如政府入股、参与经营管理和监管、税收优惠等，为农村金融服务的专业组织提供了政策上的支撑和便利。现阶段，我国政府部门在农村金融发展上还需要给予更加实际的政策支撑。

首先，加快农村金融立法建设，为农村金融发展提供法律环境的支撑；其次，借助国企改革的东风，理顺政府部门与农村金融组织发展中的关系；再次，加大农村金融组织建设的政策扶持力度，在财政税收政策上给予一定优惠支撑；最后，要加强农村金融服务组织抗击风险的抵御能力，完善风险控制和监督机制。

[参考文献]

[1] 彭川西.国际上几种主要农村金融模式[J].金融文摘，2009(10).
[2] 姚耀军.中国农村金融发展水平及金融结构分析[J].中国软科学，2004(11).
[3] 阎庆民.农村合作金融产权制度改革研究[J].金融研究，2011(7).
[4] 赵天荣.中国农村金融问题研究的演进[J].经济问题，2008(7).

04

融资模式篇

浙江省农业供应链金融模式探析

□ 贺佳丹

摘　要：供应链金融是解决我国中小企业融资难的一条有效路径，同时给国内银行提供深入开拓中小企业市场的可行性。该文深入调查浙江省农业发展的现状及问题，基于浙江省农业的特点，探究适合浙江省的农业供应链金融模式，以解决农业中小企业融资难的现状。同时根据现有浙江省农业供应链金融存在的不足之处，提出相应的政策建议，推动农业供应链金融的广泛应用。

关键词：农业供应链；农业中小企业；农业供应链金融；融资模式

一、引　言

中国作为农业生产大国，农业的发展在很大程度上影响着其经济的健康快速发展。在中国加入世界贸易组织后，农产品在国际市场竞争中面临着严峻的冲击和挑战。2008 年 9 月 27 日到 28 日，第一届中国供应链金融发展论坛在深圳和上海两地举行，为我国企业及金融机构的进一步发展提供了新的道路。要增强我国农业的竞争力，如何完善农业供应链金融模式将成为一大重要课题。

（一）研究背景及意义

自改革开放以来，中小企业作为中国经济的活力之源，被认为是经济发展的强大“助推器”。然而，“中小企业融资难”这一问题在供应链金融出现之前一直未能解决。究其原因，是多方面的，有中小企业自身存在的问题，银行方面存在的问题以及中国整个社会经济环境等。

农业中小企业，既具有中小企业的共性，又具有农业企业的特性，但其发展远远不及其他企业，甚至也落后于其他中小企业。而农业中小企业的发展受限,很大程度上来自融资难。首先,它不仅面临着与其他中小企业相同的处境,包括其自身规模小、资金少、抗风险能力较差、经营能力不强、信用缺失等,同时还有着农产品行业的特殊性,如农产品行业的季节性,受气候、土地等环境因素影响等。其次,商业银行与中小企业存在信息不对称等问题,并且缺乏有效的风险控制体系。最后,社会信用体系缺失,缺乏完善的担保机制,以及社会法律制度建设不成熟是主要的外部环境因素,这都使得农业中小企业难以向银行等金融机构融到资金。

农业的现代化发展离不开金融的支持,供应链金融在农产品行业的应用将会为中国农业增长提供新的平台。随着经济的发展,规模化、产业化必将成为农业的发展趋势。农业中小企业作为农业产业化经营的主要载体,在农产品生产、流通、销售过程中,农业中小企业都承担着不可或缺的重要责任及任务。解决农业中小企业"融资难"问题的重要性由此可见一斑。

(二)国内外研究现状

发达国家由于其自身的金融服务比较完善,其对供应链金融的研究较早,主要集中在供应链金融对整体的财务贡献水平上面。M. Sugirin(2009)详尽地叙述了财务供应链的行业、区域特点,指出由于企业随时可能面临的短期或中期资金问题,供应链财务管理显得越来越重要。同时,财务供应链的管理已经被看成是稳定企业间关系的方法之一,比如改善了大型供应商和采购商的付款和融资条件。MartinR. Fellenz 等人(2009)的研究也表明,由于对资金流缺乏关注,导致供应链管理的无效性、从而导致供应链管理的流动性问题。Aberdee 公司的一项研究数据显示,当个别性的公司竞争转化为整个供应链的整体竞争时,每个终端的成本减少的方案都是值得讨论的。

而对于农业供应链金融问题,则是近几年才开始研究的。Miller and Jones(2010)提出农业供应链主要的运行模式包括农产品生产者驱动的供应链模式、农产品购买者驱动的供应链模式、协调组织推动的供应链模式及综合一体化的供应链模式。崔凯等(2010)认为我国在建设现代农业的过程中,按照现代农业建设的主要带动因素形成了不同的农业供应链类型:龙头企业带动型、农户公司带动型、农牧结合型、城乡统筹型等。由于农村金融特殊的风险性,所以很多对农业金融的研究仅仅停留在对策理论层面，缺乏金融技术、方法的创新，未来更多的研究方向将会致力于供应链金融在农业行业中的实践应用。

（三）相关概念及研究范围界定

供应链的管理，一直以来都是集中在物流和信息流层面上，直到20世纪末供应链核心企业才有了对财务供应链管理的价值发现，国际银行业也展开了相应的业务创新以适应这一需求，供应链金融成为一项令人瞩目的金融创新。供应链金融的行为主体由两部分组成，即“1＋N”供应链和协作链。其中，核心企业及其供应商、分销商或渠道商构成“1＋N”供应链；以商业银行为代表的金融机构以及环节外包主体（包括物流公司、仓储公司、保险公司等）构成协作链。“1＋N”中的“1”是指供应链中的核心企业，“N”是指核心企业上下游的供应链成员企业。

农业供应链金融是金融机构以服务“三农”为出发点，依托农业供应链，以农业核心企业（合作组织、协会）为基础和纽带，通过考察供应链上的真实交易状况及农业核心组织的实力和信用水平，借助农业核心组织对供应链的管理功能，解决借贷双方信息不对称问题，对原来分散的贷款业务进行批量化操作，为与之合作的上下游中小型农业企业及相关农户提供适合的金融解决方案的一种融资模式。而国内供应链金融管理的落后在一定程度上加剧了中小企业融资难。注重于供应链上企业所从事的商品交易关系和相应的担保，从中小企业的核心能力中挖掘信用机会并为企业提供融资结算等服务，供应链金融将是解决我国中小企业融资难的一条有效路径。近几年，在国内，供应链金融发展迅速，但在农产品行业的成功应用案例却屈指可数。

本文通过深入调查浙江省农业发展的现状，发现浙江省农业中小企业同样存在着“融资难”这一困境。将从供应链金融模式出发，以农业龙头企业为“1＋N”供应链中的“1”，以农业中小企业为“1＋N”供应链中的“N”。基于浙江省农业的特点，结合其他省市成功案例，探究适合浙江省的农业供应链金融模式，以解决农业中小企业融资难的现状，使浙江省经济发展更为健康快速。

二、浙江省农业企业发展现状及问题

2014年，浙江省在畜牧业生产转型回调的情况下，种植业、林业、渔业保持稳定增长，拉动农业经济逐季回升，实现全年农业生产平稳增长。2014 年全省农林牧渔业产业增加值为 1808.7 亿元，比上年增长 1.5%。从 2015 年中央一号文件中可解读，农业经济的可持续发展必须创新农业发展理念，转变农业发展方式，而这项工作的落实必然建立在农业中小企业的基础上。

(一)企业规模偏小，农民农户数量较多

浙江经济的快速发展离不开民营经济的崛起，众多的中小企业在浙江省的土壤上迅速成立并快速发展，浙江省中小企业数量占全省企业的 99.9%。截至 2013 年，全省农业龙头企业年销售收入在 500 万元以上的已有 7492 家，亿元以上的农业企业仅有 600 多家，在地区间分布较为均匀。由数据可知，数量并不能代替规模，浙江省有着缺乏农业大规模企业的现象，普遍存在规模小、实力差等不足之处。另一方面，单个的农民农户数量较多，较为散乱。截至 2013 年，全省有家庭农场 9401 个，农民专业合作社 37428 家，社员 114.6 万户，非社员农户 466.4 万户。大多农民农户之间不存在较为紧密的协作关系。

(二)大中小企业间分工协作水平较低

进入农业龙头企业产业链的中小企业少，大部分中小企业都游离在大企业之外，在竞争中中小企业犹如散兵游勇，缺乏竞争优势，处于弱势的地位。究其原因，主要在于中国农业市场仍处于起步阶段，没有一个稳定的市场，大部分中小企业都未能与大企业建立发展的协作配套关系，据统计数据显示，当前仅仅 1/5 左右的企业主要产品与大型企业协作配套。

(三)农业企业融资困难

随着国家各项政策的支持，中小农业企业的外部生产环境已有了很大的改善，建立了由农村信用社、中国农业发展银行和中国农业银行组成的农村金融体系。然而，却仍未能从根本上改变农业企业相较其他行业企业融资难的现象。由于农业生产受自然环境影响非常大、不稳定因素多、生产投入大、时间长等特征，以致商业银行进入农业区域的动力不够，乃至纷纷合并涉农营业场所。同时，农信社本身也存在不少缺点和问题，难以满足农村经济对金融服务的要求。涉农贷款分地区月报表如表 1 所示。

表 1　涉农贷款地区月报表

(2014—12—31)　　　　　　　　　　　　　　　　单位:亿元,%

项目 地区	各项贷款余额	涉农贷款及"三农"贷款情况					
		涉农贷款		涉农贷款/各项贷款	农林牧渔业贷款/各项贷款	农村(县及县以下)贷款/各项贷款	农户贷款/各项贷款
		余额	同比增长				
全国	867868	236002	13.0	27.2	3.8	22.4	6.2
北京	53651	2595	11.9	4.8	0.6	1.7	0.2
天津	23223	2553	16.8	11.0	0.6	4.6	0.6
河北	28052	11758	15.8	41.9	3.6	38.8	8.6
山西	16559	7402	11.2	44.7	4.9	40.2	8.4
内蒙古	15066	5579	14.3	37.0	10.4	29.9	8.0
辽宁	33024	6639	12.9	20.1	4.7	16.0	3.4
吉林	12695	4257	24.3	33.5	6.8	26.8	5.7
黑龙江	13792	5724	22.6	41.5	10.8	28.1	9.2
上海	47916	1975	11.6	4.1	0.2	1.9	0.2
江苏	72490	24182	6.6	33.4	2.7	29.5	4.8
浙江	71361	28911	1.9	40.5	1.7	37.6	9.8
安徽	22755	7418	17.3	32.6	3.6	25.3	9.5
福建	30051	10141	19.0	33.7	3.0	31.0	8.0
江西	15697	6132	19.8	39.1	10.7	33.5	14.2
山东	53662	21649	12.8	40.3	4.3	36.0	6.9
河南	27583	11710	17.7	42.5	12.4	37.4	11.1
湖北	25290	6576	17.0	26.0	4.3	18.7	5.3
湖南	20783	6719	15.1	32.3	7.4	27.7	13.2
广东	84922	8983	12.9	10.6	1.1	7.5	2.4
广西	16071	5479	14.7	34.1	7.5	21.9	9.2

续 表

项目 地区	各项贷款余额	涉农贷款及"三农"贷款情况					
		涉农贷款		涉农贷款/各项贷款	农林牧渔业贷款/各项贷款	农村(县及县以下)贷款/各项贷款	农户贷款/各项贷款
		余额	同比增长				
海南	5392	1246	16.2	23.1	3.3	18.3	1.9
重庆	20631	3940	16.4	19.1	1.7	14.0	5.2
四川	34751	12379	15.1	35.6	5.2	29.0	10.1
贵州	12438	4848	26.4	39.0	5.4	33.5	13.6
云南	18368	6234	11.5	33.9	5.3	27.1	8.3
西藏	1619	297	98.1	18.4	3.2	10.9	7.8
陕西	19174	4803	11.9	25.1	5.3	20.6	9.9
甘肃	11076	4142	24.3	37.4	14.5	32.0	16.8
青海	4303	1543	16.9	35.8	2.7	24.7	2.3
宁夏	4608	1626	14.4	35.3	5.8	29.7	10.5
新疆	12238	5451	16.1	44.5	12.2	40.7	9.1

数据来源:《2014 年中国农村金融服务报告》。

从表 1 中可以看出,在 2014 年,相较全国其他省市地区,浙江省各项贷款余额及涉农贷款余额较高,同时涉农、农村、农民贷款占各项贷款的比例都较高,这都间接说明了浙江省金融机构服务体系较为完善,也表明行业企业所需贷款的金额之大。另一方面,与黑龙江等粗具农业规模化的农业大省相比,农业(农林牧渔业)企业贷款占各项贷款的比例严重偏低,仅 1.7;涉农贷款同比增长仅 1.9,充分体现了当前浙江省农业贷款遇到了瓶颈,这不仅需要农业企业的转型,同时还急需新的金融模式创新去改变这一现状。

三、农产品供应链及供应链金融发展

农产品供应链包括农产品生产产地、生产过程、储存、运输、加工、消费等环节,一条完善的农产品供应链必然涵盖多个企业,共同承担供应链风险。这多家企业中包括中小企业，同时也存在核心企业，即构成了供应链金融的行为主体中的“1＋N”供应链。另一方面，以商业银行为代表的金融机构为主体的协作链则是另一供应链金融的行为主体。

本节旨在分析当前浙江省农产品供应链及国内供应链金融的现状，为后续农产品供应链金融模式的探析奠定基础。

(一)浙江省农产品供应链流通模式

随着国家农业产业化的发展及浙江省各级政府对“三农”问题的关注，浙江省农产品供应链流通模式较改革开放前发生了很大改变，供应链流通主体发展趋势呈现多元化，浙江省已出现多种农产品供应链流通模式。其中，主要包括以批发市场、连锁超市、农产品物流中心、农业龙头企业、农民专业合作社等为主导的农产品供应链模式。现将简单阐述上述农产品供应链模式。

以批发市场为流通中心的农产品供应链模式如图1所示，是最传统的农产品供应链流通模式，也是浙江省农产品流通的主要模式。其主要细分模式有“专业合作组织＋农户”模式、“批发市场网络＋生产基地＋农户”模式。

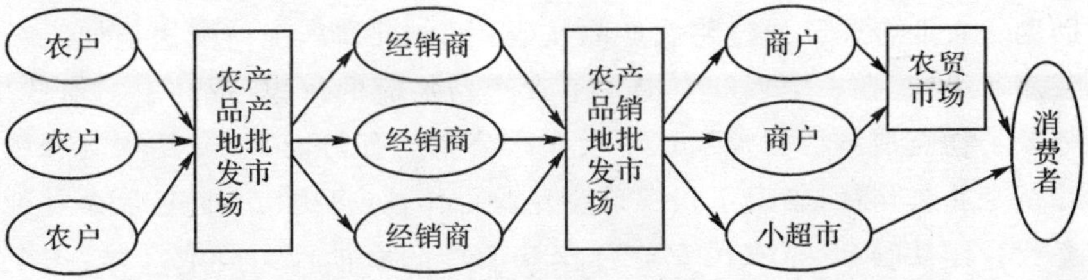

图1　浙江传统以批发市场为流通中心的农产品供应链流通模式

基于连锁超市的农产品供应链流通模式是以市场需求为中心，连锁超市通过投资兴建农产品供应基地或通过与农业协会与农户、种养殖专业户、合作社联合，建立起稳定的合作关系，并通过自建物流中心配送农产品，向连锁门店提供农产品的供应链流通模式。浙江省属于全国人均收入较高的省份，连锁超市已成为浙江省消费者日常购物的主要场所。到2015年，以连锁超市为主导的农产品供应链流通总量已占农产品市场总量的28%。

借鉴于工业供应链管理中物流中心(物流园区)建设的成功经验,结合农产品这种特殊的质量管理和控制要求,许多地方开始建设新型的农产品供应链流通中心,即农产品物流中心(物流园区)。近几年,以物流中心(物流园区)为中心的农产品供应链流通模式正在逐步形成与发展壮大。在浙江省最典型的例证就是杭州市农产品物流中心,杭州勾庄农副产品物流中心覆盖了从农产品的生产到终端销售的所有环节,这一新型农产品物流中心是供应链核心企业的典型例子。

农产品中小企业的发展必须要求一批有实力的农业龙头企业的带领。而农业龙头企业作为农产品供应链中的一个环节,主要指代农产品加工企业,属于中间环节,连接农业初始原料生产企业和销售终端企业。其主要细分模式有“农业龙头企业+农户”模式、“企业+专业合作社+农户”模式、“企业+协会+农户”模式、“企业+基地”模式。近几年中国的现代化农业不断发展,有一些农产品的生产已出具产业化规模,诞生了一大批龙头企业,浙江省已有近 8000 家农业龙头企业。现代物流以及供应链管理也已进入到农业产业链体系,这为具体实现农业供应链金融创造了条件。

建立农业合作社一般有 3 种途径:农民自发型、政府推动型、民办官助型。农业合作社通过将农产品从农民手中回收,统一配送至加工企业或流通组织,在一定程度上提高了农产品物流的规模,提高了物流效率,降低了物流成本。根据浙江省农业厅公布的资料,2009 年绍兴县会稽龙井茶专业合作社、临海市兴农果蔬专业合作社、舟山市普陀区展茅林地鸡专业合作社等 20 家农民专业合作社的产品获浙江名牌农产品,占全省 2009 年认定浙江名牌农产品总数的 31.7%。这表明浙江省农业合作社在农产品供应链中起着较为重要的作用。

(二)国内供应链金融服务发展

国内供应链金融业务最早可以追溯到 20 世纪 20 年代的上海银行,出现了若干产品,例如存货抵押贷款。自 21 世纪初,随着面临的竞争压力不断上升,中小商业银行开始了持续金融创新。国内供应链管理的引进,无疑给了商业银行新的业务创新平台。股份制商业银行率先发展了国内供应链金融服务,包括存货融资、应收账款融资等,使供应链融资高速发展。

1. 广发银行物流银行与“贸融通”：国内较早开展货押业务的银行当属广东发展银行。在 2003 年，广东发展银行搭载物流银行业务，推出“民营 100”金融服务平台，为民营企业提供了全过程、全方位的金融服务。在这个物流银行基础之上，广发行将其实践升级为“贸融通”供应链融资服务，致力于贸易供应链的整合和价值链的管理，通过对现金流、物流、信息流的管理和控制，将贸易环节中现金、商品、信息进行一体化整合管理，形成供应链融资新理念。

2. “中信供应链金融”：中信银行 4 大增值链服务个性化满足了产业链上企业的融资需求，它以供应链上的核心企业为中心，向核心企业及其上下游相关企业提供的综合金融服务。行业主要分布在钢铁、工程机械、有色金属和水泥行业。

3. 招商银行“电子供应链金融”：借助于互联网这一服务平台，通过创新一系列电子化金融衍生产品，招商银行以这一新型融资和服务平台，紧密联结供应链核心企业及其上下游相关企业，协助它们进行融资。

4. 民生银行特色贸易金融：通过对行业周期的分析和跟踪，加大对处于拐点和上升周期行业的开发力度，试图提升贸易金融的盈利能力。在行业内部，贸易金融的营销策略是强力渗透大客户，积极培育中型客户，围绕大客户上下游的核心企业，开拓一批有核心价值的优质小客户群。行业主要分布在开发机电、石油化工、冶金矿产、交通运输 4 大行业。

随后又有中国银行、中国工商银行、中国农业银行等国有银行力推国内供应链金融的成长。2010 年 2 月，中国银行董事长肖钢在《经济日报》发表了题为“大力发展供应链金融”的署名文章，标志中国银行在供应链金融范畴的业务探讨已趋成熟，正计划全面启动供应链金融服务。

四、浙江省农业供应链金融模式探析

就农业而言，浙江省很难达到如黑龙江省那样的大规模生产经营，更多的农产品生产来自农业小企业及众多农户。当前，浙江省农业发展已遇瓶颈，想要有所突破，解决农业中小企业及农业散户的融资问题是一条有效途径。

(一)农业供应链金融

供应链金融的行为主体中的“1＋N”供应链是由 1 个核心企业加众

多的中小企业构成。例如,以农业龙头企业为主导的农产品供应链模式,其核心企业即为农业加工的大企业。这需要说明的是,目前我国学术界尚未对农业中小企业进行具体界定,对照其他行业,则农业龙头企业中年销售收入亿元以上的农业企业可看作核心企业。而如农产品物流中心、农民专业合作社等为主导的农产品供应链模式中,亦是如此,是以农产品物流中心、农民专业合作社为核心企业,其他供应链上的农业企业为受益的中小型农业企业。通过农业供应链融资,使链条上的所有农业企业的"边际信誉度"提高到与核心组织相同的水平;也就是说,农业供应链上农业核心组织与中小型农业企业的边际信誉度为同一曲线,即处于同等水平。将农业中小企业置于供应链进行信贷决策对农业中小企业的发展有着革新性的意义。供应链金融业务是商业银行站在一个全新的视角上去考察中小企业的融资需求,与传统的商业银行资金授信有所区别,从从前对中小企业的信贷准入的孤立评估转变为依托与核心企业的信用关系、站在整个供应链的角度来对整个供应链成员进行整体信用评估,是一种质的转变。

当前,传统农业正在向现代农业转型,现代农业是一个包括生产、加工、存储、销售、服务等诸多过程的完整的农业产业化体系。农业的现代化为农业中小企业的成立创造了土壤,而其发展则离不开资金链。农业供应链融资模式包括内部融资和外部融资。内部融资也称作供应链直接融资,是农业供应链参与主体之间进行的资金融通,即供应链内一个参与主体为另一个参与主体提供的融资,通常内部融资以偿还(用农产品偿还加工者)或实物的形式融资(赊销),或以农业合作组织内部融资的形式存在;外部融资也称作供应链间接融资,是通过直接向农业核心企业增加授信或通过农业核心企业担保利用供应链参与者之间的商业关系引导银行或其他金融机构向供应链中的参与主体提供融资服务。

本文仅探讨外部融资模式的农业供应链金融模式。在本文第三部分中,叙述到浙江省农业供应链主要包括以批发市场、连锁超市、农产品物流中心、农业龙头企业、农民专业合作社等为主导的农产品供应链模式。农业供应链金融应根据不同的农业供应链类型,发展与之相适应的农业供应链融资模式和金融工具。

（二）浙江省农业供应链的融资模式探析

从浙江省的现状来看，浙江农业生产分散是造成农业生产效率低下、农业企业发展受限的重要原因。目前，除部分实力较强的企业建立自我生产基地外，浙江省农业生产中以零散的农户为主体，随着农业现代化的发展，这一农业生产发展现状将逐步转变，零散生产的农户将被市场所淘汰，规模化生产的农业中小企业将在农业生产领域占据主导地位。浙江省农业供应链模式发展趋势将是农业"核心企业＋规模化生产中小企业"模式，更加侧重于加强企业之间的协作，尤其是不同规模层次的企业之间。

农业供应链金融融资，主要包括应收账款融资、仓单质押融资等。作为农业中小企业，其资产的主要形式是预付账款、存货和应收账款等，并占用企业的大量流动资金。农产品难以长期保存的特性，使得农业企业很难用库存存货进行抵押，这是必然的。所以适应浙江省农业供应链中小企业的主要融资模式一般有以下几种。

1."企业＋抵质押＋保证担保"：包括静态抵质押授信和动态抵质押授信。农业中小企业以自有或者第三方合法用的动产/不动产为抵质押请求办理授信业务，由供应链中的农业核心企业保证担保，承担一定风险，见图2。

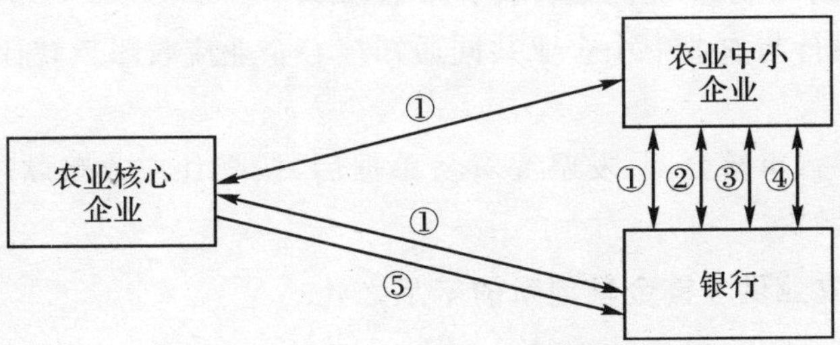

图2　企业＋抵质押＋保证担保融资模式

（1）农业中小企业、核心企业与银行签署抵质押担保协议。

（2）农业中小企业向银行缴存保证金或匹配自有资金，并签署授信协议。

（3）农业中小企业配合银行落实抵押登记，农业核心企业落实日常监管。

(4)银行向农业中小企业提供授信。

(5)核心企业对此授信业务保证担保,承担一定的风险。

2.“企业+应收账款”:此处的应收账款指代的是农业中小企业销售农产品原材料,向加工型农业核心企业收取的应收账款。对于中小企业而言,转让应收账款可以获得销售回款的提前实现,加速流动资金的周转,见图3。

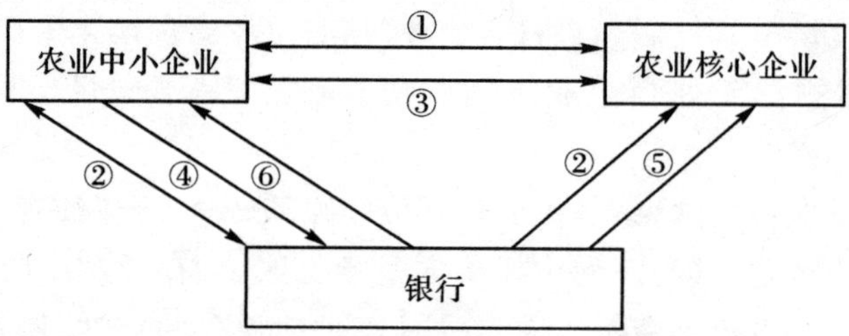

图3 企业+应收账款融资模式

(1)农业中小企业与核心企业签订商务合同。

(2)农业中小企业向银行提出贷款申请,银行进行客户额度审批及信用调查。

(3)农业中小企业履行与核心企业签订的商务合同。

(4)农业中小企业向银行转让应收账款。

(5)银行与农业中小企业共同通知核心企业应收账款转让事项,并约定回款账户。

(6)银行审核合同、发票等贸易单据后,按受让应收账款净额的一定比例发放融资。

(三)农业供应链金融创新的不足之处

基于探索实践时间较短以及各种主客观的原因,目前农业供应链金融的推行及广泛应用仍存在着不少的阻碍,经研究分析后,主要有以下几种:一是农业核心企业实力不够强大,限制了农业供应链融资能力;二是农业保险发展缓慢,供应链金融同样面临着自然风险,农业供应链金融往往是对相同产业链条的信贷支持,当农业生产面临的自然风险发生时,必然是一条供应链的整体风险;三是缺乏完善的信用支撑体系;四是农业供应链金融创新产品不够丰富,金融机构宣传力度也不够,农业企业对农业供应链金融所能提供的产品和服务不够了解，无法享受这种创新的金融模式带给他们的诸多便利，限制了农业供应链金融的开展。

四、政策与建议

农业是高风险的行业，农业供应链金融在一定程度上解决了农业中小企业融资难的现状，有了资金支持，同时也降低了银行所担忧的信用风险。然而，目前农业供应链金融尚未普及，主要原因有以上 4 点。针对上述的障碍，本文提出相应的政策及建议。

1.全国范围内，当前国家级的农业产业化龙头企业达到 1253 家，年销售收入超百亿元的企业近 27 家，农业龙头企业中的上市公司也仅有 80 多家。农业核心企业是农业供应链的关键环节，必须提升农业企业的科技化、现代化、规模化水平，同时鼓励农业龙头企业利用股权转让、资产重组等方式做大做强，鼓励有上市资格的农业企业申请发行上市，以此提高企业抗风险能力。增强农业核心企业的经济实力，加强农业供应链融资的能力。

2.制定必要的扶持和优惠政策，在农业贷款贴息、保险、担保、风险补偿机制上制定相应的政策措施，加快农业政策性保险的推进，加大对农业政策性保险的支持力度。同时，为了鼓励和规范农业龙头企业的发展，政府需提供完善的法律保障，完善农业关联企业法、合作组织法等，为农业供应链金融发展创造良好的外部环境，加快农业供应链金融业务推广的步伐。

3.加强农村信用体系建设，构建良好的信贷信用环境，增强金融机构主动服务“三农”的信心和积极性。大力整治农村信用秩序，把打击逃废银行债务、保护债权人利益纳入创建农村信用工程，建立健全失信惩戒制度。推进农村农户信用评级和农业龙头企业信用评级，强化企业信用与供应链上相关企业的信用信息连接，使供应链上各农业企业产生紧密的信用约束力，从而推动完善的信用支撑体系建设。

4.加大金融机构的宣传力度。通过宣传，农业企业和农户了解农业供应链金融模式能够带给他们的诸多便利，加快农业供应链金融业务的开展，放大金融服务“三农”的效果。另一方面，金融机构应积极改进提升农村金融服务，树立产品创新及服务创新的理念，加快开发适合新型农业产业发展的信贷产品。涉农金融机构在有效防范信贷风险的同时,应致力于解决农业企业资金来源受困的问题。

[参考文献]

[1] M. Sugirin. Financial Supply Chain Management[J]. Jonral of Corporate Treasur Management, 2009(3).

[2] Martin R. Fellenz,Cara Augustenborg,Mairead Brad-y. Requirements for an Evolving Model of SupplyChain Finance: A Technology and Service Providers Perspective[J]. Communications of the IBIMA. 2009(10).

[3] Miller C, Jones L. Agricultural Value Chain Finance: Tools and Lessons[M]. The Food and Agriculture Organization of the United Nations and Practical Action Publishing, 2010.

[4] 周建亨.供应链中融资与回购决策分析[J].工业工程,2010(6).

[5] 崔凯,蒋和平.我国现代农业发展的四种模式及借鉴启示[J].科技与经济,2010(2).

[6] 罗正英.信誉链假说:中小企业融资能力的放大[J].上海经济研究,2003(5).

[7] 丁俊发.中国供应链管理蓝皮书[M].北京:中国物资出版社,2011.

[8] 苟建华.农产品封闭供应链管理研究——以浙江为例[M].北京:光明日报出版社, 2013.

[9] 宋雅楠,赵文,于茂民.农业产业链成长与供应链金融服务创新:机理和案例[J].农村金融研究, 2012 (3).

[10] 韩明辉.供应链金融下的农业小企业融资信用风险研究[J].会计之友旬刊, 2010 (4).

[11] 任常青.价值链融资及其对农村信用社扩展金融服务的启示[J].中国农村信用合作.2009(7).

[12] 贺群.农业供应链金融的内涵与融资模式探析[J].农村经济与科技,2013(10).

[13] 叶爱军.农业供应链金融助推新型农业发展——辽宁省宽甸农村信用社的供应链金融尝试[J].中国农村金融, 2012(4).

[14] 曹露露,陈国胜,陈芳丽,等.农业中小企业发展现状与对策研究综述——以浙江省为例[J].河北农业科学, 2010(12).

[15] 俞健萍. 超市果蔬供应链风险控制研究[D]. 江西理工大学, 2012.

[16] 王睿. 农产品供应链风险控制与利益分配机制研究[D]. 西南交通大学, 2011.

[17] 郑鑫,蔡晓云.融通仓及其运作模式分析——中小企业融资方式再创新[J].科

技创业月刊,2006(12).

[18] 张環,朱金福.物流金融与供应链金融的比较研究[J].金融理论与实践,2009(10).

[19] 林毅夫,李永军.中小金融机构发展与中小企业融资[J].经济研究,2001(1).

[20] 周纯明,梁贵民."融资共赢链"金融服务品牌解读[J].今日财富(金融发展与监管),2010(9).

[21] 王志杰.基于农产品供应链集成机制的大豆供应链集成对策研究[J].复旦学报(自然科学版),2007(4).

[22] 毕晓韵,彭芳春.金融危机下供应链金融融资问题与机制创新[J].湖北工业大学学报,2010(6).

[23] 崔凯,蒋和平.我国现代农业发展的四种模式及借鉴启示[J].科技与经济,2010(2).

“互联网＋”助力农村普惠金融发展研究
——以浙江省为例

□ 胡苗忠

摘　要:本文运用“互联网＋”技术和思想致力于更好地推进农村普惠金融的全面发展,互联网的应用可以有效解决农村地区因信息不对称等带来的融资难题。本文通过对浙江省农村地区的考察,介绍了浙江省农村普惠金融的发展现状、存在的问题及面临的挑战,进而提出加强“互联网＋”助力农村普惠金融发展的相关政策和建议。

关键词:互联网＋;农村普惠金融;发展研究

一、研究现状及意义

联合国在2005国际小额信贷年提出了“普惠金融”(Financial Inclusion)概念,强调有效、全方位地为社会所有阶层和群体提供金融产品和服务,尤其关注容易被传统金融忽视的农村区域金融消费群体,为其提供平等的金融服务。2014年4月,国务院发布《关于金融服务“三农”发展的若干意见》,进一步将发展农村普惠金融摆到突出位置。研究普遍认为,以合理价格获得金融服务、金融机构可持续监督、金融领域形成竞争,是普惠金融的主要特征(焦瑾璞,2009)。实践中,可将金融服务覆盖面、可获得性以及福利影响作为普惠金融的衡量标准。而互联网作为一项技术,过去20多年一直影响着全球金融业,它实质是以技术作为必要支撑的“基于互联网思想的金融”(Allen,2001)。北京大学经济学院王曙光教授从网络金融创新与农村普惠金融建设的角度出发,认为普惠金融服务需求日益加大,同时也会遇到各种挑战,如高成本、风险控制机制不健全、抵押担保以及小微客户信用体系不健全等问题,需要农村金融机构加大金融产品创新力度。他还指出应通过网络金融促进我国普惠金融发展,利用好当前的互联网，建立健全互联网金融，对普惠金融的发展具有实质性的意义和突破。

为了更好地改进农村普惠金融服务，国外学术界对此问题的研究无论从实践还是理论上都取得丰硕成果。信息技术或信息通信技术使用成为金融普惠非常重要的促动手段(Gupta,2011)。基于信息通信技术的金融创新可以降低获得金融服务的成本，提升金融服务获得的便利性。作为互联网金融的应用，移动金融在金融普惠和经济增长的作用日益凸显。比如，一项关于非洲国家的研究，基于1988—2007年的数据，分析了手机发展对金融普惠的作用进而对经济增长的影响，结果显示手机的发展显著正向影响经济增长，而其中的机制就是手机发展促进了金融普惠(Andrianaivo and Kpodar,2012)。另一项研究指出，在Colombia这个金融深度不足的南美国家，政府和私人部门开发了许多试图降低金融服务交易成本、增进金融服务可得性、实现金融普惠的渠道模式，包括使用互联网、留言电话、手机、银行代理等技术的金融服务，其中大面积地使用手机银行易化金融。据邓白氏调查(D&Bsurvey)数据显示，84%的受访者采用互联网作为最主要的金融服务传输渠道。互联网可以增加金融服务市场可及性(扩大覆盖面)，提高操作效率，降低成本。

我国学者对此也有很多很精辟、很深入的探讨和见地。

罗婷婷、张艺(2014)在对重庆农村区域调研的基础上，实证分析了传统金融和互联网金融对农村普惠金融的效用，剖析了以便民服务点、手持移动终端为代表的基于互联网思维和技术的传统金融实践内核，并认为传统金融和互联网金融应成为农村普惠金融生力军，两者合作互补的良性互动将助推实现农村普惠金融。(同周立、李萌 2013，郭兴平 2011，马义玲 2014，朱建华等 2010，林秋萍、谢元态 2014，高彦彬 2014)谢升峰等(2014)认为我国普惠金融缺乏总体制度设计、金融机构对农村渗透性不足、片面追求覆盖率而金融资源使用效率低下、风险防控及成本因素制约了微型金融设立进程，从而使得农村普惠金融发展处于国际较低水平。为此必须做好农村普惠金融制度创新的顶层设计，实施普惠金融发展的层级推进战略、落实多重覆盖，同时注意风险的防范。徐敏等(2015)运用固定影响变系数模型，于2006—2012年就新疆82个县(市)农村普惠性金融发展对农户收入增长的效应进行了分析。结果表明，不同地区农村普惠性金融发展对农户收入增长的效应不同,南疆地区基础效应高于北疆地区,增长效应更加明显;部分农户收入高增长地区、经济发展水平和农村普惠性金融发展水平较高地区以及贫困地区均出现农村普惠性金融发展对农户收入增长呈负效应的情况,存在不同程度的金融排斥和金融体系结构与功能矛盾。并提出加强金融基础设施建设,优化农村普惠性金融发展环境,提高监管有效性等建议(同朱叶 2013,杜兴端、陈成、李晓 2014,田杰、陶建平 2012)。目前,从互联网视角研究的不多,主要有蔡洋萍(2014)介绍了互联网金融的特征、互联网金融降低交易成本的机理、发展普惠金融的优势及互联网金融的几种业务模式。(同刘海二 2014)马九杰(2014)探讨了农村互联网金融发展类型及其对我国农村金融普惠的作用,并就目前互联网金融在农村金融普惠中面临的挑战和对策进行了分析。(同刘萍萍、钟秋波 2014,徐会军 2014)

目前,对相关问题研究的特点与不足主要有:一是对农村金融服务相关的政策指导意见及总结实践报道性内容较多,而对互联网金融理论的深入研究较少,相关的政策文件操作性还需进一步细化;二是从不同视野分析研究农村金融服务的较多,而从“互联网+”助力农村普惠金融发展分析研究的较少;三是目前专门针对相关问题研究发表的期刊论文很多,而专门著作及成果类的较少;四是浙江省专门针对发达地区研究的较多,而考虑欠发达地区的较少,也就是说目前普惠金融的普惠性还很不充分;五是目前国际机构、国内监管部门以及国内外学术界对农村金融服务研究层出不穷,各有侧重点,但目前仍然面临如理念思维、整体规划、制度规范、市场体系以及资源配置机制等诸多争议、约束等一系列问题。未来研究的分析和重点有:(1)从研究对象看,本文主要研究对象是浙江省,通过对浙江省的一些镇、村、农户和银行网点进行实地走访、发放调查问卷收集样本,了解农村地区普惠金融服务现状,并对存在的问题从互联网农村普惠金融方面提出改进意见;(2)从研究方法看,当前的研究方法以文献研究、案例分析或规范分析与实证分析相结合为主,进一步的分析需要充分利用实地调研数据,加强运用数理与统计方法进行分析,以便提出切实可行的农村普惠金融服务的改进措施;(3)从分析视角看,尽管对农村金融服务的研究范围很广阔,但过于零散,缺乏系统性完整性,本文将从国家法律、信用机制及监管等方面综合分析以便构建农村普惠金融服务的完整体系。

本文研究的互联网金融即传统金融利用互联网提供金融服务。运用“互联网＋”技术和思想可以更好地推进农村普惠金融的全面发展。中国人民银行丽水市中心支行副行长陈明亮对此表示，如何利用“互联网＋”推进农村金融改革是一种探索。将农村金融与大数据、云计算相结合，着重解决“金融服务站＋互联网”“电商＋服务站＋网上支付”以及信用卡的农村发行。互联网的应用可促进解决农村区域因信息不对称、缺乏有效抵质押品带来的融资难题，弥补传统金融服务不足等问题。下面以浙江省在农村区域的实践为例进行考察，对本省的农村普惠金融发展现状及存在的问题、“互联网＋”助力农村普惠金融发展的作用及面临的挑战、加强“互联网＋”助力农村普惠金融发展的政策建议作一论述。

二、浙江省农村普惠金融调研的基本情况及分析

(一)调研的基本情况

此次研究的数据来源于 2015 年 5 月的实地调查。调研的具体方法及对象包括：(1)农户调查问卷 60 份 ；(2)村级组织调查问卷 30 份；(3)涉农企业调查问卷 30 份；(4)从互联网上查阅所需信息。调查样本点为杭州、宁波、嘉兴、湖州、衢州、温州、金华、绍兴、舟山、丽水、台州 11 个地区，发放调查问卷共 120 份，有效回收农户调查问卷 50 份，村级组织问卷调查 20 份，涉农企业调查问卷 20 份，有效回收率 90%。

(二)调研情况分析

1. 村级组织金融服务需求调查分析

(1)针对资金来源，从回收的有效调查表来看，28%的村级组织倾向于从上级政府及财政支持获得资金，47%的村级组织从银行与信用社获取贷款，19%的村级组织通过本村农民及社会集资获取资金，向私人借款占 4%，从地下金融高息贷款占 2%。如图 1 所示。由此可以看出，近 3 成的村级组织依赖政府资金投入，近 5 成则主要从正规金融机构贷款解决资金问题，剩下的两成多则通过非正规渠道解决融资问题。

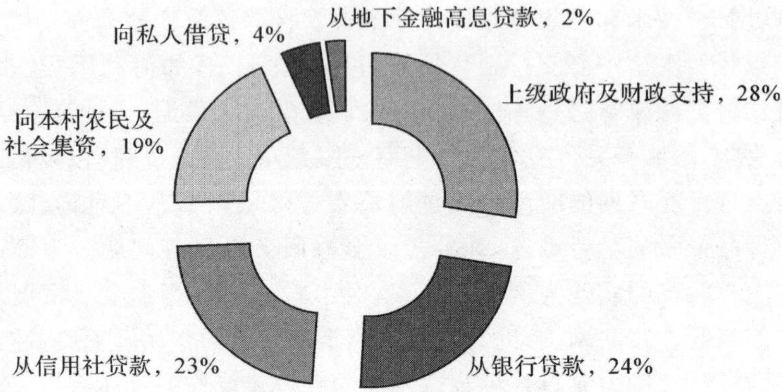

图 1　村级组织获取资金渠道

(2)针对贷款难问题，从回收的有效调查表来看，38%的村级组织认为手续太复杂，不方便；22%的村级组织认为贷款利息比较高，受不了；21%的认为放款数量太少，不够用；11%的认为没有抵押财产；3%的认为没有关系，贷不到；5%的认为村级组织没有信誉，难贷款。如图 2 所示。由此可以看出，目前农村金融贷款服务还有很多需要改善的地方，农村普惠金融还未真正做到“普惠”。

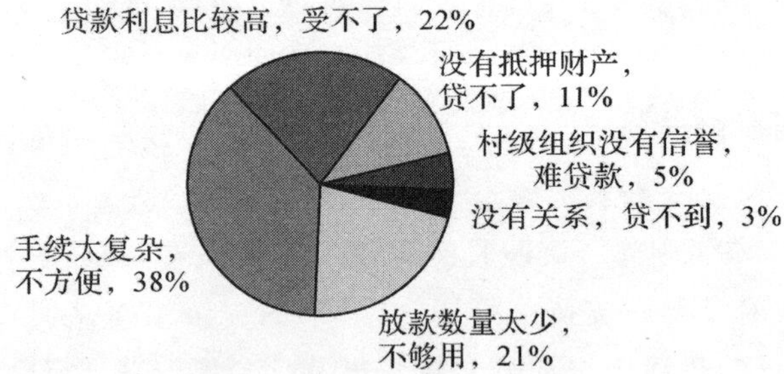

图 2　村级组织贷款难的原因

(3)对当前是否需要成立和发展新型农村金融机构，从回收的有效调查表来看，83%的村级组织认为有必要，但有风险；17%的村级组织认为必要，可行。如图 3 所示。由此可以看出，村级组织普遍认为需要成立和发展新型农村金融机构，为农村金融提供更好的服务。

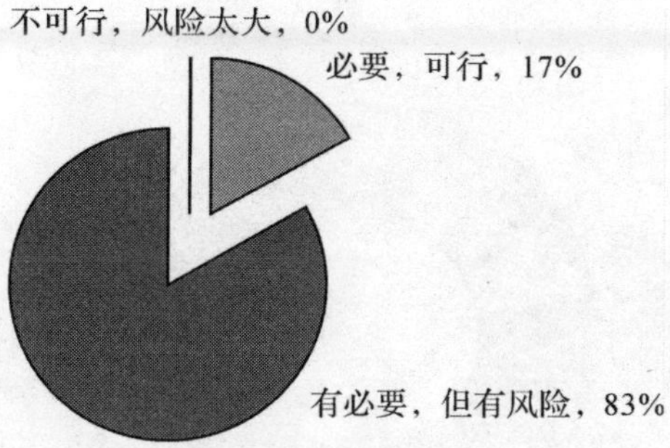

图 3　成立和发展新型农村金融机构的必要性

2.涉农企业金融服务需求调查分析

(1)针对涉农企业在发展中存在的主要问题，从回收的有效调查表来看，33%的企业认为技术力量不足，9%的企业认为资金短缺，21%的企业认为开拓市场困难，12%的企业认为管理水平跟不上，9%的企业认为设备落后，还有16%认为其他原因。如图4所示。表面上看是技术、开拓市场、管理水平及设备落后导致的，其实最根本的原因还是企业资金投入不足导致这些无法及时更新。

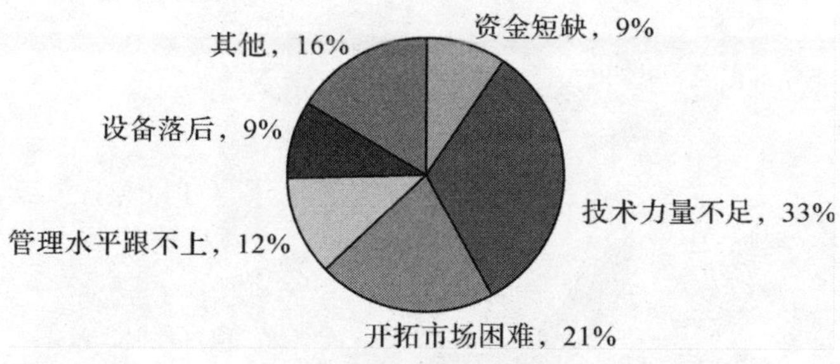

图 4　涉农企业发展中存在的问题

(2)对金融机构拒绝涉农企业贷款的原因，从回收的有效调查表来看，50%的企业认为抵押资产不足，担保单位难找；28%的涉农企业认为企业项目缺乏吸引力；认为金融机构有歧视观念的占5%；企业信用等级低的占6%；认为其他原因的占11%。如图5所示。由此可以看出，涉农企业主要由于抵押资产不足影响了融资，进而导致项目无法及时更新和改造。

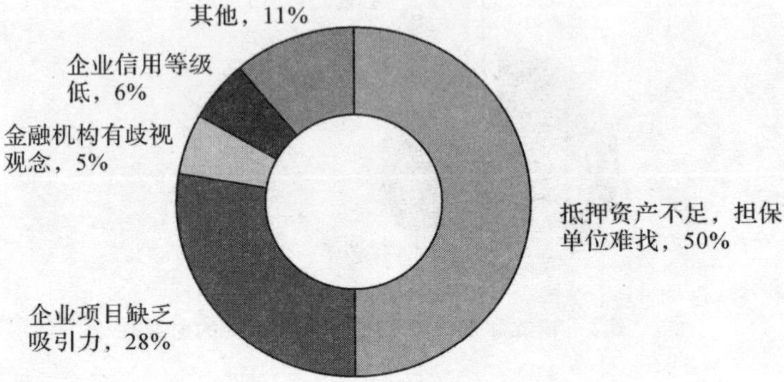

图 5　金融机构拒绝涉农企业贷款原因

(3)针对涉农企业迫切需要的金融综合服务，从回收的有效调查表来看，32%的企业认为需要投资顾问提供服务，18%的企业需要提供方便的存贷款服务，13%的企业需要银行卡服务，12%的企业需要网上银行，7%的企业需要租赁服务。如图 6 所示。从调查中可以看出，未来投资顾问、银行卡、网上农村金融服务需求大。

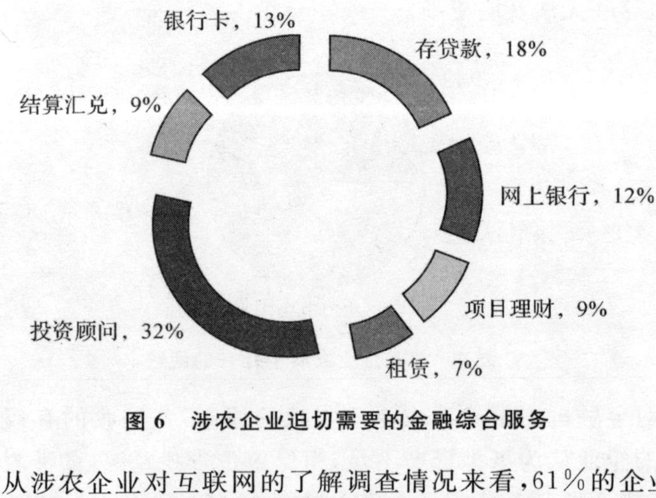

图 6　涉农企业迫切需要的金融综合服务

(4)从涉农企业对互联网的了解调查情况来看，61%的企业想尝试，但不知道如何操作；18%的企业听说过，但认为不可信。11%的企业使用过互联网金融；10%的企业没听说过。如图 7 所示。互联网可以增加金融服务市场可及性(扩大覆盖面)，提供操作效率，降低成本。但从调查来看，互联网金融知识及操作技能相关教育和宣传还很不到位。

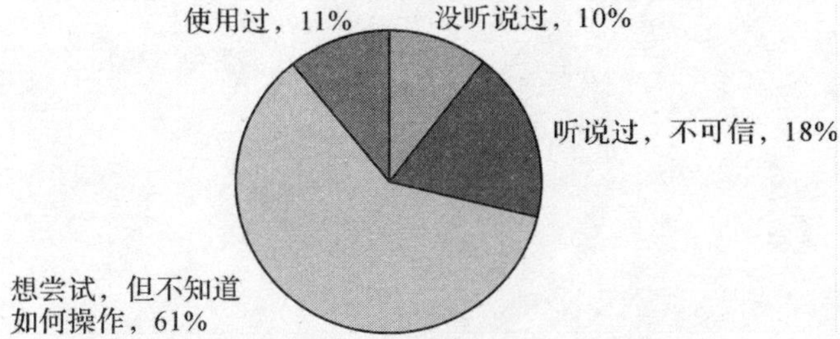

图 7　涉农企业对互联网的了解情况

(5)从涉农企业违约情况来看，55％的企业不了解即没关注，27％的企业认为有几家，15％的企业认为周围企业没有违约，3％的企业认为挺多的。如图 8 所示。从涉农企业信用情况影响融资来看，36％的认为有影响，53％的认为没影响，11％的说不知道。如图 9 所示。从这一调查情况来看，涉农企业普遍信用意识不足，未给予充分重视，农村金融信用环境建设任重道远。

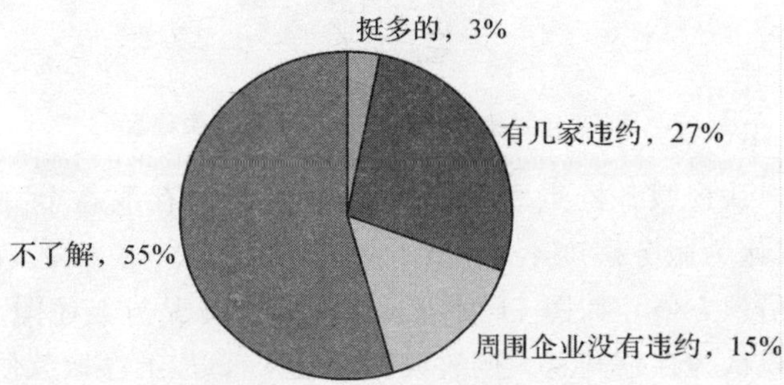

图 8　涉农企业违约情况

3. 农户金融服务需求调查分析

(1)针对农户在金融机构办理存款业务方不方便，从回收的有效调查问卷来看，认为很方便的占 12％，比较方便的占 61％，不太方便的占 24％，很不方便的占 3％。如图 10 所示。如果将金融服务覆盖面、可获得性以及福利影响作为普惠金融衡量标准的话，调查表明普惠金融普及性还不够，迫切需要充分利用互联网为农村金融服务。

(2)针对农户存取款业务不方便的原因，从回收的有效调查表来看，

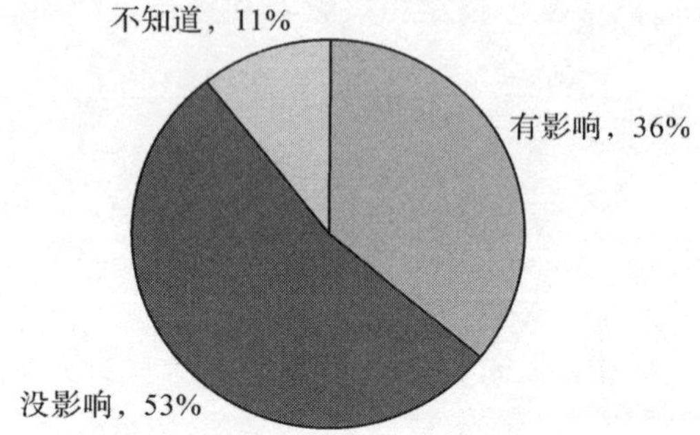

图 9　信用记录状况影响融资情况

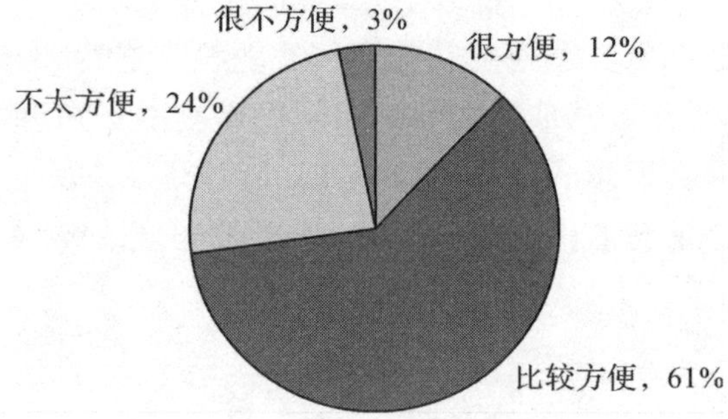

图 10　金融机构办理存款业务方便程度

17%的农户认为服务网点太少，20%的农户认为存取款金融机构太远，3%的农户认为服务态度不好，50%农户认为存款利息太低，10%的认为没有私人借款方便。如图 11 所示。这一调查情况与上述图 10 相似，有一半的农户认为存款利息太低放银行不划算，再加上存取款便利性不够，影响了农村金融服务的进一步发展。

(3)针对农户需要的金融综合服务，从回收的有效调查表来看，19%的农户需要存贷款，15%的农户需要 ATM/POS 机，14%的需要网上银行、电话银行，11%的需要农业保险，14%的需要财产保险、人寿保险，13%的需要投资理财，其他的占 1%。如图 12 所示。由此可以看出，农户的金融服务需求多样化，ATM/POS 机、网上银行、电话银行只占了近 3 成，说明互联网农村金融服务还可进一步加大普及力度，积极利用互联网金融不断推进农村普惠金融发展。

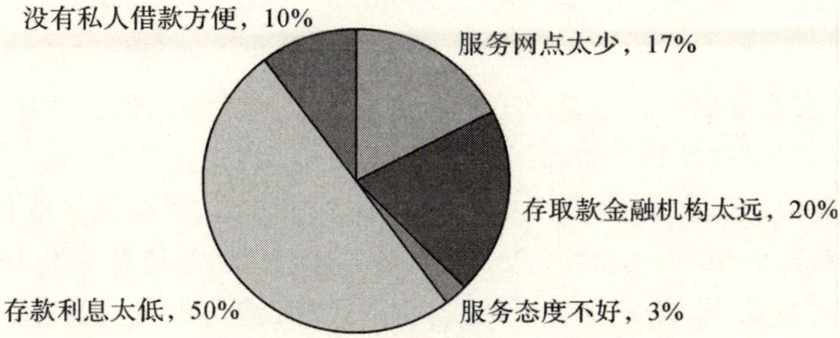

图 11　农户存取款业务不方便的原因

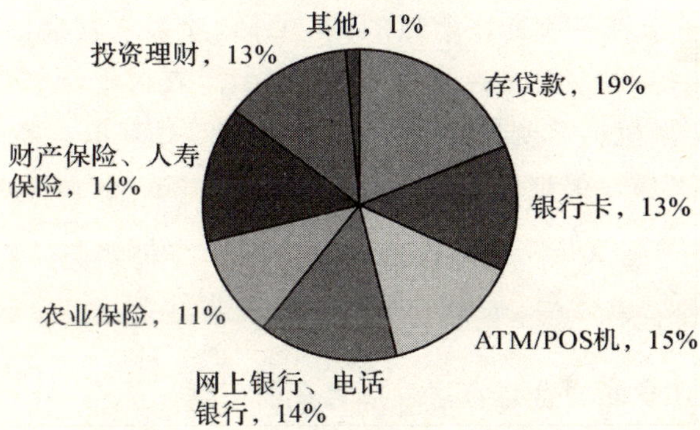

图 12　农户需要的金融综合服务项目

三、浙江省农村普惠金融发展现状

总体看来，通过启动《“浙江农信普惠金融工程”三年行动计划》、发放惠农卡、建设农村金融基础设施、打造农村信用工程、发展创新型科技型金融产品、银行干部下乡镇挂职，中国人民银行杭州中心支行行长张健华指出，浙江丽水农村金融改革、台州小微企业金融服务改革创新实验区、温州金融综合改革等区域金融改革项目的一项重要内容，也是要探索和发展普惠金融。为解决农村金融服务最后一公里问题，自 2013 年开始，构建起以“丰收村村通”为基础的丰收“三网”格局，利用机构网、电子网、人员网的交叉布局，以实现广覆盖的服务网络。浙江农信将 15 亿元投向农村金融基础设施，主要用于服务网络建设和网点功能改造。截至目前，浙江农信系统已建设标准化网点 4098 个，离行式自助银行 383 个，在农村铺设的行政村农信服务点超过25000个。消除金融服务空白乡镇和大力发展小额农户信用信贷，浙江省农村地区普惠金融得到了长足的发展，浙江民泰商业银行应用金融IC卡，从支付领域拓展到信贷领域，突破了借款与还款在时间、空间和网点的限制，可为小微企业和“三农”用户提供安全、高效、低成本的融资服务。近年在浙江乡镇、农村地区得到了快速普及，截至2015年一季度，已经累计发卡3594张，授信总额近150000万元，户均授信45万元，填补了农村偏远山区、海岛等地域的金融服务空白。有数据显示，2013年浙江累计新增小微企业贷款1717亿元，同比多增了238亿元，增量占全省企业贷款增量的54%，累计新增涉农贷款3320亿元，占全省各项贷款增量的58.02%，涉农贷款余额居全国首位。但从浙江省目前的普惠金融实践开展情况看，农村小额贷款的便利性还不够，很多金融机构需要农户提供担保或抵押，对真正需要资金但无担保无抵押的农民往往很难贷到款。

四、浙江省农村普惠金融发展存在的问题及利用互联网金融技术促进农村金融发展面临的挑战

(一)浙江省农村普惠金融发展存在的问题

浙江省农村地区由过去以家庭为单位的农业生产模式到现有专业大户、农业企业、农民专业合作社等生产经营主体的迅速发展，有力地推动了现代农业的建设。但由于农民思想认识模糊，生产经营规模化和市场化程度不高、大部分经营农户资金需求旺盛但无法顺利融资的现象较严重，尽管国家支持农村信贷资金优惠政策看起来很多，包括近几年大量提倡并在实施的普惠金融政策，但通过项目组成员的调查发现，由于农民及村组织等没有抵押财产，自身收入低积累少，又无法找到相应的担保机构，土地及宅基地目前还无法进行抵押，银行实际发放给农村的贷款并不多，银行嫌贫爱富，对农户等缺乏足够的信任，农户有资金需求却无法贷到款，进而导致农业生产无法形成规模效应。调查表明存款利息低导致相当一部分农户不愿将资金存放银行，而涉农相关银行机构对农户和农村企业等贷款却采用利率上浮的方式，这导致农户及涉农企业等贷款压力大，对贷款有恐惧心理。金融作为实体经济的血管，对农村地区的供血明显不足，服务层次有待提高。互联网金融在农村的渗透将有助于这一

问题的改善。

(二)利用互联网金融技术促进农村金融发展面临的挑战

互联网金融技术的应用将极大地促进农村普惠金融的发展,缓解时空地域受限的金融排斥。与此同时,互联网农村普惠金融服务在农村偏远地区的可及性和使用又面临着诸多现实困境。

1. 现有浙江地区农村金融服务功能较弱

通过对村级组织、涉农企业及农户调查发现,浙江省现有农村金融服务功能整体上较弱,农村金融机构数量和业务量萎缩严重,还不能满足为"三农"服务的基本需求。目前,主要是农村信用社为农村提供金融服务,其他融资渠道如4大商业银行现主要面向较富有的城市,即便在农村信贷支持方面,往往把农村信贷服务重点放在农业龙头企业、优质客户,对农户贷款则很少列入其信贷支持对象,从而导致农村金融市场资金短缺、对农户的信贷支持不够。农村资金大量外流影响农村资金的整体供应,目前浙江省还缺乏对非正规金融的引导、监督和促进其健康发展,民间金融长期被排斥在体制之外,现行农村金融具有明显的金融抑制特征,这对于无抵押财产、无关系、经济确实有困难的农户影响很大,他们无法通过正规金融机构获取贷款,而非正规金融机构目前未正式引入,这给农户造成很大困惑:有资金需求却难贷到款,对非正规金融机构心存顾虑。另外,地理上受到排斥的人群很难有效地利用互联网金融,因为存在金融知识欠缺、存在知识沟(knowledgegap)、数字鸿沟(diaitat divide)等,这些人群电话、电脑的拥有量少和使用能力差,相关费用承担能力也差。(马九杰,2014)

2. 互联网金融风险较大,监管乏力

对农村的金融排斥,使得农村正式金融机构的主要功能是动员储蓄,而对于农村的放款却存在较多约束,这直接导致了农村金融体系平行竞争。调查表明由于缺乏有效的财务报表和数据资料作为参考,农村金融机构平均需要与农户进行较长时间交往才能采集足够的信息,用于判断是否提供信贷,由于贷款规模微小,正规金融机构极度缺乏有关农村客户特点及活动的私人信息,无法承担信息采集的时间和成本、抵押物的问题,银行不愿接受农村客户提供的抵押品,银行爱富趋利心理严重,对农户提供的如房屋、设施及农业生产资料等不屑一顾,主观上就认为价值不大,再加上正规金融机构很难了解与应对农村生产活动中面临的各类自然风险等,所以尽管贷款数额不大,但信贷成本过高,在他们看来高到难以用利率提高后的风险溢价去弥补。互联网金融形式多种多样,即使一种产品的细分类型很多,能满足客户不同需求,但由于农村金融机构经营水平、配置资源能力参差不齐,也面临着一些风险。而对互联网金融的监管,更多的是利用信息技术,加强对互联网金融中信息合法性、有效性、真实性的监管。我国颁布的《刑法》、专门监管法规如《第三方支付法规》《P2P网络小额信贷法规》《众筹融资法规》《虚拟货币法规》《互联网银行法规》等法律法规,已初步建立起金融监管的法制框架。互联网金融创新层出不穷,互联网金融的创新意味着新的金融模式的出现,也意味着需要新的监管法规。但当前互联网金融监管方面的法律、法规、政策尚不健全、不配套,有些互联网金融模式已经出现,但是相关监管规定还处于滞后状态,即监管空白。当前互联网金融风险隐患多以及法律地位不明确,且游离于金融监管体系之外,对金融体系安全、社会稳定产生重大冲击,加强互联网金融监管已经刻不容缓。互联网金融还没有接入人民银行征信系统,也不存在信用信息共享机制,不具备类似银行的风险控制、合规和清收机制,容易发生各类风险问题,已有众贷网、网赢天下等P2P网贷平台宣布破产或停止服务。(中国证券网,2014)

3.农村信用环境较差

由于受农户贷款散、小的特点影响,金融机构在贷款前必须花费很多财力、物力建立农户信用档案,这对于国有商业银行来说必然采取不作为的态度,交易成本的提高阻碍了农村金融的发展。同时,在农村地区还没有独立的评估机构、组织。而社会中介机构,如会计、审计、法律咨询等事务所由于规范化程度不高,受利益驱动比较大,导致无法为农村企业提供全面、有效、准确的相关信息,影响金融机构对农村客户的综合评价。另外近几年来,在浙江农村地区,借款户由于还款意识淡薄,往往存在拖欠贷款的现象发生。有些农户认为国家的钱先贷再说,家里的房产等也不可能没收,自我约束力较差,往往没有明确的还款计划,这样违约、赖账、欠款的事件在农村时有发生,影响了农村信用环境。同时,随着金融危机的不断深化,企业倒闭现象增多,失业群体增加,农民收入来源减少较快,更加重了银行中农户贷款的不良率,农信社情况更糟。农村微型金融信贷风险主要源于缺乏抵质押物以及农业生产的高度不确定性，自然灾害也可能使贷款人失去还款条件，由此对金融机构形成较大考验。从目前看，村镇银行的信用风险和操作风险最大。贷款不一定能收回，操作也未必规范，这导致发生信用风险和操作风险。由于微型金融的信贷对象是分散的小额客户，贷款催款可能都要提供上门服务。因此，部分微型金融的小额信贷项目的利息非常高，高于同期商业银行的利息。根据央行货币政策司的调查，农村金融机构的贷款加权平均利率超过了基准利率的一倍甚至更多，尤其是试点的小额贷款公司，发放贷款的加权平均利率高达20%以上。由于上述情况的持续发生，金融机构往往在贷款时更加慎重，造成农户贷款更难的恶性循环，严重影响了农业生产和农村经济。农村居民和小微企业征信体系不健全，制约了网上申贷、P2P网贷、众筹等互联网产品在金融普惠中的作用。

五、“互联网+”助力农村普惠金融发展的政策建议

(一)“互联网+”是助力农村普惠金融发展的关键

就互联网金融业态分类而言，主流观点认为主要分为以下几大类：互联网支付、P2P网络借贷、非P2P的网络小额贷款、众筹融资、互联网基金销售、互联网保险销售。具有成本低、时效性强、覆盖广、互动及透明性显著等特点。

1. 互联网支付

互联网支付是指利用手机、计算机等终端，通过互联网发起支付指令、转移资金的服务，其实质是新兴支付机构作为中介，利用互联网技术在付款人和收款人之间提供资金划转服务。典型案例是支付宝。

2. P2P网络借贷

P2P网络借贷是指通过第三方互联网平台直接进行资金借贷的资金融通行为，是一种个人对个人的直接融资模式。这种借贷模式的主要参与者分别为投资方、融资方和P2P平台三方，绕过了传统的金融中介。融资方在P2P平台上发布自己的信息及借款额，资金的投资方在平台上筛选借款人以达成借贷协议。而资金的使用情况及还款情况也可通过P2P平台清晰地追踪到。而P2P平台作为中介为投资方和融资方提供信息交互、撮合、资信评估等服务。

3. 非 P2P 的网络小额贷款

非 P2P 的网络小额贷款(简称“网络小贷”)是指互联网企业通过其控制的小额贷款公司,向旗下电子商务平台客户提供的小额信用贷款。网络小贷凭借电商平台和网络支付平台积累的交易和现金流数据,评估借款人资信状况,在线审核,提供方便快捷的短期小额贷款。

4. 众筹融资

众筹融资指通过网络平台为项目发起人筹集从事某项创业或活动的小额资金,并由项目发起人向投资人提供一定回报的融资模式。众筹融资平台扮演了投资人和项目发起人之间的中介角色,使创业者从认可其创业或活动计划的资金供给者中直接筹集资金。《关于促进互联网金融健康发展的指导意见》(以下简称《指导意见》)中提到,股权众筹融资是指通过互联网形式进行公开小额股权融资的活动。《指导意见》强调股权众筹融资方应为小微企业,应通过股权众筹融资中介机构向投资者入市披露企业的商业模式、经营管理、财务、资金使用等关键信息。

5. 基于互联网的基金销售和保险销售

互联网基金销售即基金销售机构与其他机构通过互联网合作销售基金等理财产品。互联网保险销售即保险公司开展互联网保险业务。

6. 网络征信服务

目前,央行放下“一家独大”的身段,首批批准 8 家机构开展个人征信业务的相关准备工作,其中包括芝麻信用、腾讯征信、深圳前海征信、鹏元征信、中诚信征信、中智诚征信、拉卡拉信用、北京华道征信。在“互联网+”背景下,利用大数据、云计算等手段,我们可以获取更多更全面的信用数据。以芝麻信用为例,依托阿里巴巴的海量数据,芝麻信用较传统征信而言,其数据来源更为广泛、种类更丰富、时效性更强。涵盖了生活的方方面面,包括信用卡还款历史、网购记录、转账、理财、日常生活缴费、住房信息、学籍信息等。目前,用户可以利用芝麻信用分享受贷款优惠、免押金租车、免押金入住酒店等服务。在不久的将来,信用服务将成为另一热点。人们不仅可以体验到良好信用所带来的优质便捷服务,同时也将体会到更高效、更透明、更多元化的金融体系所带来的优势。

“互联网+”是助力农村普惠金融发展的关键,加速推进互联网金融对农村的发展,有力促进了普惠金融特别是农村普惠金融的发展。世界银行扶贫协商小组(Consultative Group to Assist the Poor,CGAP)2014年的一份报告称,尽管中国能够享受银行服务的人群早已使用移动银行业务(Mobile Banking),但是中国成功的案例有可能形成一种无分支网点业务和金融普惠的新范式。中国模式与非洲国家由大型移动网络运营商主导的无分支网点银行模式有很大的不同。中国聚合了银行等金融机构、创新性技术公司、互联网巨头等多种力量,提供支付、电子商务和社交网络(Social Networks)等服务,这些服务能够将低收入人群连接到数字化信息超级高速公路,改进他们市场、服务和信息的可得性。通过调查研究,他们指出大多数人群都具有银行账户的可及性,但是最贫困和偏远社区的人们仍然面临被排斥的局面。目前,银行在银行账户可及性障碍方面有所改善,但更多的是依靠政府政策的强力推动,如农业补贴等政府转移支付和补贴。快速的新技术(如互联网、移动和智能电话)的采用(据Butani的2012研究,中国手机覆盖率达到84%),大大改进了中国人的服务、市场和信息可得性,这将有助于缩小城乡差距特别是城乡间金融普惠差距。在中国,推进无分支网点银行发展,需要改进核心基础设施,如建立和大面积采用手机网络、互联网,降低银行账户的准入门槛,以及第三方支付运营商的增加。其他需要发展的金融基础设施包括支付协会组织、征信体系、ATM机、POS机的发展等。为了促进浙江省农村金融普惠的发展,实施了很多政策措施和监管策略,尤其是试图通过无分支银行业务的试点试验和监管改革,推进金融普惠,即鼓励银行、移动网络运营商、第三方支付公司、电子商务公司、微型金融机构探索新的方法,增加对偏远地区和金融服务不足人群的服务。互联网金融已经在促进农村普惠金融发展,提升"三农"融资覆盖率,降低投资理财门槛等方面做出了巨大贡献,更激发了无穷的想象力。好的金融体系应该能促进农村发展,同时改善农民的福利水平。相较传统金融,互联网金融更加强调生态系统的概念,能更好地为"三农"提供整体的服务,从而更充分地发挥出金融服务的协同作用,促进农村新经济实现跨越式发展。浙江农村金融最大的瓶颈在于资源配置效率极低,稀缺的金融资源无法让文化程度不高、财务信息匮乏以及抵押品不足的农户享用,大多被"农业大户""龙头企业"等"不差钱"的经济单位占用,这种资金供需不平衡的矛盾将会长期存在。互联网金融依托数据分析及共享等技术,引入电子数据挖掘潜在需求,合理配置资源,提高贷后农村金融服务水平。互联网农村普惠金融利用技术优势,在覆盖农村人群的时候,成本将会大大降低。未来手机的使用不再仅仅是通信工具,将会成为互联网金融持续延伸使用的工具,到时互联网金融覆盖农村的边际成本将趋近于零。当互联网金融与电商结合后,客户融资服务操作功能将大大增强,能积极改善还款能力不足问题,降低违约风险,改善农村新经济环境下的金融环境。

(二)进一步完善“互联网＋”农村金融服务功能

互联网农村金融主要将传统的线下业务变为线上业务,借助电脑和手机终端将各家农村金融服务业务或实体金融交易整合为一个统一的农村金融服务平台。农户只需点击这个平台,就可以方便快捷地办理各项农村金融服务。构建有效的“互联网＋”农村普惠金融服务保障体系需要在切实防范风险,加强农村金融机构内部控制等方面入手,逐步建立多元化服务功能体系,要建立以行业自律、社会监督、市场抉择为主的农村金融风险预警机制。要确保互联网真正有助于推进农村金融发展需要构建统一的互联网金融和普惠金融政策协同制度及相关的配套政策和制度,进一步建立健全基于普惠金融服务统一的相关法规。加强“互联网＋”农村金融服务平台建设需要同时加强城乡一体、开放式农村金融规划体系设计,尽早规划互联网农村金融发展,研究互联网农村普惠金融对传统金融、货币政策调控、金融稳定的影响机制和路径,制订互联网农村金融战略行动计划。有效整合各个部门资源,做好顶层设计与现有工作衔接,整体统筹与分步实施相结合。明确行动路线图和短中长期阶段性目标:短期内要处理好与第三方机构的竞合关系,实现在网络支付、网络融资、移动金融等业务领域的突破式发展,稳定并积极拓展网络客户群体;中期要深入推进互联网技术应用和客户资源、信息数据的积累,实现经营管理模式的智能化转型;长期要在持续完善相关配套设施的基础上,把商业银行打造成线上与线下、虚拟和实体相结合的现代化银行。进一步加大互联网金融发展的配套支撑,注重信息安全防护。加快智能手机、云计算、物联网、大数据等信息技术在关键业务和管理环节中的应用。加强复合性人才培养。打造开放共享的信息平台架构,提高处理性能和效率,实现内外部的信息交互和流程协同。

用友友金所互联网金融融资平台流程如图 13 所示。

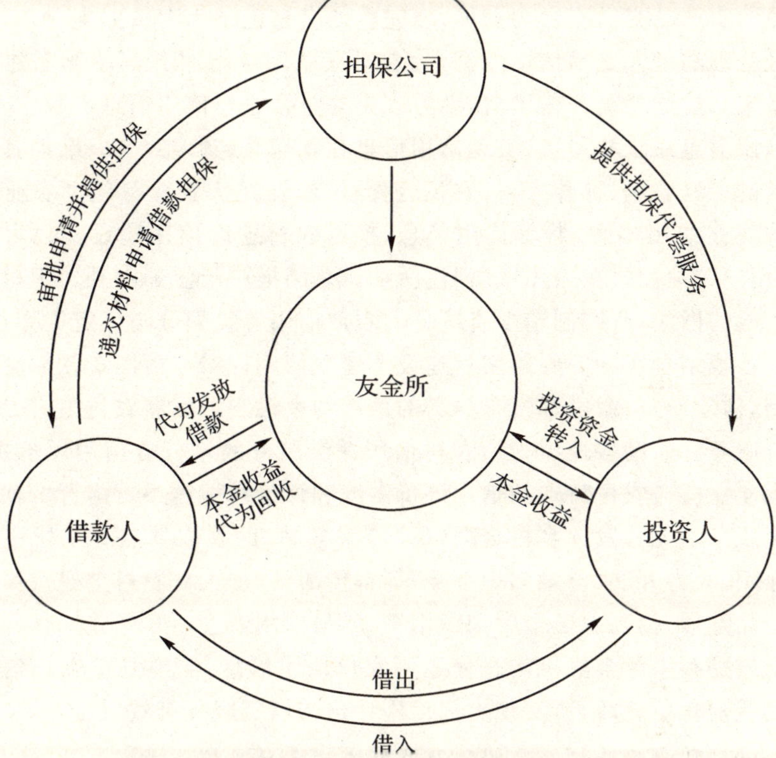

图 13　用友友金所互联网金融融资平台流程图

(三)加快完善互联网农村金融信用体系建设

构建全国统一的金融信用体系,建立健全基于大数据的全国统一的互联网普惠金融信用征信评估咨询平台。互联网金融的兴起与大数据有着直接的关系,更是以强大的全面的社会信用体系建设为基础,是两者的有机结合。就农村而言,也就是将农民、农业企业或组织等的信用记录建立起来,形成可随时按法定程序查询、评估的大数据库。将符合条件的机构或平台接入征信系统,信息孤岛是无法形成金融生态圈的。在国家信用体系建设逐步完善的基础上,随着央行个人网上信用查询等服务逐步开通,整合各互联网搜集数据,将为全国统一的普惠金融服务平台构建良好的基础环境。“信用是一切金融服务的基础。”一亩田集团 CEO 邓锦宏认为,目前,我国农村金融服务信用体系建设还不完善,建议以现有较为成熟的农产品交易平台为载体,以完整的交易记录为大数据支撑,不断积累最基础的个人交易信用数据,为农村互联网金融服务信用体系建设打下基础。建立县级征信平台,多方收集并整合农户信用信息资源,并与全省信用信息系统相连接,实现信用信息互联互通、共建共享。推动有信贷需求的家庭农场、种养大户、农民合作社、农业龙头企业等新型农业经营主体建立信用档案,共享信用信息,推进农村地区信用建设。大力开展"信用户""信用村""信用镇"创建活动。总结推广云浮郁南县勿坦村创建信用村的做法,研究制定全省统一的农户信用等级划分与评定工作指引,推动各地结合实际开展信用村建设。建立信用评级与信用贷款额度关联机制,构建"守信激励、失信惩戒"的信用约束机制。发展农村第三方信用评价服务。鼓励各地引入为农村信用评级服务的第三方信用评价机构,探索建立适合农村特点的信用评价制度和评价指标体系。培育贷款主体信用观念。充分发挥乡村金融(保险)服务站、助农取款点等基层服务网络作用,大力开展"金融知识下乡"等宣传活动,加大对农村金融政策和金融产品宣传,提高农民金融知识水平,增强信用观念。实施差别化信贷政策。鼓励和引导金融机构充分运用农户信用信息,实施基于农户信用评价的差别化信贷政策,实现农户信用评价与信贷服务有效对接。

(四)积极营造相对宽松的互联网农村金融监管环境

农村普惠金融机构的可持续性发展,离不开监管、法律等制度支持。首先,监管应坚持风险底线,鉴于互联网金融对系统性风险影响的双重性,尤其应关注和防范系统性风险。(张晓朴,2014)其次,探索建立合理有效的监管体系,在引导与规范、培育与防险之间找到平衡点。监管部门应正视互联网农村金融在提升资金配置效应、弥补传统金融业务不足、提高交易效率和降低交易成本等方面的优势,以模糊思维来对待其可能存在的风险因素,即不能以农村互联网金融的名义实施非法吸收农户存款、非法向农村集资、洗钱等违法违规行为,不能因农户对资金投资风险意识不足而给予误导。对此,应尽快完善相关法律法规制度,明确互联网金融机构的法律地位,消除或收窄灰色地带;建立并完善农村互联网金融调查、数据分析体系,建立从业机构的财务状况、偿还能力强弱等数据报表和重大事项报告制度,加强日常风险监测、分析、控制;建立并强化农村互联网金融产品注册登记和信息披露制度，推进农村适当性管理；不能走一刀切老路，而要强化监管协调性，实施分类监管如龙头企业、非龙头企业、农户等。互联网农村金融是跨界资源的多元融合，还涵盖了农业本身固有的自然风险，因此，不适合一刀切式的单一监管。比如，对农村金融服务平台的监管重点应是防范信用风险、操作风险，警惕其触碰非法吸存、集资等底线以及搞"资金池"，集担保、借贷于一体的信用风险；对代售业务则应强化线上、线下监管的一致性，谨防补贴式营销、夸大收益的误导式营销等行为，避免监管套利。从国际经验看，多部门协作的功能监管是主流模式。比如，美国将第三方支付业务纳入货币转移业务监管，且监管中心放在交易的过程而不是从事第三方网络支付的机构。第三方支付平台上的沉淀资金被视为负债，必须存放在美国联邦存款保险公司在商业银行开立的账户中；互联网信贷平台则被纳入证券业监管，必须在美国证监会注册登记，监管重点是市场准入和信息披露。而欧盟将第三方支付机构纳入金融类企业监管，要求电子支付服务商必须是银行或取得与银行机构有关的营业执照。第三方支付机构的沉淀资金必须存放于其在中央银行设立的专门账户中，并受到严格监管。可见，不同国家、地区对不同业态的互联网金融业务采取了不同的监管做法，在浙江省农村互联网金融发展初期，也应借鉴国外的成熟做法，强化监管协调，讲究实效，完善分类监管。对于互联网农村普惠金融，农产品特性、农业组织及农户等特征，明确各自监管重点，研究出台针对性强的、适应不同情况的农村互联网金融监管细则，并建立统一的数据调查、监测、分析平台，完善信息沟通和决策交流；应根据业态发展，建立分类分级管理制度，对不同规模、不同风险特征的机构实行差异化监管，建立机构、个人诚信机制、市场禁入机制。

[参考文献]

[1] 罗婷婷，张艺. 互联网视角下农村普惠金融实现路径研究——基于重庆农村金融服务的调研[J]. 金融监管研究，2014(12).

[2] 田杰，陶建平. 农村普惠性金融发展对中国农户收入的影响——来自 1877 个县(市)面板数据的实证分析[J]. 财经论丛，2012(2).

[3] 汤敏. 农村金融如何普惠[J]. 西部大开发，2012(11).

[4] 周立,李萌.以普惠导向深化农村金融改革[J].行政管理改革,2013(12).
[5] 郭兴平.构建普惠型农村金融政策支持体系的思考[J].农村经济,2011(1).
[6] 马义玲.普惠金融视角下农村金融教育发展的思考[J].消费导刊,2014(11).
[7] 杜兴军.论台湾普惠型农村金融体系建设[J].湖南大学学报(社会科学版),2013(3).
[8] 朱建华,刘卫柏.社会公平与普惠型农村金融体系构建[J].社会科学家,2010(5).
[9] 吕德仲.普惠型农村金融体系构建模式研究——以天津市普惠金融发展为例[J].华北金融,2014(1).
[10] 朱叶.普惠金融视角下发展农村金融缩小城乡差距实证研究——以江苏省为例[J].金融经济(理论版),2013(2).
[11] 梁明丽.我国普惠性农村金融体系建设研究[D].山东经济学院,2011.
[12] 杨伟坤,赵惠娟,刘彬,等.国内外农村普惠金融体系发展实践及启示——基于河北省易县扶贫社小额信贷扶贫创新案例分析[J].世界农业,2013(1).
[13] 林秋萍,谢元态.普惠金融视角下农村金融发展与改革研究[J].金融教育研究,2014(6).
[14] 谢升峰,田东山,彭辉,等.实现农村金融全覆盖的普惠金融体制创新[J].金融经济(理论版),2014(7).
[15] 杜兴端,陈成,李晓.可行能力视角下的农村金融发展[J].江苏农业学报,2014(3).
[16] 高彦彬.构建农村普惠金融体系的障碍与突破[J].征信,2014(12).
[17] 徐敏,黄江.农村普惠性金融发展的农户收入增长效应——基于新疆 82 个县(市)的面板数据分析[J].江苏农业科学,2015(1).
[18] 王靖星.普惠金融视野下农村金融教育发展探讨[J].区域金融研究,2014(4).
[19] 马九杰,吴本健.互联网金融创新对农村金融普惠的作用:经验、前景与挑战[J].农村金融研究,2014(8).
[20] 徐敏.农村金融普惠的水平测度及影响因素分析——以新疆为例[J].开发研究,2012(5).
[21] 蔡洋萍.互联网金融:以降低金融交易成本为目标的普惠金融实现模式[J].西部经济管理论坛,2014(4).
[22] 马九杰,吴本健,周向阳.农村金融欠发展的表现、成因与普惠金融体系构建[J].理论探讨,2013(2).
[23] 刘萍萍,钟秋波.我国农村普惠金融发展的困境及转型路径探析[J].四川师范大学学报(社会科学版),2014(6).

[24] 徐会军.利用互联网金融助推普惠金融创新发展的若干问题探讨[J].金融理论与实践,2014(4).

[25] 刘海二.手机银行可以解决农村金融难题吗——互联网金融的一个应用[J].财经科学,2014(7).

浙江省农业产业链融资模式现状及分析

□ 章丽琼

摘　要:在农业经营方式发生转变和农业产业化发展的背景下,传统农村金融供给系统已不能满足农业经济的融资需求,而农业产业链融资能很好地适应农业产业化发展的需要。该文对浙江省农业产业链融资的两种模式进行了调查分析,以两种模式在浙江省的应用案例说明,通过借助龙头企业、农民专业合作社等平台进行农业产业链融资,克服了单一农户贷款抵押物不足的融资难题,有利于农业的现代化发展。农业产业链融资前景广阔,并在此基础上提出了浙江省开展农业产业链融资的几点建议。

关键词:农业产业链融资;浙江省;产业链融资模式

我国是一个农业大国,农村人口众多,农村经济的发展对我国的现代化建设有着非常重要的作用。能否解决“三农”问题,是我国扩大内需、实现经济结构转型的关键。

由于农业自身的特点,农民数量大、高度分散、经营规模小、异质性大;农业生产季节性强、周期长、受自然环境影响大;农民收入水平远低于城市居民,缺乏合格抵押品等原因,使得涉农信贷受收益低、风险大、成本高三大因素的制约,不能得到有效的金融服务。同时,缺乏相应的制度安排,农村金融机构缺乏为农民提供信贷服务的积极性。

浙江省农、林、牧、渔各业全面发展,历届省委省政府都高度重视农业发展,积极推进农业市场化改革,深入实施统筹城乡发展方略,农村经济出现持续快速发展的趋势。农业市场化改革起步较早,农民专业合作社等新型主体发育较为快速,工商企业、民间资本投资农业活跃,产业化经营程度较高。但农民贷款难一直是个老大难问题,在我们的走访调查中,不单是农户，连农民专业合作社、农业龙头企业，都感受到贷款难问题一直存在，从而影响他们的经营发展。宁波象山县晓塘乡西边塘果蔬专业合作社通过短期高利民间借贷来购买化肥等农资；宁波明凤渔业有限公司投资了几千万修建的鱼塘及基础设施，却不能作为抵押物到银行贷款。据象山县农林局的工作人员反映，农民贷款难，主要是缺乏目前商业银行认可的有效抵押物，投资农业形成的一些基础设施没有明晰的产权证书，银行不认可，而土地承包经营权有证书，进行抵押贷款，在实践中难以实行。

2014年中央一号文件提出"强化金融机构服务'三农'职责"，"发展新型农村合作金融组织"。农业产业链是近几年兴起的一种农业组织形式，主要由农作物种植、养殖、农产品加工、储存、运输、销售等环节串联而成，将农户、农民专业合作组织、中小企业等主体联系在一起。通过这一农业产业链进行融资，有效克服了单一农户贷款抵押物不足的难题，降低了整个产业链的融资成本，对农村金融机构来说，降低了信贷成本和信贷风险，提高了收益，是农村金融机构支持农业发展的有效途径。

近几年由于农业产业链的形成，基于农业产业链的融资逐渐成为一种重要的融资方式。农业产业链融资侧重于对"三农"全方位的支持，在农业现代化和农业产业化的过程中，农业产业链融资模式更能体现其服务于"三农"的优势。

一、农业产业链融资模式综述

农业产业链是由一系列农业相关联产业环节组成，包括基本链条与辅助链条。农业产业链的基本链条是农业产业链的核心，主要由农作物种植、养殖、农产品加工、储存、运输、销售等环节串联而成。农业产业链的辅助链条是基本链条的拓展和延伸，主要由农业科技的开发和推广链、农业资金的筹集和使用链等一系列的辅助服务组成。

农业产业连串起了生产、加工、流通、销售等各个环节，连起了农户、农民专业合作组织、核心企业、配套中小企业、流通市场等众多主体，黏合了大量生产要素。产业链上的核心企业和农民专业合作组织是联结农户与市场的纽带，并与农户建立了稳定合作关系，为农业产业链融资提供了较为理想的解决途径。

农业产业链融资是指一个或多个金融机构以整条农业产业链为基础,以整个产业链的信用为链条上各个主体的信用,对农业产业链上的不同主体提供金融服务,其实质是以农业龙头企业为核心来进行整个产业链的融资。农业产业链融资的核心思想是银行将核心企业和上下游客户联系在一起并为其提供金融产品和服务的一种融资模式,主要是通过对产业供应链的分析,从中找出一个大的核心企业,以核心企业为龙头,从原料供应到生产、销售实行一条龙服务和支持。

在农业产业链融资模式下,金融机构可以根据交易中构成的链条关系和行业特点设计系统的融资方案,不再局限于某个环节或主体,而是把农业产业链上的相关主体作为一个整体。这样一来,金融机构可以利用其他交易对象更加清晰地了解农业产业链融资的特点和需求,而且还可以根据产业链各主体之间的交易关系来设计贷款产品、监督客户并管理信贷风险。

从银行角度看,以整条农业产业链的信用为链条上各主体的信用,对农业产业链上的不同主体提供金融服务,并结合供应链金融的电子化发展趋势,建立产业链融资电子化平台,加强风险控制,从而降低风险。从农业龙头企业看,一方面加强自身建设,做大做强,为产业链上的其他主体融资提供有力支持,使其可以及时获得发展资金流,从而使整个产业链得到良好发展。从产业链上的其他主体看,要明确自己在产业链中的地位或阶段,按照自身的资金缺口特点,采用适合的融资模式,有效化解融资难问题。

(一)农业产业链融资的优势

农业产业链融资的核心是银行面向产业链各成员单位间长期、稳定的交易而进行的系统性融资安排,它打破了传统银行信贷对有形、固定资产抵押严格限定的授信条件,克服了单一农户贷款抵押物不足的难题,为金融支持"三农"发展提供了新的思路。

农业产业链融资最大的优势是整条产业链形成一种信誉链,通过产业链上企业信誉的共建和共享,使核心企业的信用传递至产业链上的中小企业和农户,使处于同一产业链链条上的所有节点的"边际信誉度"提高至核心企业的水平。农业产业链融资以其在信贷供给方面的便捷、高效以及在风险控制方面的显著优势,得到了众多银行的青睐,成为银行拓展业务空间、增强竞争力的一个新的制高点。

农业产业链融资能够有效解决银行与农户贷款博弈中长期存在的信息不对称问题，银行通过与农业产业化龙头企业、农民专业合作社等合作，依据订单与农户进行选择，实际上是一个对农户信誉信息过滤、处理的过程，因为龙头企业、专业合作社比银行更能充分地了解农户，因而能够避免贷款客户选择中的盲目性，进而可以有效地防止道德风险的发生，降低贷款的违约风险，提高贷款的回收率。同时，通过龙头企业、专业合作社的担保或资金流监控，不但缓解了农户提供抵押担保的压力，而且缓解了信贷人员的工作压力，节约了人力、时间等放贷成本。另一方面，能够建立新型合作模式，有效降低监管成本。通过龙头企业、农户、专业合作社、银行多方相互协作、相互制约，实现共同发展。同时各环节充分发挥监管作用，如龙头企业帮助催收贷款，能够降低银行的贷后管理成本，缓解银行物理网点不足、客户经理不够、贷款资金监管难的问题。

总之，农业产业链融资模式能够降低整个产业链的融资成本，有助于核心企业避免产业链条断裂，提高产业整体竞争力。

(二)农业产业链主要融资模式

1.龙头企业主导型融资模式[龙头企业+(农民专业合作社)+农户]

农业产业化龙头企业在农业产业链融资中占据举足轻重的地位，龙头企业的信用水平决定着整条产业链的“边际信用度”，从而决定该产业链上各个节点的融资能力。龙头企业主导型融资模式的具体操作为：龙头企业根据市场需求，与农民专业合作社或农户签订生产协议，农民专业合作社或农户根据协议进行生产，龙头企业为农户提供技术指导并统一收购加工成品，金融机构针对龙头企业、农民专业合作社、农户之间的资金和产品循环提供融资服务。在龙头企业主导型产业链融资中，由农户向银行申请贷款，银行、龙头企业与农民专业合作社共同审定农户的信用度和贷款额度，龙头企业为农户提供保险，银行通过与龙头企业签订回购协议规避市场风险。银行将贷款直接划入农户用于支付企业提供生产资料等的专用账户，产品由企业收购后，企业通过款项支付账户优先偿还银行贷款，然后结算农户贷款。

2.农民专业合作社主导型融资模式[农民专业合作社+(基地)+农户]

随着农民专业合作社的发展，这一融资模式也开始逐步兴起。农民专业合作社主导型产业链融资是以农民专业合作社为依托,合作社内部同一经营项目的农户群体为主要服务对象,利用农产品原料供应商、生产商、销售商、服务中介以及专业合作社间纵向一体化的合作关系,满足整个农业产业链上各方主体资金需求的金融服务。该模式主要依靠专业合作社内部经营主体间信息、资源、技术、销售渠道上的相互依存关系来实施整体授信。具体的操作为:由合作社提供担保,农户之间联保进行反担保,由银行统一审批,基层网点发放。合作社在银行统一开立基本存款账户,由银行统一管理,实贷实付,循环使用。合作社将贷款分发给各个农户使用。

二、浙江省农业产业链融资现状

(一)浙江省农业产业链发展现状

浙江省气候多样,资源丰富,农、林、牧、渔各业全面发展。历届省委、省政府都高度重视农业发展,积极推进农业市场化改革,深入实施统筹城乡发展方略,农业农村经济呈现持续快速发展的态势。2013 年,全省农林牧渔总产值 2834 亿元,实现增加值 1785 亿元;农村居民人均纯收入 16106 元,连续 29 年列各省区第一位。

浙江省农业市场化改革起步较早,农民专业合作社等新型主体发展较快,产业化经营水平较高,农业产业化发展已经具备一定的规模和水平。至 2013 年,浙江省有农业龙头企业 7492 家,其中销售收入超亿元农业龙头企业 650 家,其中 10 亿元以上企业 25 家、上市企业 11 家,家庭农场 9401 个,农民专业合作社 37428 家,社员 114.6 万户,带动非社员农户 466.4 万户。2014 年,全省农业产业化组织带动农户数比例达 54%,明显高于全国平均水平,带动各类农业产业化经营主体增收 97.9 亿元。

2012 年,浙江省政府出台了《关于加快构建新型畜牧产业体系,促进畜牧业现代化建设的意见》,对传统的“公司+合作社+基地”农业产业化经营机制进行改革,把“合作制管理+公司制经营”制度有机融合,建立了 98 个“农户+合作社+公司”新型畜牧产业体系合作体,形成了贯通饲料、种畜禽、屠宰加工、产品销售、有机肥加工、金融服务等环节的全产业链联合体。在省政府的大力支持下,浙江省农业产业链正加速形成。

针对农业资源利用率不高、附加值低、劳动生产率增长缓慢的问题,浙江省高度重视农业纵向延伸和涉农相关产业的横向联结，出台了一系列政策，以全产业链模式推进农业的转型升级。

一是抓农业主体利益联结纵向延伸。省政府大力扶持培育新型农业经营主体，重点推动农业龙头企业与其他农业主体从合同关系向合作方式进而向股份合作方式转变，实现全产业链纵向延伸和主体共赢。目前，全省产业化组织中，合同关系占 19.6%，合作方式占 31.3%，股份合作方式占 33.1%。

二是抓涉农产业互动发展横向融合。坚持农旅互动，大力推进农业与科普、婚庆、文化、保健、养老等产业的融合发展。目前，全省累计建成 13 个全国休闲农业与乡村旅游示范县，位居全国第一。2014 年全省休闲农业园区接待游客超 6500 万人次，休闲农业实现产值 160 亿元，促进农民增收近 40 亿元。

三是抓一、二、三产融合集聚发展。2013 年起，浙江省对 11 个主导产业强县单个投资超亿元的全产业链建设项目进行资金补助，连续 3 年每年分别支持各县 1500 万元，对项目实施较好的县再给予 500 万元奖励，推进全产业链建设，重点打造一批产业集群。截至 2014 年底，全省建成 7 个产值超 40 亿元的全国农业产业化示范基地，创建了 22 条产值超 10 亿元的示范性农业产业链。浙江诸暨珍珠农业产业化示范基地集聚了年交易额 88 亿元的华东国际珠宝城，覆盖 2100 多家加工企业，辐射全国 80%的珍珠养殖基地，形成了销售收入超 100 亿元的产业集群。

（二）浙江省农业产业链融资模式现状及案例分析

浙江省金融扶持“三农”发展的力度非常大。截至 2014 年末，全国涉农贷款 23.6 万亿元，同比增长 13%，涉农贷款占各项贷款的比例为 27.2%，农村贷款占各项贷款比例为 22.4%，农户贷款占各项贷款比例为 6.2%。浙江省涉农贷款 2.89 万亿元，同比增长 1.9%，占全国涉农贷款的 12.2%，涉农贷款占各项贷款的比例为 40.5%，农村贷款占各项贷款比例为 37.6%，农户贷款占各项贷款比例为 9.8%，浙江省“三农”贷款各项占比均在全国水平之上。

浙江省农业产业链融资主要依托龙头企业进行，随着农民专业合作社的发展，其在融资方面的作用也越发明显，上述两种农业产业链融资模式，即龙头企业主导型融资模式和农民专业合作社主导型融资模式，在浙江省均有开展应用。

1. 龙头企业主导型融资模式[龙头企业+(农民专业合作社)+农户]

这一融资模式是农业产业链融资中最常见的模式,全省各地均有开展。

案例1:浙江万好食品有限公司,位于嘉兴市海盐,在蔬菜领域集研发、种植、加工、销售、服务于一体,是省级骨干农业龙头企业。其产业链上涉及1家合作社、13家家庭农场和几百户农户。海盐农信联社对以浙江万好食品有限公司为龙头企业的"万好蔬菜"农业产业链进行贷款集中批量授信。该贷款的设计理念是通过产业链贷款资金封闭运行化解信贷资金的风险,从而化解农户贷款难、担保难的问题。通过订单质押的方式,即信用社与农户(家庭农场)及农业龙头企业三方签约,用农业订单作贷款质押,农户(家庭农场)按照与龙头企业签订的农产品收购订单向核心企业供应原料,县农信联社则根据农业订单以集中批量方式向农户提供优惠利率的信贷资金,龙头企业负责向农户提供种子、生产技术指导和产品收购,并将农产品收购资金通过信用社代发至农户贷款账户。

通过这一产业链融资模式,农户可以通过龙头企业获得技术指导和农产品收购承诺保底价,避免了由于技术不过关及农产品价格波动带来的风险,保障了农户的收入稳定;凭借与龙头企业签订的订单快速向信用社融资,贷款按需随借随还,并且享受优惠利率,节约了利息成本;企业的种植产量可控,又有信用社资金做后盾,有利于做大做强。这一模式通过对产业链的资源整合,达到简化流程、提高效率、为农户节省大量时间成本和融资成本的目的。

案例2:台州金清镇是空调席产业的集中地,产量和产值约占全国的近8成,是当地的主导产业之一。目前主要生产企业达200多家,个体工商户类型的家庭作坊上千家。台州市兴欣席业有限公司是其中一家大型龙头企业,拥有100多台织机,150余名员工,加工户50多家,年产值达8000多万元。由于该企业信用较好,加工户都愿意欠款为其加工,货款一般1—3个月结算一次。对上游加工户而言,因要垫资加工,资金周转压力较大。台州路桥农村合作银行采用"龙头企业+农户"模式,以欠条质押形式向加工户们发放贷款。加工户向龙头企业交货后,由龙头企业出具欠条,加工户持欠条向台州路桥农村合作银行申请质押贷款,可以采用持单笔欠条逐笔申请贷款，也可以采用按总欠款额综合授信后，再持欠条逐笔发放贷款，方式可由加工户自由选择。

通过这两个案例，我们可以看到，龙头企业主导型融资模式克服了农户信用度不够、缺乏抵押担保导致的资金缺乏，提高了农户贷款的可得性；银行在发放贷款时减少了逐户审核、逐户贷后监督等环节，降低了银行的运营成本。

2. 农民专业合作社主导型融资模式[农民专业合作社+(基地)+农户]

随着农民专业合作社的发展，由农民专业合作社主导的产业链融资也逐渐兴起。

嘉兴市南湖区绿农植保专业合作社是一家 AAA 级农民专业合作社，主要从事植保防治、施肥作业、开展与农业生产经营相关的技术培训、信息咨询服务等，共有社员 160 多户，其中种粮大户 60 多户。根据该合作社的特点，禾城农商银行通过开展信用、保证组合授信，满足合作社为社员提供“一条龙”服务的资金需求。对合作社内有贷款需求的小农户，禾城农商银行帮助合作社建立内部资金互助基金，由合作社组成小型资金互助社，统一投放、管理和回收，主要对象为生产规模较小、自主能力较差和承包期限较短的小户社员。而对合作社内的规模大户(即家庭农场户)，由禾城农商银行一对一进行信贷支持，切实提高审批效率，有效控制信贷风险。

在农民专业合作社主导的融资模式中，银行面对的不是分散的农户，而是组织起来的农民合作组织，从而降低了运营成本。农民专业合作社与农户有着天然的亲近性，能掌握更详细的农户信息，对农业产业链融资的成功实施至关重要。通过对农民专业合作社的金融支持，可以壮大产业基地，带动更多农户参与到产业的发展中，提高农民组织化程度。

3. 小　结

针对农业产业链上农户缺乏抵押担保的现实，这两种模式均积极围绕农业产业链条寻求解决办法，即由龙头企业或农民专业合作社提供信用担保，或农户提供连带保证责任。

农业产业链融资改变了过去一对一的金融服务方式，借助龙头企业、农民专业合作社等平台，采用批量作业，降低了借贷双方的交易成本；打破了对有形、固定资产抵押严格限定的授信条件，解决了单一农户贷款抵押物不足的难题,同时也降低了整个产业链的融资成本,有助于龙头企业避免产业链条断裂,提高了产业的整体竞争力。对银行而言,一方面,围绕与农户发生交易的核心组织开展信贷业务有助于降低提供金融服务的成本;另一方面,把贷款客户在产品市场的交易关系纳入银行审查的范围,有助于了解贷款对象的生产经营信息和现金流情况,从而将动产纳入抵押担保范围之内。

农业产业链融资模式的关键环节是控制农业融资涉及的各类风险。农业融资的信贷风险,一是与农业和农业产业链有关的风险(如自然风险、市场风险),二是与金融机构有关的风险(信用风险)。农业产业链融资模式通过设计共同风险防范机制控制上述风险,确保产业链各主体收益的稳定性,并通过引入商业保险机构参与产业化经营,有效控制各种风险。

(三)各地开展农业产业链融资的经验总结

首先,深入分析各地农业产业链的特征和金融需求特点。由于农业产业链具有很强的地域特征,不同地区的产业链特点有很大差别,表现出很强的地方特色和产品特色。因此,要对当地产业链的特点进行充分了解和分析,分析产业链每个环节及其参与者对金融需求的特征,分析产业链每个环节的融资特点及其资金的主要来源。产业链分析要从农业生产资料的供应开始,包括生产资料供应者、农业生产者以及农产品收购、储运,加工者和销售者。这些参与者是农业产业链融资的需求者,分析他们的特点、风险和产品需求,有助于银行有针对性地提供信贷产品和服务。

其次,创新农业产业链信贷产品。在对当地农业产业链进行分析的基础上,开发适合产业链不同环节的信贷产品。在农业产业链中,有的活动,如农业生产、生产资料供应、农业生产服务行业等,具有明显的季节性,而有些活动,如农产品加工、储运、销售等,则不具季节性。应当针对不同农业活动的季节性特点,设计相对应的信贷产品。同时,根据产业链各个环节之间的紧密关系,采取区别于传统抵押担保要求的信贷技术通过联保贷款、产业链相邻环节互相担保等技术来扩展信贷供给。

最后,强化农业产业链信贷风险管理。在做出为农业产业链提供贷款的决策时,除了应考虑具体某一环节的风险,还要考虑其前后环节的风险。重点要做好核心产业链环节的风险检测与管理,针对可能发生的风险制定应急措施。在风险管理中,要运用各种风险控制工具,在风险发生之前，尽量消除各种风险隐患，减少风险发生。根据农业产业链的结构、环境等特点分析风险因素，区分风险类别，尽早识别风险，制定风险管理目标，降低风险损失。

三、农业产业链融资的发展前景

（一）农业产业链融资是商业银行业务创新的难得机遇

十八大报告中强调，要完善金融监管，推进金融创新，因此从长期来看，商业银行更应在新形势下寻求适合自己的市场定位，如城市社区金融、本土化产品创新等，同时使资金配置和使用更加合理。国内商业银行目前同业竞争激烈且产品同质化现象普遍存在，但都没有充分开发农村这一潜在的巨大市场。作为国家重点支持的领域，目前农业产业链融资是一个难得的机遇。商业银行在做好风险控制的前提下，只要找准农业产业链中的信贷突破口，因地制宜，打造特色农业产业链融资产品，就能分享我国农业现代化的成果，也能使广大农民平等参与现代化进程。

温岭农村合作银行于 2013 年 4 月中旬在浙江省率先推出“农链通”贷款产品。该产品以一个核心农业企业为切入点，从单户授信变成整条农业产业链上所有农户和企业授信，使产业链上更多缺乏抵押、融资难的农户受益。发放贷款的期限大多在 1 年以内，周转灵活便捷，贷款额度在 2 万—1000 万元之间不等，既满足了个体农户小微信贷需求，又填补了核心企业资金需求，有力地拓展了对这两类主体的金融服务。

该行开发了 3 种模式，多途径解决农资需求，支持当地养殖业、花卉苗木等特色产业。

一是“公司＋合作社（家庭农场）＋农户”贷款模式。根据农业龙头企业与合作社或农户的生产协议，对农户或合作社进行授信。例如，以该模式对温岭市四季生态农业开发有限公司为核心的农业产业链集中进行整体授信 420 万元，核定该产业链上核心企业及其上游合作社殿咀头果蔬专业合作社和农户的具体授信金额，按需放贷，并帮助该合作社打造省级高橙精品园。

二是“合作社＋农户”贷款模式。合作社根据上游农户融资需求情况，提出贷款申请，该行受理后，对有真实产业关联的农户进行集中授信。例如，以该模式对温岭市绿牧草鸡专业合作社发放 300 万元的贷款，对陈华君、陈永彬两家草鸡养殖户各发放10万元贷款,合作社为农户提供养殖技术辅导和销售渠道,有效地解决了产业链中合作社和农户在生产、供应和销售中的融资难题。

三是"公司+公司"贷款模式。农业产业链金融服务作为服务三农和小微企业的新探索,从纯农业产业链拓展到其他产业,带动更多产业的良性发展。该模式根据农业产业链中上下游企业的依存关系和信用关系,对农业企业进行授信。

(二)农业中的龙头企业正在不断涌现

在政府大力发展现代农业这一大背景下,我国部分农业的产业化已经开始呈现,也开始涌现出一批较有影响力的龙头企业。2014年浙江省确立了丰岛控股集团有限公司等51家农业产业化重点龙头企业,农业产业链的管理也开始引入了现代物流和供应链管理经验。由于政府已明确提出农业现代化和产业化的规划,并已陆续出台了大力扶持和发展农业龙头企业的相关政策,相信在今后一段时间中还将会涌现出更多实力雄厚的龙头企业,农业产业化的进程将进一步加快,农业产业链金融需求也将随之而增加。

(三)农业产业链末端的小农户和微小企业已逐步接受产业链融资的理念

我国农业产业化的经营方式中龙头企业主导型是最主要的组织模式,包括"龙头企业+农户""龙头企业+农业大户(专业户)+农户""龙头企业+农村合作组织+农户""龙头企业+基地+农户"等。目前,在农业产业链融资实践中已逐渐形成了"龙头企业+农户+银行""龙头企业+合作组织+农户+银行""龙头企业+专业市场+农户+银行"等形式。这些融资形式有效地推动了整个产业链向上下游延伸,促进了产业链末端的小农户和微小企业发展,带动了产业链条上大量的农民致富,也因此使得他们逐步接受了全新的农业产业链融资新理念。

此外,国家近期提出的土地流转政策、农业保险制度的制定与完善,也将在很大程度上为农业产业链融资这一新型农村金融服务提供基础和保障。

四、实施农业产业链融资，加快浙江省农业发展的建议

(一)加强对产业基础好、发展前景优、技术含量与附加值高的优势产业的支持

浙江省具有独特的自然资源和区位优势，农业自然资源优势突出，名特优种类丰富，不少农产品具有较高的知名度和市场占有率。如茶叶产业、蔬菜产业、果品产业、畜牧产业、食用菌产业、水产养殖产业、竹木产业、花卉苗木产业、蚕桑产业、中药材产业等基础雄厚的产业，通过对他们的资金支持，壮大产业基础。商业银行要借鉴产业链融资的成熟理念，将其在农业领域的应用范围进一步拓宽，为优势农业产业提供全方位、本土化的金融服务。

(二)加强对龙头企业、示范社的支持

龙头企业、示范社对带动整个产业发展具有极其重要的作用。通过对龙头企业的资金支持，提高他们的市场竞争力；通过对示范社的资金支持，可以壮大产业基地，带动更多农户参与产业发展，提高农民组织化程度。以龙头企业、示范社为中心，深化开展现有的两种农业产业链融资方式，充分发挥龙头企业和示范社的带头作用，并在实践的基础上开发新的农业产业链融资方式。

(三)完善农业风险保障机制

首先，完善农业保险体系，增加农业保险险种，满足各类生产经营主体风险管理的需要，扩大险种覆盖率。其次，建立健全农业风险基金制度，即在每年的财政预算中按一定比例提取一定数量的资金，用于建立专项的农业风险基金，交由专门的农业风险基金管理机构进行管理和使用，用于资助农业保险事业的发展。再次，政府应尝试建立风险补偿机制，对遇到自然灾害等不可抗力造成的损失，积极做出反应，给予农业产业链中的中小型和微型企业一定补偿，使整个农业产业链达到有机结合的统一。

五、结　论

农业产业化发展意味着农业经济向高度市场化的商业化农业转型，农业生产方式实现企业化经营，农产品产前、产中和产后实现一体化发

展，是小农经济融入社会化大生产体系的重要途径。农业产业化发展及其所带来的农业经营方式的转变给传统农村金融供给模式提出了新的要求。在各地创新过程中，农业产业链融资模式“脱颖而出”，并被证明是金融支持农业产业化发展的有益探索。

结合浙江省农业发展现状，本文通过案例考察了两种农业产业链融资模式的具体操作，得出的主要结论是以龙头企业或农民专业合作社等核心组织为载体和平台，通过与农产品市场的互联，银行开展农业产业链融资是增进农业融资的有效途径。农业产业链融资将是未来中国农业融资市场的主导模式，也是银行业务创新的重要途径，并在此基础上提出了浙江省开展农业产业链融资的几点建议。

[参考文献]

[1] 程永娟，孟枫平．农业产业链融资研究评述[J]．长春理工大学学报，2013(3)．
[2] 董芳．新型城镇化下农业产业链融资探析[J]．西南金融，2014(11)．
[3] 姜永，徐倩．农业专业合作社的融资供求衔接问题研究[J]．中国渔业经济，2014(1)．
[4] 刘西川，程恩江．农业产业链融资：案例考察与博弈分析[J]．金融发展评论，2012(3)．
[5] 刘西川，程恩江．中国农业产业链融资模式——典型案例与理论含义[J]．财贸经济，2013(8)．
[6] 罗元辉．供应链金融与农业产业链融资创新[J]．中国农村金融，2011(5)．
[7] 彭菊颖．农业产业链融资及品牌农业发展研究[J]．西南金融，2013(11)．
[8] 章丽琼．农业产业链融资模式研究——来自浙江省的案例[J]．农技服务，2015(3)．

基于涉农小额贷款公司的"三农"融资问题研究

□ 袁逸剑

摘　要:涉农小额贷款公司的"三农"融资发展对策要强化服务项目与效果,拓展资金来源,强化政策引导,健全融资监督,创新小额贷款公司的发展模式,让小额贷款公司对"三农"融资的支持更为具体化和效率化,同时也保证了小额贷款公司的发展更具可持续性。为了解决问题更好地发展小额贷款公司,该文分析了当前小额贷款公司融资的相关问题,并总结了相关原因,提出了具体的解决对策。

关键词:小额贷款公司;"三农"融资;问题;原因;对策

涉农小额贷款公司在我国的发展处于起步初级阶段,对于解决"三农"的融资问题有明显的促进作用,同时也在发展过程中遇到了一系列问题。为了解决问题更好地发展小额贷款公司,本文分析了当前小额贷款公司融资的相关问题,并总结了相关的原因,提出了具体的解决对策。

一、涉农小额贷款公司"三农"融资问题解析

(一)涉　农

涉农是指涉及农业、农村、农民这"三农"的相关服务、发展和规范内容。涉农的概念提出是我国重视农业经济发展的必然结果,因为我国是农业大国,发展农业是大势所趋。在这样的基本前提下,涉农的相关业务也获得了国家政策一定程度的支持。有关涉农的其他概念包括:(1)涉农贷款,主要是指农户贷款,指金融企业发放给农户的所有贷款。农户贷款的判定应以贷款发放时的承贷主体是否属于农户为准。农户,是指长期(1 年以上)居住在乡镇(不包括城关镇)行政管理区域内的住户,还包括长期居住在城关镇所辖行政村范围内的住户和户口不在本地而在本地居

住 1 年以上的住户,国有农场的职工和农村个体工商户。位于乡镇(不包括城关镇)行政管理区域内和在城关镇所辖行政村范围内的国有经济的机关、团体、学校、企事业单位的集体户;有本地户口,但举家外出谋生 1 年以上的住户,无论是否保留承包耕地均不属于农户。农户以户为统计单位,既可以从事农业生产经营,也可以从事非农业生产经营。(2)涉农资金,主要是指中央、省、市、县安排用于农村经济社会发展的专项资金,主要包括农村公路修建、基本农田建设、农业综合开发、农村饮水安全、沼气建设等农村基础设施建设资金,粮食直补、农资综合直补、良种补贴、农机具购置补贴等涉农补贴资金,种植业、养殖业项目资金,扶贫、救济、农村五保供养、农村低保、危房改造资金,退耕还林等生态建设资金,"雨露计划""阳光工程"等农村劳动力培训资金及用于农村教育、卫生、文化、科技事业发展的资金等,资金管理方式通常是成立县涉农资金监管工作领导小组,负责全县涉农资金监管工作。

(二)小额贷款公司

小额贷款公司的全称应该是"小额贷款公司"。所谓"小额贷款"的概念最早起源于 20 世纪 70 年代孟加拉国著名经济学家穆罕默德·尤努斯教授的小额贷款试验。尤努斯教授针对穷人很难获得银行贷款来摆脱贫穷现状的问题,成立了以互助组织的一种小额贷款模式。1994 年,小额信贷的模式被引入中国。起初,只是国际援助机构和国内非政府组织(NGO)针对中国政府 1986 年开始的农村扶贫贴息贷款计划中存在的问题而进行的一种尝试。从 1996 年开始受到政府重视,进入以政府扶贫为导向的发展阶段。到 1998 年底,仅联合国系统的组织在华援助的小额贷款项目资金就达 300 万美元。2000 年以来,以农村信用社为主体的正规金融机构开始试行并推广小额贷款,我国的小额贷款发展开始进入以正规金融机构为导向的发展阶段。2005 年 10 月,我国在 5 省成立了小额贷款公司的试点。2008 年 5 月,由中国人民银行和中国银监会出台的《关于小额贷款公司试点的指导意见》(以下简称《指导意见》)。《指导意见》中定义小额贷款公司是由自然人、企业法人与其他社会组织投资设立,不吸收公众存款,经营小额贷款业务的有限责任公司或股份有限公司。并规定小额贷款公司的主要资金来源为股东缴纳的资本金、捐赠资金,以及来自不超过两个银行业金融机构的融入资金。规定贷款利率由借贷双方在限定范围内自主协商,最高不能超过中国人民银行规定的同期基准利率的 4 倍。小额贷款公司在发展农村金融和中小企业、规范民间借贷以及促进金融市场多元化发挥了重要作用。

(三)“三农”融资

“三农”指农村、农业和农民,对于“三农”的融资活动要针对农业、农村、农民发展提供相关的融资服务,解决农民增收、农业发展、农村稳定的问题。《新帕尔格雷夫经济学大辞典》对融资的解释是:融资是指为支付超过现金的购货款而采取的货币交易手段,或为取得资产而集资所采取的货币手段。从广义上讲,融资也叫金融,就是货币资金的融通,当事人通过各种方式到金融市场上筹措或贷放资金的行为。“三农”融资强调的是居住地域、从事行业和主体身份三位一体的问题,但三者侧重点不一,必须一体化地考虑以上 3 个问题。中国作为一个农业大国,“三农”问题关系到国民素质、经济发展,关系到社会稳定、国家富强、民族复兴。

二、我国涉农小额贷款公司的“三农”融资现状

(一)金融供给与服务发展的现状

1. 我国涉农小额贷款公司金融供给问题

通过对我国 200 家小额贷款公司的农贷贷款数据调查可知,到 2014 年末,小额贷款公司涉农贷款余额为 1.5 亿元,较上年增长 0.2 亿元,相比上年同期增长 15.6%,高于各项贷款平均增速 5.6 个百分点。涉农贷款大幅增加。但是“三农”的资金需求缺口巨大,通过 2014 年某省的农业资金调查可知,全省农业资金缺口高达 5.3 亿元,较上年增长 0.9 亿元,这些数据说明了农村资金困难并存,表明“三农”金融供给的总量和结构都出了问题。

2. 我国涉农小额贷款公司服务发展问题

我国涉农小额贷款公司服务发展的现状分析,主要考虑到运用贷款记录的人员数据来说明问题,具体情况如图 1 所示。

从图 1 可以看出,农村小额贷款记录连年上升,这说明更多的“三农”人员享受到了小额贷款公司的“三农”服务,当然连年上升的人数记录,自然也说明了“三农”服务活动必须尽快完善起来,以便应对更多的状况。

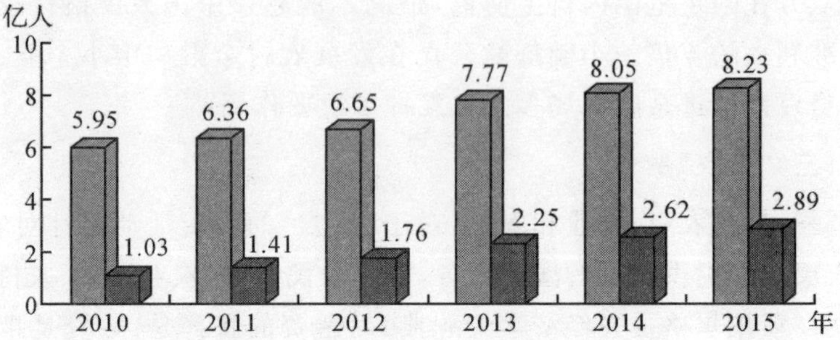

图 1　某省农村小额贷款记录增长变化情况

(二)融资渠道问题

相关研究机构针对当前“三农”的融资渠道问题进行了全面的调查，针对某省村级企业的融资渠道进行了全面的调查，具体情况如图 2 和图 3 所示。

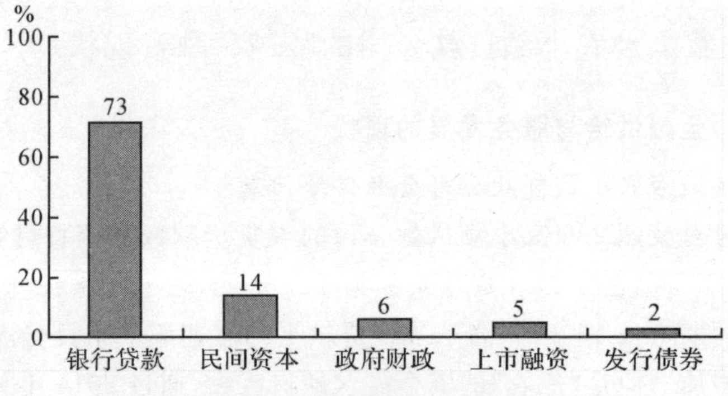

图 2　“三农”融资渠道的调查

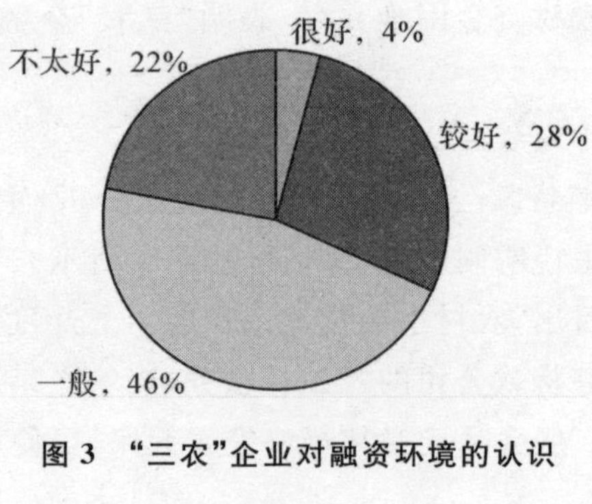

图 3　“三农”企业对融资环境的认识

通过以上的调查结果可以看出，银行贷款仍然是"三农"企业最常用的融资渠道，占被调查企业的73%；居第二位的是民间资本渠道，占被调查企业的14%；政府财政支持也是重要的融资渠道，占6%；上市融资和发行债券分别占5%和2%。此外，还有部分企业由上级企业直接注资，或采用委托贷款和信托贷款等方式，也有部分企业引入风险投资。图3的调查显示，46%的"三农"企业认为投融资环境一般，28%的"三农"企业认为较好，22%的"三农"企业认为不太好，4%的"三农"企业认为很好。

(三)小额贷款公司中"三农"融资的需求现状

小额贷款公司中"三农"融资的需求呈现出明显的特征，相较于大型银行金融企业，小额贷款公司的服务对象往往是"微型客户"，具体的情况如图4所示。

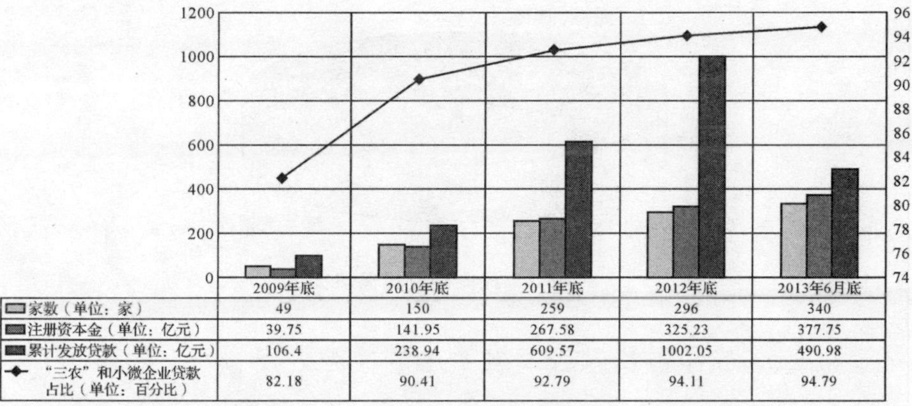

	2009年底	2010年底	2011年底	2012年底	2013年6月底
家数（单位：家）	49	150	259	296	340
注册资本金（单位：亿元）	39.75	141.95	267.58	325.23	377.75
累计发放贷款（单位：亿元）	106.4	238.94	609.57	1002.05	490.98
"三农"和小微企业贷款占比（单位：百分比）	82.18	90.41	92.79	94.11	94.79

图4　某省小额贷款公司试点情况对比

从图4可以看出，小额贷款公司内部9成以上贷款投向"微型"客户，小额贷款公司从定义上即以服务"三农"和小企业为宗旨，从事小额放贷的新型地方金融组织。小额贷款公司70%资金应发放给贷款余额不超过50万元的小额借款人，其余30%资金的单户贷款余额不得超过资本金的5%，尽显出了小额贷款"小额、分散"这一首要特点和基本原则。小额贷款公司根据客户的不同特点，在产品模式创新上下足了功夫，在帮助缓解贷款企业融资困难的同时，提高了企业有效资产利用率，拓宽了企业融资渠道，降低了融资成本，以其贴近实际、业务便捷、利率灵活的优势，赢得了农户的青睐。但是这个现状也说明了小额贷款公司的发展过于单一,缺乏资金的全面融合和发展业务的全面拓展。

(四)小额贷款公司"三农"融资的创新现状

小额贷款公司"三农"融资的创新现状分析主要考虑到了小额贷款公司的未来发展现状。首先,我们看到了"三农"融资体系之中第三方的担保活动较少,从图5可以看出,第三方担保的情况只有34%,这与金融发展的整体步伐是不一致的,而"三农"贷款之中无抵押担保的占到了51%,这与农业发展的小额状况、分散状况是相符合的,但是长期的无抵押担保贷款虽然为农户带来了方便,但是也为小额贷款公司的长远发展带来了隐患,长期依靠如此模式发展下去也必将会走入死胡同,小额贷款公司的融资能力、为"三农"融资的企业能力都会减弱。

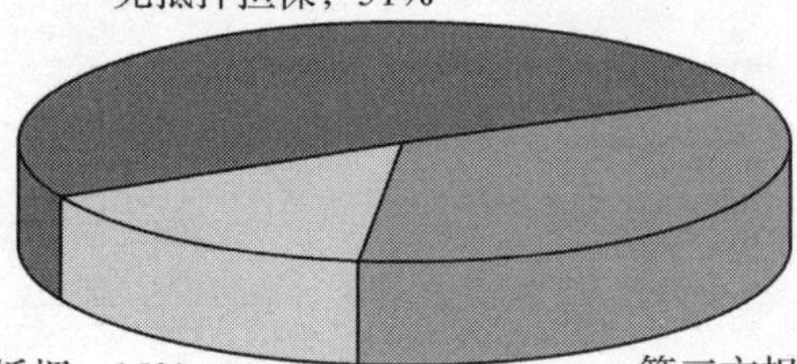

图5　民间融资担保情况

三、涉农小额贷款公司融资难的成因分析

(一)涉农服务不全面

当前,小额贷款公司的涉农服务还处在不全面的发展阶段,具体表现在:农村资金大量外流与新农村建设对资金的大量需求矛盾突出;抵押担保门槛高,许多"三农"客户很难达到贷款条件;信用环境欠佳,造成银行的不良贷款增多,金融机构惧贷心理加剧了"三农"贷款难;符合"三农"需求的金融品种单一、贷款审批环节多、手续烦琐,也让农民对申请贷款望而却步。由于涉农服务的不全面最终导致我国涉农小额贷款公司金融供给出现矛盾,服务的主体变成了一些固定的"微型"客户,小额贷款公司的发展局面受到了严重的限制,如果能够全面提升涉农小额贷款业务的服务活动,最终就会形成更为完备的融资体系,一方面为"三农"的经济发展

提供了贷款业务，另一方面也提升了涉农服务水平，为小额贷款公司的长远发展打下了坚实的基础。

（二）融资渠道单一

从上文的调查结果可以看出，“三农”企业的融资渠道主要是从小额贷款公司获取的，这种融资问题产生的原因是因为小额贷款公司间接融资占比较大，“三农”企业规模较小，如果想要上市和发行债券等直接融资难度较大；大型的银行贷款申请难、审批难、利率偏高；大型商业银行或国家银行贷款对不动产等抵押物额度要求高，担保额度小，贷款期限短等。这种情况产生的原因主要是因为目前我国农村以家庭联产承包为主要经营形式，导致生产规模小、可用于贷款抵押担保的资产少，抵御自然风险能力差。农村集体经济基础薄弱，缺少产业支撑，负债能力低。而我国农民由于受长期二元经济的影响，人均占有和可支配的资源少，综合素质相对较低，所获得的金融支持必然有限。在这样的情况下，小额贷款公司的作用就十分明显，应该发挥优势，依循农村现有生产力和生产关系为民服务。

（三）小额贷款公司融资政策缺乏引导

农村金融是我国金融体系的重要组成部分，是支持服务“三农”发展的重要力量。近年来，我国农村金融取得长足发展，初步形成了多层次、较完善的农村金融体系，服务覆盖面不断扩大，服务水平不断提高。但总体上看，农村金融仍是整个金融体系中最为薄弱的环节。农村金融体制改革发展滞后在小额贷款公司的发展方面主要表现为：第一，我国小额贷款公司的发展体制、机制落后，难以发挥农村金融骨干作用。虽然国家逐步强调重视小额贷款公司的发展，但是很多规范性、模式性内容没有建立起来，小额贷款公司发展到后期就形成了不良的资金垄断和非法集资，受到了农户的质疑。第二，国内的大型投资企业忽视农业机构的发展，纷纷转向了商业银行模式的利益驱动，大量原来在农村的机构纷纷撤销，涉农业务占比不断下降。这一系列的问题背后都是政策引导的失误造成的，必须尽快从政府规范的角度来提升小额贷款公司在整个“三农”融资体系中的地位，这样才能转变小额贷款公司势单力薄、包袱沉重、各自为战、功能落后、难以承担农村金融重任、机制不健全、规模小、抗风险能力差等一系列问题。

(四)"三农"融资监督不足

当前,"三农"企业在融资过程中没有明确的监督服务和体系。在这样的情况下才会导致监督行为的不合理,导致小额贷款公司的债务情况频繁出现。监督不足的原因主要在于:第一,农村金融体系中的所有环节都存在"弃农、脱农"倾向,投资商投入农村金融只是短期行为,更多的投资商是要向城市和国际发展。"三农"企业的农业发展也只是起步阶段,更多的是想要走入城市的市场经济竞争之中。小额贷款公司投资"三农",为"三农"企业融资也是要发展壮大自身的企业,形成更好的发展格局。有如此思想倾向,金融监督体系的建立就显得不够重要,没有受到各方面的督促。第二,缺少专门服务于"三农"的各类保险机构和融资担保机构。2015 年 8 月召开的国务院常务会议部署了加快融资担保行业改革发展,更好地发挥金融支持实体经济作用。会议提出,"建立政府、银行和融资担保机构共同参与、共担风险机制和可持续的合作模式,鼓励有条件的地方设立政府性担保基金";还首次明确:"设立国家融资担保基金,推动政府主导的省级再担保机构在 3 年内实现基本全覆盖"。但是,这种规范刚刚起步,发展起来还需要一段时间。第三,农村金融立法相对滞后。缺少农村金融法律、法规,现有的《商业银行法》和《贷款通则》没有专门考虑我国农业、农村和农民的特点,国家也没有制定农业政策性银行法;对于小额贷款公司至今仍没有制定农村合作金融的法律、法规,相关抵押、担保法没有认真考虑我国农村人均支配的社会资源少、农民人均收入长期较低等实际情况。

(五)融资思想缺乏创新

三农融资要有创新发展的空间,这需要小额贷款公司的发展步入全新的阶段,但是目前融资思想缺乏创新,主要原因是因为涉农信贷产品仍然较为单一,金融创新能力较差。农民不仅在生产资金,在住房、就学、耐用消费品等也有资金需求。但目前涉农金融机构基本都是开展以面向种植业的小额农贷为主,很少有针对农民不同生产、生活需求量身定做的贷款产品,难以满足农民日益增长的多样化信贷需求。

四、涉农小额贷款公司的“三农”融资问题的解决对策

(一)小额贷款公司全面服务“三农”

小额贷款公司全面服务“三农”,首先要在小额贷款业务之中持续推进惠农工程,如“信贷县县通”“小额贷款惠‘三农’和“富民惠农”“助农贷”“送贷下乡”等,不断提升服务质量。这些业务的创新发展能够解决“三农”小微企业的燃眉之急,实现了零售贷款业务的跨越式、超常规发展,而且全面加大了对地方经济发展和新型农业经营主体建设的支持力度,为实现富民强市新跨越做出了应有的贡献。其次,要小额贷款结合“涉农”行业的资金需求特点,有针对性地开发服务的针对性项目。例如,某地区的小额贷款公司多年来就积极与各行业协会合作,侧重农业产业化进程的推进和实施,帮助农业行业链中的服务整合,并与各行业的龙头企业形成战略合作。以苗木行业为例,小额贷款公司与相关的农业发展公司紧密合作,专司苗木的培育、苗木销售渠道的建设、苗木的日常维护等。和行业龙头公司的合作,有助于小额贷款公司对苗木贷款企业提供全方位的服务。例如,对苗木的种植和培育有针对性地开发了“茶易贷”“油脂贷”“成材贷”“苗木贷”“种子贷”“蘑菇贷”等产品。另外,小额贷款公司的发展要契合农村地区实际,全力满足农户信贷资金需求。近年来外出务工人员返乡创业、扎根农村的青年群体越来越多。而农村地区资金供给不足,金融需求情况特殊,呈现多样化的特点,为了有效满足农村地区的贷款需求,小额贷款公司要紧紧扭住小额贷款产品“金额小、方式活、便捷和透明”4 个特点,为目标客户量身打造符合贷款需求特点的产品,并紧紧围绕“农”字不断推出新产品,如家庭农场(专业大户)贷款、农民专业合作社贷款、公司+农户贷款、承包经营土地使用权抵押贷款、农机购置补贴贷款等等。建立大型商业银行、农业政策性银行与农村信用社、中小金融机构的合作连通机制,拓宽农村金融批发、零售渠道,建立“三农”信贷风险准备和补偿机制。

(二)拓展资金来源

拓展资金来源能够更进一步地提升“三农”的发展空间,《国务院办公厅关于金融服务“三农”发展的若干意见》(国办发〔2014〕17 号)中明确指

出：当前要全面完善农村金融基础设施，推进农村信用体系建设。继续组织开展信用户、信用村、信用乡(镇)创建活动，加强征信宣传教育，坚决打击骗贷、骗保和恶意逃债行为(人民银行、银监会、保监会、公安部、发展改革委等按职责分工分别负责)。这项要求就说明了拓展资金来源对于农村金融建设至关重要，具体的策略包括：首先，拓展资金来源要优化支农再贷款投放机制，向小额贷款公司发放小额贷款，主要用于支持"三农"和农村地区小微企业发展。支持小额贷款公司机构发行专项用于"三农"的金融债。开展涉农资产证券化试点。对符合"三农"金融服务要求的县域农村商业银行和农村合作银行，适当降低存款准备金率。其次，要推行信贷基金制度。发展融资担保是破解小微企业和"三农"融资难融资贵问题的重要手段和关键环节，对于稳增长、调结构、惠民生具有十分重要的作用。要有针对性地加大政策扶持力度，大力发展政府支持的融资担保机构和再担保机构，完善银担合作机制，扩大小微企业和"三农"担保业务规模，有效降低融资成本，撬动更大规模的信贷基金。

(三)强化政策引导

强化政策引导完善小额贷款公司的"三农"融资活动至关重要。首先，要切实落实县域银行业法人机构一定比例存款投放当地的政策，探索建立小额贷款公司新设县域分支机构信贷投放承诺制度，支持符合监管要求的县域银行业金融机构扩大信贷投放，持续提高存贷比。加大财政投入，鼓励社会资本注入。每年从财政中安排预算专项资金，与农业、国土、扶贫等项目资金整合，集中投入到增收工程上。可试行建立政府、行业和社会资本参与的投资基金，如成立农业发展投资有限责任公司，按照"政府主导、市场运作"的原则，将财政支农资金进行市场化运作，通过贷款担保、直接投资等形式，吸引社会资金、金融资金进入农业生产经营领域，放大政策性支农资金的投资效应。其次，要调整和完善农村金融政策。要建立小额贷款公司涉农信贷业务存款准备金制度，对农村金融实行有区别的货币政策，通过人民银行再贷款增加对农村金融机构的涉农信贷资金来源；要对农村小额贷款金融机构和各种金融机构的涉农贷款给予税收优惠；提高各小额贷款金融机构涉农贷款呆坏账准备金的提取比例，提高其依靠自身经营全覆盖风险的能力。另外，要进一步深化农村金融体制改革。国家要通过实施区别的税收政策、制订支农专项信贷计划等政策措施,引导小额贷款公司下乡,不断创新涉农信贷业务,扩大支农信贷规模;要加快农业政策银行的改革,尽快实现小额贷款公司的体制和机制创新,增强其支农功能;要放开并引导民间资本进入农村金融市场,促进农村新型金融机构发展;要建立主要服务于“三农”的农业政策性保险机构和农业融资担保机构并促使其发展;加快农村小额贷款金融立法,尽快制定并出台农业政策性银行法和农村合作银行法等相关法律。

(四)健全融资监督

《国务院办公厅关于金融服务“三农”发展的若干意见》(国办发〔2014〕17 号)中明确说明要防范金融风险。金融管理部门要按照职责分工,加强金融监管,着力做好风险识别、监测、评估、预警和控制工作,进一步发挥金融监管协调部际联席会议制度的作用,不断健全新形势下的风险处置机制,切实维护金融稳定。各金融机构要进一步健全制度,完善风险管理。地方人民政府要按照监管规则和要求,切实担负起对小额贷款公司、担保公司、典当行、农村资金互助合作组织的监管责任,层层落实突发金融风险事件处置的组织职责,制定完善风险应对预案,守住底线。在这项要求之下,健全融资监督活动要做到:首先,在这项要求之下,健全涉农小额贷款公司的“三农”融资监督工作要考虑到资产负债表、利润表、净现金流量表的具体情况,资产负债表表示小额贷款企业在特定的日期(一般是在期末)的资产、负债、所有者权益状况的主要会计报表。这份报表上,出资方注重企业的货币资金、应收款项、存货、固定资产状况以及长期、短期借款,应付票据及账款,应交税费及未分配权益状况,让出资方了解到公司的资产、资产分布结构、资产来源及其构成,有助于评估公司的盈利能力,并通过期初数与期末数的对比,进一步分析企业的管理水平和今后的发展前景。利润表反映了小额贷款企业在短时期内的经营成果,出资方根据构成企业各种利润(主营业务利润、营业利润、利润总额、净利润)的各项要素,能分析企业利润的实现情况,进而了解企业的市场状况、销路以及发展前景,以此来判断资本的保值、增值情况。净现金流量表反映了小额贷款企业和借贷企业在固定的时间内现金的增减变动情况。出资方会对这份表格中经营活动产生的现金流、投资活动产生的现金流、筹资活动产生的现金流以及现金流的构成进行全面分析,以此来判定企业是否有能力支付、偿还和周转,同时也可以预测企业未来的现金流量、分析企业的收益质量、影响现金流量的因素等。出示这份表格,会提高企业会计信息的可信度。为了更好地突出监督效果,小额贷款公司可以根据自身情况,分析“三农”企业的以上项目指标,如果处于良性区间,可以大体判断企业运营处于健康状态,获得投资者资金可以说是十拿九稳。其次,要全面完善信贷监督机制。要在强化涉农业务全面风险管理的基础上,鼓励小额贷款公司单列涉农信贷计划,下放贷款审批权限,优化绩效考核机制,推行尽职免责制度,调动“三农”信贷投放的内在积极性。具体来讲,要求小额贷款公司内部各层次、各部门之间的职责明确、纵横结合的合力监管组织体系,过程连续、衔接有序、运作规范、方法科学的现代化金融监管操作体系,内容可靠、传递及时、部门共享、目标明确的金融监管信息体系,预警超前、处置快捷、灵敏有效的系统化风险防范控制体系。

(五)筹划经营模式创新

可以考虑借助银行成熟的风险管理体系,在市场开发、授信方案、人员培训等一系列业务合作上达成共识,并绕开同一借款人贷款余额不得超过小额贷款公司资本净额5%的政策限制,与银行共享部分优质客户。如2011年1月,华夏银行绍兴分行与绍兴县汇金小额贷款公司签订了2亿元“接力贷”合作协议,企业通过汇金小额贷款公司向银行提出贷款申请,并由小额贷款公司做担保,开启银行与小额贷款公司联合放贷模式。随着农村金融市场的日益繁荣,从长远来看,银企合作是双方的必然选择。

(六)尽早招揽专业人才

小额贷款公司的设立条件要求具备相应专业知识和从业经验的工作人员,高管人员要熟悉金融业务、有金融从业经历并具备较强的金融合规经营意识。专业、高效的经营团队,对于小额贷款公司的稳健经营具有重要意义。但设立小额贷款公司所需的金融人才储备还存在缺口,要“不拘一格降人才”,尽早招揽知农、懂农的优秀金融人才,加强在职教育培训,组织对全体员工财务、金融、信贷等相关知识及业务操作技能培训,提高员工整体金融业务水平,并探索建立激励机制,可以响应《关于深入推进小额贷款公司改革发展的若干意见》关于“鼓励经营层和业务骨干入股小额贷款公司”的号召,用事业留住人才。

我们认为，完善的农村金融服务体系，应该是多层次、广覆盖、可持续的。构建可持续的农村金融服务体系，需要政府、银行监管部门和银行业多方的努力，采取多种措施。大力发展涉农小额贷款公司，创新小额贷款公司的发展模式，让小额贷款公司对“三农”融资的支持更为具体化和效率化，同时也保证了小额贷款公司的发展更具可持续性。

“坐而论道，不如起而行之”，当前最为迫切的是加快出台支持解决“三农”贷款难的具体政策，并将解决“三农”贷款难的政策落到实处，让“三农”贷款难不再成为社会的焦点和热点。

[参考文献]

[1] 贾泰峰. 产业集群与小额贷款公司配套发展路径问题研究[J]. 金融发展研究，2012(6).

[2] 周孟亮，李明贤. 我国小额贷款公司财税政策改革研究[J]. 中南财经政法大学学报，2012(4).

[3] 朱乾宇，徐健鹏，吕成哲. 我国小额贷款公司的发展与效果评价[J]. 投资研究，2012(6).

[4] 卢奕宇. 我国小额贷款公司可持续发展问题研究[J]. 企业导报，2012(14).

[5] 毕鹏翾. 我国小额贷款公司行业竞争分析[J]. 财会月刊，2012(21).

[6] 刘锐，罗惠媛，闫慧，等. 博弈论视角下的小额贷款公司制度分析[J]. 西部金融，2012(7).

[7] 李明贤，叶慧敏. 普惠金融与小额信贷的比较研究[J]. 农业经济问题，2012(9).

[8] 唐勇. 浅析我国“农村小额贷款”的新发展[J]. 农业经济，2012(9).

[9] 经严丽. 试论广西小额贷款公司的微观运营风险及应对策略[J]. 区域金融研究，2013(7).

05

金融服务篇

浙江省农村信贷配给及农村金融体系重构

□ 屠萍萍

摘　要:该文注重理论性和实践性,在对浙江省农村信贷配给现象进行理论分析和现状分析的基础上,经过多次调查取证,针对全省范围得出农村信贷配给解释,并对构建新农村金融体系框架给出一定建议。要解决全省信贷配给问题,需要在建立社会主义新农村的基础上,实现城乡统筹发展,建议通过加快机构改革和业务创新,发挥商业银行对农村信贷支持,健全金融基础设施等重构浙江省农村金融体系,完善信贷资源基础配置。

关键词:浙江农村;信贷配给;农村金融体系;重构

一、信贷配给理论分析

(一)信贷配给现象

1876 年,亚当·斯密在他的《国富论》中描写的高利贷最高数额时曾写到过信贷配给。到了 19 世纪初期,在英格兰关于多种金银块及银根相关热点时也引起了争论。约束贷款利率相关的法律在 1833 年撤销,英格兰银行曾经一度由于贷款利率牵绊,调节贴现利率变得十分艰巨,因此只能靠限制贷款供给来调节市场需求,信贷配给当然也成了当时人们关注的热点。

凯恩斯曾在著作《货币论》中写道:若我们假设,贷款依据现行的市场原则进行,可想而知,只要告贷人员的需要已经被我们知晓,银行利率和债券利率就一定能用独特的形式决定资本品的产生。由此可见,这些总体上也能够使得产量深受利率影响。从银行借款角度来讲,有些国家取得借款并不按照市场来实施。通常会出现个别无法获益的边际借款者,这个数字可大可小。也就是说,金融机构能通过收放其贷款额度来决定投资量,这就没有必要调高或调低利率水平改写消费者的借贷需要。一般发生此类情况时往往会产生无穷的实体效应。在其论述中,凯恩斯讲解了银行不依赖于借款者的需求而以这种非价格手段独立配给信贷资金的现象,然而,至于为什么会产生这一现象以及信贷配给的具体中介作用则没有更多的解释。

(二)信贷配给产生原因

1.信用创造理论

信用创造理论指出,金融体系特别是银行实施超额准备金的投资活动中,活期存款的增加会引发 M1 和 M2 的增加,这也就是我们一般说的"货币制造"。商业银行在拿到一笔钱之后,一部分要上交给中国人民银行(法定存款准备金),剩下的可以贷给有需求的人或者购买有价证券,因而制造了一笔派生存款。收到银行贷款部分的人会将资金再次存入其他第二家银行,第二家银行再次用同样方法发放贷款,从而产生另一笔派生存款。如此类推,银行系统能够扩张出多倍于原始存款的派生存款。货币创造会受到法定存款准备金的影响,但事实上它是受国家经济发展的影响。

2."约束诱导"理论

该理论分析了金融创新之所以会产生,是由于金融机构为了摆脱其内外制约。华尔街的许多金融天才们试图创造更多的金融工具从而引发了金融危机;同样,约束理论指出为了摆脱一系列金融制度的束缚而发明新的管理方式和计算方法,内部制约是指金融机构内部传统的增长率、波动资产比率、资本率等管理指标。外部制约是指金融当局的种种管理和制约,以及金融市场上的一些制约。如果内外部制约一起作用使得银行等金融机构利益受损,那么金融天才们会想办法研究新的金融品种和管理方式来避险,从而增强自身实力和竞争力。

西尔柏(W. L. Silber)是"约束诱导"理论的代表人物。他认为金融创新应该着眼于金融机构创新现象,因为金融机构往往注重自身利益。所以金融创新是微观金融组织为了寻求最大的利润,减轻外部对其产生的金融压制而采取的"自卫"行为。西尔柏具体阐述了内外两方面的金融约束。因外部条件变化而导致的金融创新要付出很大代价。这里又分两种情况:一种情况是外部条件变化而产生的金融约束,它使金融机构的效率低下,金融机构必须努力通过创新提高效率而弥补这部分损失;另一种情况是金融约束使金融机构付出的机会成本越来越大,创新是对金融约束的反应,创新的代价与外部约束造成的机会成本增长是一致的。因此,金融机构通过逃避约束来尽量降低机会成本增加所带来的损失。内部强加的压制则通过内部阻力来起作用。

3. 风险与利率控制及其他因素

古滕塔格(Guttentag,1960)的观点是贷款合同中的非价格条款部分,例如借款者的资产负债率、负债与经营性收入的比率等是贷款者配给信贷过程中的关键因素。银行提供贷款与借款者对贷款的需求是其中某项因素的函数,所以市场上普遍采用的借贷条款与贷款者的自身情况就决定了贷款者所能放贷的资金量。信贷配给是贷款者考虑了流动性和风险匹配的基础上,优化贷款组合的理性结果。霍奇曼(Hodgman,1960)于 1960 年在《信贷风险与信贷配给》中更进一步讲述了信贷配给。他通过模型指出,虽然有些贷款人有稳定的工资,但就金融机构而言,贷款人可能因为各种原因无力承担偿还借款,金融机构为防止收不回款项,金融机构设想的收不回款项是随着借款金额的上升而加大。借款金额信贷额越小,其评估的危险性就小,所以金融机构出于安全角度,要求贷款人在规模和金额上有相应的限制。

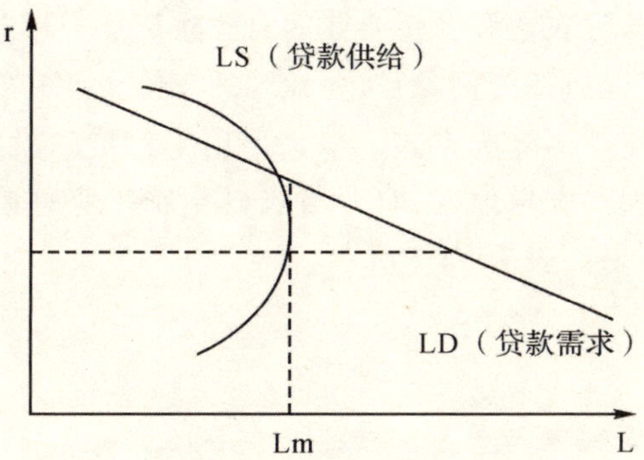

图 1　向后弯曲的贷款供给曲线

如图 1 所示,随着利率的增加,储蓄(贷款)是增加的,之后当利率不断增加时,储蓄因为收入有限而不能一直增加。因此,储蓄与否可看作是在现在的消费和未来消费之间进行选择，利率升高，储蓄量不变的话，未来的消费将增加，反之则相反。根据边际效用递减，现期消费的边际效用不断增加，未来消费的边际效用递减，促使储蓄减少。

二、浙江农村信贷配给现状分析

(一)统计计量分析法

在我国各个农村地区，金融资源主要表现为信贷资源。20 世纪末以来，我国农村金融制度发生了一系列重大变革，农业银行等国有大中型商业银行通过战略调整，大规模地收缩农村金融网点，把重点从农村转向了城市；同时，我国农村合作金融机构深化体制机制改革，这些变革使农村信贷资源配置从不同程度影响了农民收入。初步统计，2015 年 5 月份社会融资规模增量为 1.22 万亿元，比上月多 1639 亿元，比上年同期少 1387 亿元。其中，当月对实体经济发放的人民币贷款增加 8510 亿元，同比少增 281 亿元；对实体经济发放的外币贷款折合人民币增加 81 亿元，同比多增 423 亿元；委托贷款增加 324 亿元，同比少增 1331 亿元；信托贷款减少 195 亿元，同比少增 320 亿元；未贴现的银行承兑汇票增加 955 亿元，同比多增 1049 亿元；企业债券净融资 1528 亿元，同比少 1269 亿元；非金融企业境内股票融资 584 亿元，同比多 422 亿元。[①] 从数据中不难看出，贷款融资是我国居民和企业进行外部融资的主要方式，我国的二元经济结构使得各省农户和乡镇企业的自我融资能力较差。

这里，我们以浙江为例，浙江各地区的乡镇企业和农户也基本都选择贷款作为他们的外部融资方式。本文采用单位贷款投入的产出指标，来比较农村地区和非农村地区、农业与农村非农产业每单位贷款所支持的经济增长量，结果如表 1、图 2 所示。

① 数据资料来源于中国人民银行货币分析小组，2006 年货币政策执行报告。

表 1　2004—2009 年浙江省单位贷款所支持的经济增长量比较

年份	农业增加值/农业贷款余额	乡镇企业增加值/乡镇企业农业贷款余额	农村地区生产总值/农村贷款余额	全省地区生产总值/全省贷款余额
2004	1.18	4.2816	3.1695	0.8117
2005	1.06	4.5938	3.2463	0.8104
2006	0.92	5.2883	3.4478	0.7799
2007	0.77	4.5931	2.9110	0.7767
2008	0.72	4.2635	2.6645	0.7412
2009	0.75	4.3312	2.8721	0.7634

注:农村贷款=农业贷款+乡镇企业贷款,农村地区生产总值=农业增加值+乡镇企业增加值。

资料来源:根据《浙江统计年鉴》(2005—2010)和《中国乡镇企业及农产品加工业年鉴》(2007—2010)数据计算。

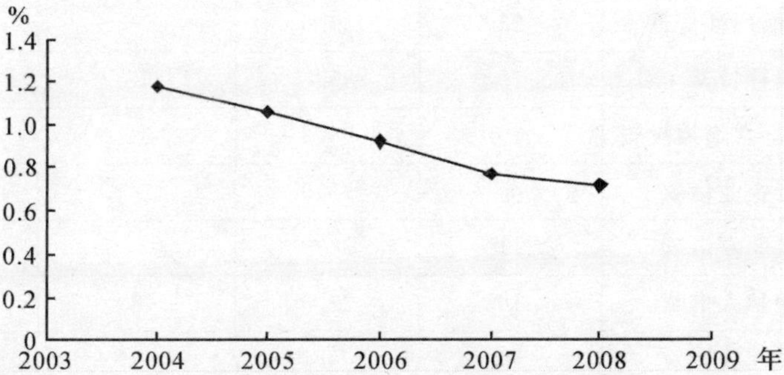

图 2　2004—2008 年浙江农业增加值占农业贷款余额示意图

由图 2 可以清晰看出,从 2004 年开始,浙江省农业增加值占农业贷款余额的比例在不断下降,从 2004 年的 1.18 下降到 2008 年的 0.72。

表 1 显示了浙江地区 2004—2009 年农村地区和非农村地区、农业与农村非农产业每单位贷款所支持的经济增长量,其中,“乡镇企业增加值/乡镇企业农业贷款余额”最高,“农村地区生产总值/农村贷款余额”比“全省地区生产总值/全省贷款余额”要高一些,而“农业增加值/农业贷款余额”数字显示较低。所以,浙江省应该将资源更多地投放到农村地区,特别是乡镇企业。

(二)调查法

调查法是通过对金融机构和借款人的问卷调查来分析资金的供给与需求情况,从而判断是否存在信贷配给。目前,国内学者在研究农村信贷情况时,一般是对借款人即农户和乡镇企业进行调查,以对借款人获得贷款的调查结果来反映农村信贷情况,例如马九杰 2003 年对浙江、江苏部分地区中小农业企业的调查结果,对于流动资金融资,59.6%的企业希望从农村信用社获得,35.7%的企业愿意通过银行贷款融资;对于固定资产投资的融资方式选择,农村信用社贷款仍然是很多企业愿意选择的方式,占 45.3%,选择银行贷款的占 35.7%。如表 2 所示。

表 2 企业流动资金和固定资产投资的融资渠道选择

融资方式	流动资金融资		固定资产投资融资	
	频数(个)	百分比(%)	频数(个)	百分比(%)
农村信用社贷款	25	59.6	19	45.3
银行贷款	15	35.7	15	35.7
企业积累(含增加投资)	16	38.2	19	45.3
同行企业借款	5	11.9	3	7.2
亲戚朋友借款	11	26.2	6	14.2
其他私人借款	10	23.8	8	19.1
民间合会	0	0	1	2.4
其他	3	7.2	4	9.6

资料来源:马九杰,《农村金融风险管理与信贷约束问题研究》,中国经济出版社 2004 年版。

为了对浙江农村信贷现状有一个基本了解,我们课题组对 2013 年农户借贷情况进行问卷调查,主要目的是了解浙江各农村农户的借款需求、借款金额、借款渠道等方面情况。我们课题组调查选取了浙江义乌、丽水、富阳、绍兴 4 个县的农村进行调查,调查对象为各地农户,即以家庭为具体单位,这里按照农民经济收入分为纯农业户、农业兼业户、非农兼业户、非农业户 4 类,第一类纯农业户,即农业总收入占家庭生产性总收入的 95%以上者;第二类农业兼业户,即农业总收入占家庭生产性总收入的50%—95%者(包含50%);第三类非农兼业户,即农业总收入占家庭生产性总收入的5%—50%者(不包含50%);第四类非农业户,即农业总收入占家庭生产性总收入的5%以下者。

近些年来浙江各地农村发展飞速,各农村农户之间的贫富差距也日益显现,我们调查的重点是对农户贷款情况的调查,具体包括贷款的覆盖面,从金融机构借款占全部贷款的比例以及借款满足率等情况。因此,在我们的问卷设计中主要涉及家庭年收入、2014年全年借款额、借款来源以及期限和用途等详细信息,本次调查由浙江农业商贸职业技术学院4个农村地区的12名学生展开问卷调查,让学生以其所在村的农户为对象,由调查人员深入现场进行问卷边问边填写的形式完成,总调查户数280户,在抽取样本过程中,我们有选择性地选取了富裕、一般、较差的各种类型家庭,根据回收的问卷,按照上文的4种划分标准,280户农村家庭分为第一类农户60户,第二类农户107户,第三类农户50户,第四类农户63户。

问卷调查情况显示,各农户的借款渠道主要有正式金融和非正式金融,其中正式金融包括商业银行和农村信用社,非正式金融包括一些民间组织和个人。根据我们的问卷统计,2014年间被调查的280户农村家庭中有93户借过款,共发生199笔借款,合计817.21万元。借款农户中,全年借款额最低的是1000元,为个人借款;最高的为200万元,为银行借款,户均借款9.2万元。

表3 农户借贷发生率及其规模

农户类型	借款户数	借贷发生率(%)	借贷规模(元/户)
一类	26	38.5	9412
二类	14	12.5	34255
三类	11	23.8	63782
四类	42	71.2	98737

从71.2%的借贷发生率可以清楚看出,第四类非农业户在借贷市场上表现较活跃,12.5%的借贷发生率属于二类农业兼业户,其市场参与度明显低于其他三类农户。如表3所示。

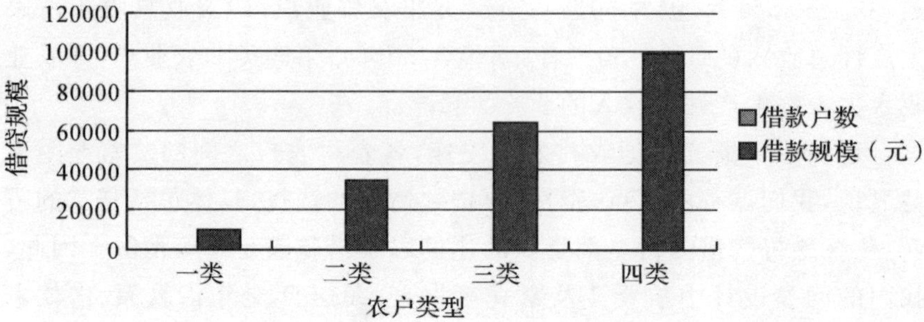

图 3　四类农户借贷规模柱状图

在借贷规模上(见图 3),一类农户只有 9412 元/户,可以看出一类农户的资金来源较局限,无法获得更多的资金支持,而四类农户 98737 元/户,说明四类农户的资金借贷能力较强,同时,二类农户的借贷发生率仅为 12.5%,说明二类农户借贷积极性不高。考虑到浙江属于较富裕地区,农户可以解决家庭一般生活开支,因此第四类农户是农村借贷市场的主力军。

调查得出,52 户农户中,2014 年 1 年中,因为正规金融机构借款程序复杂而未向金融机构申请贷款的农户占大部分,同时 24.1%的农户采取向亲戚朋友等个人借款方式解决资金渠道问题,也有 12.5%的农户因为缺乏抵押品而未向正规金融机构借款。如表 4、图 4 所示。

表 4　农户未获得金融机构借款原因分析表

原　因	户　数	百分比(%)
金融机构申请程序复杂	22	44.5
难以承受高利息	5	7.4
多采用个人借款途径	13	24.1
需要抵押品	6	12.5
其他	7	11.5
总计	52	100

通过此次调查表明,农户贷款有一定难度,原因是多方面的:首先,很多农户没有与当地信用社建立存贷款联系,申请贷款难;其次,农户申请

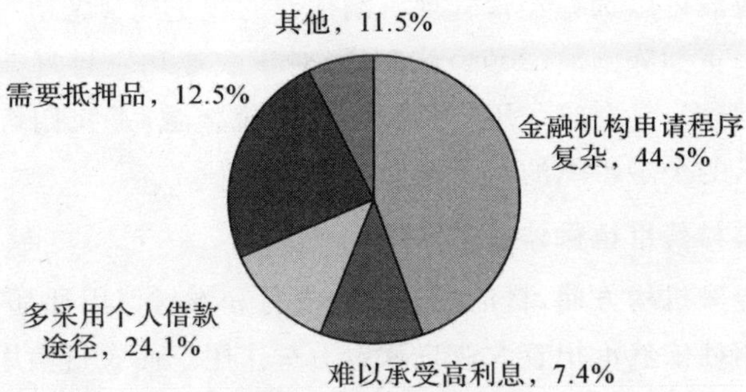

图 4　未获得金融机构借款原因图

小额贷款相对容易，申请大额贷款难；再者，因不可预测因素导致贷款不能按期归还、临时资金周转贷款难的农户，重新申请贷款难，同时由于农村贷款利率总是上浮到最高幅度，农户感到贷款难以承受。

三、浙江农村信贷配给调查解释

(一)农村信贷市场垄断现象严重

浙江省农村信贷市场表现出的显著特征之一是高垄断性，因为垄断带来一系列农村金融机构竞争意识薄弱，经营效率不高，竞争力缺失。只有打破浙江农村信贷市场垄断的局面，才能使浙江农村金融机构拥有有序竞争格局以及高效竞争机制。要使农村信贷市场拥有良好竞争秩序，首先需要国家金融当局放松对农村信贷市场的进入管制，这就需要国家从体制层面进行优化解决，放松入门管制，引入农村信贷市场竞争机制，从而降低存贷款利差，提高中介机构的功能效率，最终通过降低信贷配给的程度来促进信贷配给效率的提升。可以通过鼓励和支持小额信贷机构的创办来肯定非政府组织的角色扮演，同时，在县一级乡镇开设小型商业银行，让大量民间资本参与投资。冯兴元(2004)以温州农村工业迅速发展的经验证明农村非正规金融的繁荣会促进当地农村经济发展，特别是农村小企业的发展。2005 年中央一号文件:《中共中央国务院关于进一步加强农村工作提高农业综合生产能力若干政策的意见》。需要指出的是，放松对农村非正规金融的管制，并不是说要强迫其正规化或者简单禁止，而是应降低其风险，同时保持其活力，以增强农村信贷市场的竞争活力。地方政府可以选择经营管理机制优异的非正规金融组织成为正式的金融组织。正如陈剑波(2004)认为的,对于农业和农村复杂的金融需求来说,种类繁多、具有悠久历史传统的非正规金融,是我们遴选适合和满足不同需求的金融组织的一个重要组织资源。

(二)农村信用担保体系不完善

农村金融机构方面,目前,农发行、农行和农村信用社都有支农业务,但农村信用社依然承担着农业贷款主力军作用。而农村信用社在全员营销方面显然没有其他类银行做得细致到位,一方面由于农村信用社员工的激励制度不明显,另一方面也是农业贷款由于农民群体的特殊性,贷款收回风险较大可能导致坏账。此外,通过调查,我们发现信誉度高的农户不愿与信誉低的农户提供互相担保,信誉高的农户不缺少贷款,而信誉差的农户贷不到款,这就导致恶性循环,使得农户之间难以联动。当然,这些年农村务农人员逐步减少,很多人涌入大中城市致使人员流动性大,也使农村联保业务举步维艰。

因此,通过担保来缓解农村信贷配给的程度是一个必需的选择,我们通过调查显示很多农户因为需要抵押品而无法获取贷款,那么如果让具有信用等级较高的第三者提供担保,可以让更多农户获取所需资金贷款。一方面,降低农村金融机构面临的借贷风险,另一方面,为农户或农村中小企业提供方便同时促成贷款交易。信用担保其实在一定程度上相当于一种信誉与责任,实质上发挥了相当于抵押物的作用。

(三)商业银行对利润最大化目标的偏离

相对于不良贷款比率下降的硬约束,商业银行尤其是国有商业银行在目前产权虚置、所有者缺位和公司治理及内部控制不完善的情况下,利润最大化的激励机制不足。政府和监管部门对国有商业银行的利润要求相对较低,没有提出硬性的利润要求指标,商业银行对分支机构进行考核时,利润指标也仅是众多指标之一,完不成利润指标对分支机构和信贷人员来说,仅是少拿效益工资或者较少获得晋升机会,但如果不良贷款比率上升或者新发生不良贷款则面临离岗清收和经济赔偿。因此,商业银行及其分支机构和信贷人员必然会以防范信贷风险为首要目标,降低风险临界值,减少信贷总额,扩大信贷配给范围,造成大量信贷资金闲置,偏离了利润最大化目标。在中国商业银行实行严格的风险管理和不良贷款比率要求下，商业银行为达到不良贷款下降目标，商业银行和信贷人员可接受的最高风险值（不良率1%）低于使商业银行利润最大化的风险临界值（不良率5%），造成对利润最大化目标的偏离。

四、重构农村金融体系

（一）加快机构改革和业务创新，建立多元化农村金融体系

浙江省农村合作性金融机构改革涉及浙江省范围内各个农村信用社的改革，只有农村信用社逐渐走向现代金融企业的道路才有可能达到可持续发展的要求。同时要求各农村金融机构在信贷业务上要有突破性的创新，要将其经营和管理水平提高一个台阶，才能更好地建设社会主义新农村。合作金融应按照现代金融企业制度的要求，争取加快实现产权明晰、内控严密、管理科学的改革目标。

任何金融机构都无法解决农村金融的全部问题，目前都只能提供其中一类金融服务。而十八大以来，中央对“三农”工作的要求是让新农村建设中不同的金融需求对应不同的金融机构、金融机制、金融工具和金融服务。如表5所示必须建立一种能够满足浙江农村经济微观主体各种层次的信贷需求多元化的农村金融体系，才能形成有序的金融分层，使不同类型各个层次的农村金融机构可以不同程度地依托各个运作平台发挥自身优势，满足不同地区的信贷需求。例如，在农村基础设施建设中的信贷需求，除了让实力较强的一些中大型企业提供金融性贷款外，还可以通过低利率政策性贷款来满足其他信贷需求，政策性金融可以同时为所有农户提供农保，为贫困农户提供低利率的扶贫贷款等。

表5　中国农村主要信贷需求特征与满足方式

信贷需求主体层次		主要信贷需求特征	满足信贷需求的方式和手段
基础设施建设		一般资金量大,时间长,回收慢,社会效益大但收入少	一般为政策性金融或财政预算,水电和高速公路可用商业性金融
农户	贫困农户	生活开支,小规模种养生产贷款需求	民间小额借贷,小额信贷、政府扶贫资金、政策金融(扶贫贷款和农业保险)
	维持型农户	小规模种养业生产贷款需求,大宗生活开支	自有资金、民间小额借贷、合作金融机构小额信用贷款和少量商业性信贷(结合农业保险)
企业	市场型农户	专业化规模生产和工商业贷款需求	自有资金、商业性信贷和少量合作金融(结合政策性担保和农业保险)
	中小型企业	面向市场资源利用型生产贷款需求	自有资金、商业性信贷和少量合作金融(结合政策性担保)
	龙头企业	专业化技能型规模化生产贷款需求	商业性信贷

(二)发挥商业银行对农村信贷支持,促进商业性金融发展

农村商业性金融机构主要包括农村商业银行和中国农业银行。这类银行的一般业务定位主要是为农产品加工业发展、农业产业化以及农村中乡镇企业的发展提供资金和其他金融服务。

坚持推进国有商业银行股份制改革,商业银行要为农村提供信贷支持,必须有资本充足、内控严密、运营安全、服务和效益良好作为前提。同时要加强完善商业银行公司治理机制,我国银监会原主席刘明康认为,良好公司治理具有以下几个特征:一是银行内部各组织机构具有清晰的职责边界。不仅要设立"三会",董事会下要设委员会,关键是银行内部各组织机构间职责界定要非常清晰,具有独立、有效的内部控制体系。二是审计委员会要向董事会直接负责,并要把审计结果向高级管理层进行必要的反馈和报告;董事会应集体指导并审查审计委员会的工作,任何董事不

得以个人意见干预其工作;高级管理层只能听取结果意见,有权独立向董事会说明缘由,但不得干预其工作及运行。三是建立在风险调整后回报率基础上的考核机制。银行如果没有充足的风险准备,其利润就不准确、不科学。风险难以避免,银行一定要建立风险调整后回报率基础上的考核机制,具有科学的激励约束机制。国际先进银行考虑的是激励约束如何能与股东的长期价值挂钩,具有先进的管理信息系统,生成的报表和数据简明又能覆盖全面的数据信息是先进的管理信息系统的重要标志。同时还要增强商业银行的风险控制和管理能力,才能有效促进商业性金融发展。

(三)深化浙江农村合作金融改革

在政策扶持力度上,浙江省政府在多个方面特别是用财政拨款和降低利率等方式降低门槛,提高农村合作社金融服务能力。同时,一系列政策的实施还起到了示范带动作用,在农村地区甚至是相关企业进行改革试点,效果很好。这说明政府对农村金融改革的支持是十分必要的。改革方案上要具有可操作性,组建农村信用社省联社。还有农村合作金融的发展规律、性质定位决定应实现更高层次的联合,是国际合作金融的共同规律,浙江省农村信用社要得到更好的发展,实现更好的服务,也必然走更高层次的合作之路。

与改革目标相比,我们还有一定的差距。农村信用改革要达到预定的目标,从长远看必须解决以下 3 大问题:一是新的监督管理经营体制框架建立后,能否促进改革最终目标的实现,还需要在实践中进一步理顺和改善;二是在产权改制过程中,是否可以真正做到法制完善、内控强硬、经营健全的现代金融企业制度;三是利用国家政策方针来提高农信社相关信贷业务能力,降低农村信用社一直以来的低效率,建立起风险防范长效机制。

(四)健全金融基础设施

目前,我国关于农村信贷的法律基础薄弱,法律制度尚不健全。要重构浙江省的农村金融体系,必须有国家的法律做保障,完善金融基础设施建设,健全信贷信息共享机制和银行监管体系,从而提高资源配置的效率。

首先,完善法律制度。要着重加大贷款债权的保护力度,例如《破产法》作为对债权起保护作用的法律,必须作为金融机构债权保护最后手段的破产法律,如果不能充分保护债权人的利益,将可能导致金融机构的不良债权不断形成和累积,信用风险增大。因此,国家要细化和完善《破产法》中相关法律条款。同时,对于贷款欺诈要进行严厉的惩处,只有银行获得真实可靠的信心,才能最大限度地减少贷款欺诈行为给银行带来的巨大损失。

其次,完善信贷信息共享机制。信贷信息共享可以使企业和个人的信用信息公平共享,从而减少因信息不对称带来的不公平,降低交易成本。这不仅需要完善信贷信息共享的法律体系,还可以通过借鉴国外先进经验,使公共征信机构和私人征信机构相结合,获得完整的信贷信息数据,从而提高信息的准确度。

最后,完善银行监管体系。建立和健全相对应的准入机制和退出机制,保障金融的稳定性,增强公众对金融体系的信心,把握银行、监管机构、市场三者之间的协调关系,将风险监管转化成银行内在控制的要求,让银行置身于市场和公众的约束之中。

对浙江省农民专业合作社的金融支持研究

□秦　峰

摘　要:发展农民专业合作社是促进"三农"发展的有效途径之一。然而资金问题是目前浙江省大多数农民专业合作社面临的主要困难,融资难已经成为制约浙江农民专业合作社发展壮大的主要问题之一。该文在浙江省农民专业合作社调查数据的基础上,分析了浙江省农民专业合作社的发展现状以及在金融支持方面存在的问题及其原因,并对加强浙江省农民专业合作社的金融支持提出了对策建议。

关键词:农民专业合作社;融资;金融支持

解决"三农"问题是我国现代化进程中的一项重大战略任务,是经济工作的重心之一。中央连续10年通过一号文件部署"三农"工作,提出了改革创新添活力的工作目标,加大农村改革、政策扶持、科技驱动的力度,围绕现代农业建设,着力构建新型农业经营体系,进一步解放和发展农村社会生产力。在农村金融支持方面,突出强调要"提升农村金融服务水平"。农民专业合作社是农村社会经济发展中不可替代的重要力量。落实一号文件精神,推广浙江省农民专业合作社的先进经验,支持和鼓励农民专业合作社发展,是促进浙江省农村经济发展、保障农民利益的有效措施。

一、浙江省农民专业合作社的现状及发展特点

近年来,浙江省积极创办各种类型的农民专业合作社,为加快实现浙江现代农业做出了贡献,主要表现在以下几个方面。

(一)浙江农民专业合作社依托优势农业资源,大多为种养类型

农民专业合作社的创办结合了浙江省农业区域经济特点,创办的专

业合作社占95%以上的是农产品类,且以种植和养殖类为主,同时也有一小部分农资和服务类型的合作社。农产品类的专业社有2170家,其中种植类1630家,种植面积超过260万亩,涉及棉花、茶叶、果蔬、粮油、花卉、食用菌、中药材、竹木等;养殖类473家,养殖面积50多万亩,主要是水产和畜禽类;此外,农技、植保、农资等服务类的合作社有67家。

(二)浙江农民专业合作社内部管理机制较完善

农民专业合作社组织规范、核算明确、管理标准,基本都设立了成员大会或成员代表大会制度,其中设立了成员大会的占了70%;设立理事会的超过80%,同时绝大多数设有监事会。理监事会成员中占80%的是农民成员。这些专业社中有近90%为独立核算并建立了专门的财务管理制度,有60%聘用了专职会计,还有占10%左右的合作社采取委托制的方式记账,走在了全国的前列。

(三)浙江农民专业合作社企业经营品质有所提升

在浙江省2014年新创办的农民专业合作社中,有175家纳入了全国供销总社的“千社千品”工程,有95家获得了国家农业综合开发支持项目,享受各项扶持资金和补助达5000万元。其中,10%的合作社的产品顺利实现了农超对接,产品销往外省的比例逐渐增大,部分农民专业合作社实现了供应出口。2014年创办的农民专业合作社中,有注册商标的合作社达841个,共获商标887个;50%的产品有了个性化的包装,并使用了中国供销社的标识;通过无公害认证的产品862个、绿色认证的产品464个、有机认证的产品298个,获得ISO质量认证的有151个,还有36个获得GAP中国良好农业规范认证,以及60个获得HACCP食品生产危害分析与关键控制点认证。

二、浙江省农民专业合作社的金融供求特点

(一)需求方面

1.信贷需求差异大,大额化趋势明显。处于初级阶段的农民专业合作社,大多为社员提供信息咨询、技术指导和销售服务等一些投资较小、风险不大的项目,因而信贷需求量不大;处于规模扩张和产业链延长线上的农民专业合作社,其固定资产投资和流动资金需求大,信贷需求量较

大;传统种植业信贷需求较小,农机行业和特种养殖业信贷需求较大。调查显示,农民专业合作社一次性信贷需求额度在10万元以下的占17.35%,10万—30万元的占56.93%(包含30万元),30万—50万元(不包含30万元)的占14.68%,50万元以上的占11.04%。

2.借贷期限长短并存,中长期贷款需求增加。用于兴办生产加工企业、铺设大棚、修建保鲜库等基础设施建设及土地流转款支付的固定资产投资,其信贷资金周转通常需1年以上时间;用于统一购买生产资料和收购农产品的,其流动资金需求的贷款周期大多在1年以内;林果种植业信贷需要3—5年,特种养殖业需要2—3年,普通种植业则一般1年以下。调查显示,需要1年以上中长期信贷的农民专业合作社占比达56.39%。

3.信贷资金需求突出,并向金融需求多样化发展。在被调查的全部农民专业合作社样本中,选择"资金严重缺乏"的占比为17.38%,选择"资金较缺乏"的占比为72.53%,选择"资金不缺乏"的占比只有10.09%。与传统的农村金融需求不同,作为新型农业生产经营主体,其金融需求涉及生产资料供销、生产、流通、加工等多个领域,具体内容也延伸到结算、汇兑、代理收付、保险、租赁、理财、信用卡、保管咨询、有价证券买卖等多个种类。

4.潜在信贷需求旺盛,有效需求不足。目前农民专业合作社普遍存在资产规模小、抗风险能力弱、抵质押物品少、第三方担保难找、财务制度不健全、信息透明度较差等问题,且种植养殖业风险较大、效益较低。因此,相当多的农民专业合作社达不到银行信贷的准入门槛,有效信贷需求不足。调查显示,农民专业合作社向正规金融机构贷款申请未成的原因按频数排序是担保缺失—财务状况差—财务制度不健全—信用等级低—规模小、竞争力弱—其他。

(二)供给方面

1.信贷支持力度不断加大,但信贷供给缺口较大。农村金融对农民专业合作社的资金供给表现出了明显的供不应求,多数被调查合作社认为银行发放的贷款额度太小,无法满足其资金需求。当问及"农民专业合作社信贷资金需求满足情况如何"时,选择"基本满足"的合作社占比为34.24%,"不能满足"的占比达48.35%,"满足"的只有17.41%。

2.直接信贷支持少,主要以间接形式获取正规金融机构的信贷支持。

大部分农民专业合作社没有法定注册资金,不是真正意义上的法人经济体,且大都盈利能力弱、担保缺失、财务信息不透明。因此,银行很少直接对农民专业合作社给予支持,只对社员个人发放贷款。调查显示,在被调查的农民专业合作社中,只有 21.11%直接获得银行贷款。

3. 正规金融贷款难,民间借贷普遍。调查中,不难听到合作社负责人的怨言:"要想从银行贷到款,就得有担保、抵押,要有标准的财务会计报表,我们几乎都没有,贷款难于上青天。"调查显示,有民间借贷的农民专业合作社占比为 56%;仅有民间借贷没有金融机构借贷的农民专业合作社占比为 38%;既有民间借贷又有金融机构借贷的农民专业合作社占比为 65%。

4. 金融供给总量不足,结构错位,对农民专业合作社的金融服务表现出总量和结构失衡的特点。金融供给总量不足,合作社贷款"僧多粥少",保险、证券、信托、担保、理财等其他金融服务在农村几乎一片空白,不能满足合作社多样化金融需求。另外,金融供给结构错位,贷款期限与合作社需求脱节。

三、浙江省农民专业合作社的金融支持现存问题及影响因素分析

(一)农村金融服务不适应农民专业合作社多元化需求

农民专业合作社涉及领域广泛、组织形式多样、对外交往频繁,迫切需要资金、结算、保险、理财、信息等全方位的金融服务,而农村信用社本应作为农村金融服务的主角,但是在现有金融服务品种、结算手段上都比较单一,无法满足农民专业合作社经营的金融需求。

(二)农村金融的经营原则不适应农民专业合作社信贷需求的特点

农民专业合作社信贷需求为长期性,资金需求急频快,其组织的农业生产低效及滞后特点明显,这与传统农村金融经营的信贷资金流动性、安全性、效益性都产生了突出的矛盾。

(三)农民社员自身投入少,股权融资有限

浙江省 57.4%的农民专业合作社的资金全部来自社员,只有小部分来自金融机构,浙江省农民专业合作社的资金主要来源于社员投入的资

金，社员的资金投入存在着资金投入小的特点。合作社股份资金主要通过社员的入股金产生，合作社实行“自愿进出”的原则，社员退社时有权撤走其投资，致使自有资本数量变化。合作社允许社员自由入社和退社，使得合作社自有资本不断变化，难以持续稳定的生存和发展，削弱了农民专业合作社的资信实力，使贷款融资和订立契约增加了难度。

（四）信贷管理的规范性不适应农民专业合作社管理的松散性

农民专业合作社制度建设还不够完善，部分合作社发展不够规范、管理比较松散，同时缺乏可供抵押的资产。而农村金融机构的内控制度更加完善，责任追究更加严格，贷款发放谨慎，导致农民专业合作社信贷供求矛盾日益加剧。

浙江农民专业合作社借款的主要来源是非正规信贷，正规信贷所占比例很小。非正规借贷抵押和担保要求低、手续简单，发生在农民专业合作组织和非正规信贷资金供给者之间的借贷成为农民专业合作组织主要的信贷资金来源。正规金融支持在农民专业合作组织借款中的比例很小，说明农村正规金融机构的信贷服务没能满足农民专业合作组织的信贷需求。在各影响因素中，政府部门扶持力度不够、农民专业合作社缺乏银行认可的抵/质押物品、农村土地、建筑等固定资产产权制度安排不合理、正规金融机构对合作社需求贷款类型缺乏兴趣等，成为农民专业合作社融资难的重要影响因素。

四、浙江省在金融支持农民专业合作社发展方面面临的问题

（一）金融支持农民专业合作社发展的现状

1. 以间接获取金融支持为主要形式

大部分农民专业合作社没有法定的注册资金，严格意义上讲，并不是一个法人经济体，金融机构对于农民专业合作社的支持不多，目前多是以农户、龙头企业、股东的名义间接取得银行的信贷支持，而农民专业合作社本身作为主体获取金融支持则相对较难。

2. 银行是农民专业合作社融资的主要渠道

按《农民专业合作社法》规定，政策性金融机构为合作经济提供多渠道的资金支持，但是目前农业发展银行在县、乡镇、村设立支行和网点的

并不多,难以为合作社提供资金支持。目前农村金融服务机构主要为农业发展银行、农业银行、邮政储蓄银行、农村信用社、村镇银行、小额贷款公司,但实际能为专业合作社提供信贷支持的金融机构主要是农村信用社。为农村合作组织提供信贷支持的金融机构单一,贷款条件多且门槛高。还有部分合作社采用民间借贷的方式解决资金短缺的问题,借贷利率基本在8%左右,其蕴含的不确定性风险相对较多。

3.贷款满足率低

农民专业合作社贷款多数为合作社成员的个人借款,一般情况下6个月至1年的利率多为5.8%—6.3%。少部分合作社以合作社名义得到贷款,利率基本维持在8%以上。有贷款意愿的农民专业合作社占98%,但实际贷款满足率却只有16%。

(二)金融支持农民专业合作社发展存在的问题

1.金融支持缺乏顶层设计

在我国涉农金融机构中,能为合作社提供专项资金支持的金融机构较少,与世界农业大国之间存在很大差距。美国作为一个“农业世界冠军”的国家,它将合作社进行分类,其中专门有一类信贷合作社,其主要职能就是帮助农场主解决各类融资、贷款等问题,是美国“农业合作信贷体系”中的骨干机构。丹麦国土面积仅为4.31万km^2,却是世界公认的农业强国。有研究显示,丹麦合作社的发展对其农业现代化起着极其重要的作用。丹麦为支持农村经济发展,设立了专门的农村金融支持机构——丹麦农业抵押银行,以及专门的农业保险——大灾保险及止损再保险,为农业提供充足的金融支持。

2.农民专业合作社缺乏符合条件的抵押、担保物,资产不足且稳定性差,抗风险能力弱

农民专业合作社拥有的农产品、土地经营权、农房等资产在抵押、担保时认同度低,有些还存在一定的法律障碍,导致农民合作社难以获得信贷支持。另外,村镇银行、小额贷款公司等新型机构的缺乏,进一步恶化了农民专业合作社的融资环境。

3.现有农村金融机构创新动力不足,适合农民专业合作社金融需求的产品十分匮乏

几乎所有的合作社都有资金需求,但并未有与之相适应的金融创新

产品出现，以丰富金融支持匮乏的农村金融市场，造成一方面农户贷款难，另一方面农村金融机构存款放不出去的尴尬局面。

4. 农民专业合作社发展不规范，不完全具备承担债权债务的能力，信贷主体缺位

一是机构设置不完善。农民专业合作社遵循“入社自愿、退社自由”的原则，组织结构松散，对成员的约束力十分有限，增加了银行贷款管理的难度。其中部分合作社的组织机构不够完善，理事会、监事会等必设机构缺失，或者不发挥实际功能形同虚设。二是部分农民专业合作社自身规模小，抗风险能力弱，难以成为合格的承贷主体。三是经营管理松散。多数合作社规章制度内容模糊，可操作性不强，规章制度建设滞后，经营管理能力弱且随意性强。

5. 农民专业合作组织成员主体为农户，普遍还款能力弱

由于农民群体的知识水平与经营管理能力有限，合作社自身缺乏稳定的现金流和固定的收入来源，难以为信贷支持提供偿还保障。同时，农民专业合作组织与会员之间利益关系脆弱，一旦遭遇损失，除抵押资产可供偿还贷款外（或不足以偿还），其流动资金会立即被合作社成员转移。

6. 农民专业合作社与金融机构之间信息不对称

由于缺少中间组织的介绍和推荐，农民专业合作社不能及时准确地了解适合自己的金融支持方案。而金融机构更青睐于实力强劲的经济体，对合作社的经营状况和资金需求情况了解不够，造成双方信息不对称，农民专业合作社获得金融支持的概率降低。

五、农民专业合作社金融支持的国际借鉴

美国农业合作社的主要贷款来源于合作社银行。美国的农业合作社成员主要是农场主，合作社的实力大都较强，容易通过抵押担保获得合作社银行贷款，美国政府对农业合作社提供了支持。美国农业合作社除与其他企业一样可以获得商业金融机构的贷款外，还可以获得多个专门机构的贷款，从事大宗农产品和牲畜生产经营的农业合作社则可以从联邦中央信贷银行获得贷款。美国政府通过农村合作社发展赠款计划，资助建立了农村合作社发展中心，向农民提供合作社培训服务，同时帮助成立

初期的合作社制订经营计划、申请贷款、聘请经理等,直到合作社正式运营,以吸引更多的外部资金。

印度的农业合作社(Self Help Group, SHG),SHG 成立 6 个月后,符合条件就可以获得银行贷款,SHG 再将贷款贷给成员。若小组某成员不能归还贷款,小组其他成员有责任帮助还款,否则 SHG 就会对银行违约,无法再次贷款。印度储备银行把商业银行向 SHG 的贷款归为优先部门贷款。商业银行为了完成印度储备银行规定的向农村地区贷款的任务,可以自己培养 SHG 并提供贷款,或者直接向其他机构组建的 SHG 提供贷款。

法国和德国在农民合作社问题上,建立政策性金融和商业性金融的分工协作机制。政策性金融侧重于支持投资回收期长、风险较大的农业经营性项目,商业性金融侧重于支持商业可持续的农业经营性项目。贷款品种覆盖面较广,主要包括青年农民贴息贷款、农业现代化特别贷款、养殖业特别贷款、特别作物栽培贷款、公用农业生产资料特别贷款、农业灾害特别贷款等 6 类。

日本农民专业合作社为农协。日本政府为支持农协金融的发展,在财力和政策优惠等方面都给予了大力的支持。如基层农协的存款利率可以高于普通银行利率用以帮助它吸收储蓄,政府为农协金融机构提供税收优惠、财政补贴等支持。日本成立信用农业协同组合联合会,简称信农联,由基层农协入股组成,吸收基层农协的剩余资金,通过存贷来调节各基层农协之间的资金余缺。还建立更高层面的农林中央金库,由农信联入股参加,它在全国范围内对系统内资金进行融通、调剂、清算,是农协组织与其他金融机构资金融通的渠道。这 3 级机构之间不存在行政隶属关系,各自独立核算,自主经营、自负盈亏。

六、增强对浙江省农民专业合作社金融支持的对策建议

金融是现代经济的核心,农民专业合作社的发展离不开金融支持。合作社是弱势群体(农民)的合作组织,从事的是弱势产业(农业),其自身资本积累能力有限,需要强有力的金融支持。

（一）促进浙江省农民专业合作社自身建设和发展，增强金融投入吸引力

建立和完善合作社工商、税务登记制度，实行验资和年检，促进其依法规范发展。严格按照《农民专业合作社法》的规定，健全章程制度，完善法人治理机构，建立决策与监督制衡体系，实行民主管理，明晰社员权利、义务，增强内部凝聚力；配备专、兼职会计人员，提高财务管理水平，规范财务管理和会计核算。

（二）健全农村金融组织体系，拓宽农民专业合作社金融服务渠道

构建符合农村金融需求特点的功能完善、分工合理、适度竞争、财务可持续的农村金融服务体系。农业发展银行要扩大政策性业务的范围和规模，积极开发新的涉农产品，发挥对商业性金融的引导作用；农业银行要加快农村金融市场的战略布局，发挥服务“三农”的骨干和支柱作用；邮政储蓄银行要在开展小额抵质押贷款的基础上，大胆开发信贷新产品，加大对“三农”的信贷投入；农村信用社应坚定服务“三农”的市场定位，加快改革创新，充分发挥农村金融主力军作用。支持小额贷款公司、村镇银行、资金互助社等新型农村金融机构的发展。推进民间借贷“阳光化”，培育草根金融。建立政府扶持、多方参与、市场运作的农村信贷风险分担和补偿体系，培育政策性农业保险和担保机构。

（三）创新信贷管理方式，不断满足农民专业合作社的有效信贷需求

要在农民专业合作社的平台上，完善农户联保贷款办法，在合作社内成立农户联保小组，大力发展联保合作社，通过互保，放大信用总量，强化信用约束，扩大农户联保贷款的覆盖面；应本着“分别对待、择优扶持”的原则，设计相应的分类支持制度，借鉴农业主管部门的评级分类结果，及时调整信贷措施，优先支持规范化程度高的农民专业合作社，尝试发放由龙头企业信用做保证的信用贷款；认真研究不同生产经营行业农民专业合作社产前、产中、产后资金需求状况，推出风险度小、推广价值高的农民专业合作经济专项贷款新品种。降低门槛，适当放低对农民专业合作社贷款条件的要求，在贷款形式上可把小额信用、支农信用卡、财产抵押有机结合，综合运用；创新贷款担保抵押方式，积极探索采用无形资产、应收账款、订单等多种抵押形式，允许自然人、法人、核心股东等提供的以其个人财产或权利为抵押的担保。

(四)加快农村金融创新步伐,满足农民专业合作社金融需求

加快发展代理保险、投资理财、信息咨询、银行卡、网上银行等新型业务。创新信贷管理制度,在贷款担保方式上,适应现代抵押制度由单一不动产抵押向动产抵押、权利质押等在内的多种形式发展趋势,探索集体建设用地使用权、土地承包经营权、林地使用权、水域滩涂使用权、大型农机具等抵押(质押)贷款品种,开展农产品订单、保单、仓单、应收账款等权利质押贷款,切实解决合作社贷款有效抵押物不足的问题。在授信额度、贷款期限和还款方式上,根据贷款用途、还款资金来源、生产周期等因素,合理确定授信额度、贷款期限,采取灵活的还款方式。适当下放授信权限,实行不良贷款尽职免责制度。对农民专业合作社在贷款规模、产品创新、内部评级、风险容忍度、风险资产转换系数等方面给予金融机构一定的政策倾斜,强化监管激励作用。

(五)广泛开拓融资渠道

适当引导合作经济组织内部发展资金互助。各龙头企业、农民等可以以投资入股的形式对农民专业合作社进行融资,以解决临时性、季节性资金需要。

建立农村合作金融机构与合作经济组织的资本联系。农民专业合作社作为弱势农民的联合,直接参股农村合作金融机构,这有助于农村合作金融机构法人治理结构的完善,增强农村合作金融机构的合作基础和治理基础;同时可以充当组织内弱势农民“代言人”的角色,放大农民在农村合作金融机构资金投放和市场定位方面的声音,从而保持农村合作金融机构社区性的基本特征。

(六)加大政府支持力度,引导和鼓励对农民专业合作社的金融支持

政府应该通过立法规范、政策扶持和监督管理等途径加大对农民专业合作社的支持。加大国家和地方财政支持力度,增加财政扶持专项资金,扩大财政支持范围和覆盖面。进一步明确税收优惠政策。加大基础设施建设的投入力度,改变农村地区的交通、通讯、电力、水利等基础设施的落后状态,推动农民专业合作社的发展。同时,有关部门要承担起法律咨询、政策宣传、信息提供、技术推广、教育培训等服务职能。建立健全金融支持农民专业合作社的财政税收激励机制，扩大涉农贷款贴息范围、提高贴息率、延长贴息期限，对各类农村金融机构的涉农业务损失给予一定程度的补贴。

(七)完善有关法律法规，为农民专业合作社金融服务提供制度保障

修订《农民专业合作社法》《农业法》《物权法》《担保法》《商业银行法》《农村信用社管理规定》《农村合作(村镇、邮政储蓄)银行管理暂行规定》等法律、法规的相关章节、条款或制定相应的细则。明确农民专业合作社的主管部门，以加强和规范各级政府对农民专业合作社的指导和推动。进一步完善支持农民专业合作社发展的财政税收制度，促进农民专业合作社不断增强自身实力。明确各类金融机构在支持农民专业合作社中的地位、具体支持方式、权力、责任和义务，调动金融支持农民专业合作社发展的积极性。明确监管部门的职责，对支持农民专业合作社的金融机构及其业务实行差别化监管。通过制定规范民间融资的地方性法规，使非正规金融合法化，使其充分发挥为经济主体服务的功能。加快农村集体产权和土地流转制度改革，使农民专业合作社享有更多设定担保物权的选择权利。

(八)改进对农民专业合作社的金融服务

农业发展银行和农业银行应把农民专业合作社作为支持对象，尽快确定对农民专业合作社支持的相关领域和制度安排，由县级银行具体实施。同时，改进农村信用社对农民专业合作社的金融服务。

培育充分竞争的农村金融市场。应认真落实银监会调整和放宽农村地区银行业金融机构准入政策，鼓励在农村设立村镇银行、贷款公司、资金互助社等银行业金融机构，制定满足区域内农民对金融服务需求的信贷政策等的考核与评价。

开展对农民专业合作社的信用等级评定。各级政府农业主管部门应加强与农村金融机构的协调配合，发挥自身的信息优势，定期对农民专业合作社进行分类评级，作为农村金融机构评级授信、择优支持的参考依据。农村金融机构应根据农民合作社贷款业务的特点，积极开展制度创新，建立符合合作社贷款业务特点的信用评级、业务流程、风险控制制度。

(九)加快农村信用体系建设,改善金融支持农民专业合作社的信用环境

加强信用文化建设,广泛开展诚信宣传教育活动,树立良好的诚信理念,培育信用道德和信用精神。继续开展农村信用工程建设,把农民专业合作社及其社员全部纳入农村信用评定范围。积极开展农村征信体系建设,建立起农民专业合作社及实际控制人的信用档案和信用数据库。加大农村信用环境整治力度,各级政府、公检法等部门积极支持金融机构依法收贷、打击逃废债行为,使失信者受到应有的处罚。同时,健全守信激励机制,对守信的农民专业合作社及其社员实行金融服务优惠政策。

[参考文献]

[1] 曹鸣风. 试析对浙江省农民专业合作社的金融支持 [J]. 浙江金融,2007(3).
[2] 韩梅洁,韩松. 论我国农民专业合作社的规范发展 [J]. 西安财经学院学报,2011(4).
[3] 刘洁. 金融支持农民专业合作社关键在制度和组织创新 [J]. 中国农村金融,2012(12).
[4] 胡卓红. 金融服务农民专业合作社问题探讨 [J]. 中央财经大学学报,2010(8).
[5] 王文献,董思杰. 农民专业合作社融资难问题的形成及原因分析 [J]. 农村经济,2008(12).

制度经济学视角下的农村金融服务创新研究
——基于浙江省普惠金融实践的思考

□刘　花

摘　要:为了深入了解浙江省农村金融现状,探寻农村普惠金融的创新之路,本文力图通过实地考察和研究获取第一手资料,将最新的金融理念和政策带到农村,以便更好地服务于“三农”,找到切实可行的农村普惠金融发展之道,为浙江农村金融发展及创新提供一些思考和建议。

关键词:制度经济学;农村金融;服务创新

一、研究现状述评及意义

农村金融不仅是“三农”问题的重要组成部分,而且是现代农村经济的中心。农村金融一直是我国整个金融体系的薄弱环节,根据《中国银监会办公厅关于开展县域微小农村金融组织调研的通知》(银监办发〔2012〕257号),对浙江省某一市辖内的相关情况开展了专项调研,调查发现当前农村金融服务主要存在4大矛盾,即弱势经济与强势金融的矛盾、银行信贷低风险偏好与农村经济高风险现实的矛盾、农村市场多方面的金融需求与银行信贷简单供给的矛盾、县域经济发展的内在冲动与缺乏良好的外部环境的矛盾。农村金融发展问题任重道远。普惠金融(Inclusive Finance System)自2005年联合国提出后,得到20国集团、国际货币基金组织、世界银行等组织的大力推广,有“中国小额贷款之父”之称的杜晓山、美国的Brigit Helms教授也对其做了研究,其核心是针对那些难以享受传统金融基本服务的个人或组织而言的,特别是农民、城市低收入阶层、弱势群体和小微企业等提供一种金融服务的机会平等性。中国人民银行研究局副局长焦瑾璞于2006年亚洲小额信贷论坛上,正式使用了普惠金融这一概念。2013年的十八届三中全会《关于全面深化改革若干重大问题的决定》,正式提出“发展普惠金融”。由此普惠金融成为中国全面深化改革和完善金融市场体系的一个重大战略环节。浙江省以此为契机,为更好地提供农村金融服务,认真贯彻了《金融支持浙江省“十一大产业”转型升级的指导意见》《关于做好金融支持“三农”五大类项目申报推荐工作的通知》等规定。

为了更好地改进农村普惠金融服务,国外学术界对此问题的研究无论从实践还是理论上都取得丰硕成果。如在 Muham—mad Yunus 教授多年的努力下,孟加拉国创建了一个扶贫到户、行之有效的扶贫机构,即孟加拉乡村银行(Grameen Bank,GB)。该机构目标群体是处于金融压抑状态的人群。GB 具有独特的放贷与还款制度——小组贷款机制,即 GB 贷款中最贫穷的两人最先得到贷款,然后另外两人才能得到贷款,最后小组长才能得到贷款,这种称为“2+2+1”的贷款方式,在有针对性地进行放贷的前提下,还能够有效的控制贷款规模和质量。另外,世界上微型金融业最发达的国家之一玻利维亚阳光银行(Bancos01)创造性地实施了动态激励机制,使其在无限期的重复博弈环境下,将借贷双方未来预期和其历史记录纳入合约框架范围之内,直接有力地促使贷款人还款。在上述研究和实践中不难看出,普惠金融的发展,在拥有合理的配套体系和措施下,能有效改善人们经济状况、帮助受金融压抑困扰的企业或人群摆脱困境。

我国学者对此也有很多很精辟、很深入的探讨和见地。如我国学者从供需视角(高建侠 2009、陈心颖 2008、钱水土等 2010)、正外部性激励视野(江薇薇 2013)、观念创新视角(周劲波等 2013)、多视角(李艳华等 2012、伍艳 2008)、国外经验视角(宋晓薇 2013)、博弈视角(张营周 2010)、供应链金融视角(杨建荣 2013)、组织场域视角(邓伟平 2014)、金融生态视角(叶江山 2013、曾之明等 2013)、农村信贷融资担保约束视角(黄庆安 2011)、“乡土社会”和“农户组织化”视角(段军山、张磊 2011)、普惠金融视角(张运书等 2013、王曙光 2014、伟坤等 2013、戴宏伟 2014、李帆峰等 2014)、社会政策视野(杨发祥等 2008)、制度视角(彭文平等 2009、倪添杰 2009)、统筹城乡视角(郑鑫 2007)、新农村视角(李翔 2006)、金融中介理论(于明星 2014)、双重二元结构视角(鲁强、黄芸 2014)为农村金融服务创新进行了有益探索。

目前,对相关问题研究的特点与不足主要有:一是对农村金融服务相关的政策指导意见及总结实践报道性内容较多，而对理论的深入研究较少，相关的政策文件操作性还待进一步细化。二是从不同视野分析研究农村金融服务的较多，而从系统论综合分析研究的较少。三是目前专门针对相关问题研究发表的期刊论文很多，而专门著作及成果类的较少。四是浙江省专门针对某个区域研究的较少，主要有吴红卫(2012)，杨学昌(2012)，钱水土、刘芸(2010)对此做了研究。五是目前国际机构、国内监管部门以及国内外学术界对农村金融服务研究层出不穷，各有侧重点。但目前仍然面临如理念思维、整体规划、制度规范、市场体系以及资源配置机制等诸多争议、约束等一系列问题。未来研究的分析和重点有：(1)从研究对象看，本课题主要研究对象是浙江省，通过对浙江的一些镇、村、农户和银行网点进行实地走访、发放调查问卷收集样本，了解农村地区普惠金融服务现状，并对存在的问题提出改进意见；(2)从研究方法看，当前的研究方法以文献研究、案例分析或规范分析与实证分析相结合为主，进一步的分析需要充分利用实地调研数据，加强运用数理与统计方法进行调查研究，以便提出切实可行的普惠农村金融服务改进措施；(3)从分析视角看，尽管对农村金融服务的研究范围很广阔，但过于零散，缺乏系统性完整性，本课题从制度经济学角度分析将有利于构建农村普惠金融服务完整体系。

为了深入了解浙江省农村金融现状，探寻农村普惠金融的创新之路，笔者积极开展面向浙江省地区的农村金融服务调研项目，力图通过实地考察和研究获取第一手资料，将最新的金融理念和政策带到农村，以便更好地服务于“三农”，找到切实可行的农村普惠金融发展之道，为浙江农村金融发展及创新提供一些思考和建议。

二、浙江省农村普惠金融发展的现状及存在的问题

(一)调研的基本情况

此次研究的数据来源于2015年6—7月的实地调查。调研的具体方法及对象主要是农户调查及从互联网上查阅所需信息。调查样本点为杭州、宁波、嘉兴、湖州、衢州、绍兴等11个地区，发放调查问卷100份，有效回收农户调查问卷85份，有效回收率85%。

(二)浙江省普惠金融服务的实践情况及存在的主要问题

据《金融时报》,浙江省金融业尤其是银行业较为发达,截至2013年末金融机构本外币存款余额近7.4万亿元,居全国第四位;本外币贷款6.5万亿元,居全国第二位。2013年浙江省社会融资规模新增8345亿元,居全国第五位。

在浙江省委、省政府和金融管理部门的高度重视、指导和支持下,浙江省在发展普惠金融方面做了大量扎实有效的工作。去年7月,浙江省政府还专门转发了浙江农信普惠金融工程3年行动计划,从省政府的高度全面推进普惠金融的工作。2013年,一行三局的各家机构在全省分别开展了以"支农支小、扶贫扶弱、普惠金融惠及民生"为主题的普惠金融服务年活动,要求经过5年时间努力,在浙江全省构建广覆盖、高效率、可持续的普惠金融服务体系。

经过多年来的探索和实践,浙江省普惠金融取得了明显成效。2013年累计新增小微企业贷款1717亿元,同比多增了238亿元,增量占全省企业贷款增量的54%,累计新增涉农贷款3320亿元,占全省各项贷款增量的58.02%,涉农贷款余额高居全国首位。此外,浙江丽水农村金融改革、台州小微企业金融服务改革创新实验区、温州金融综合改革等区域金融改革项目的一项重要内容就是要探索和发展普惠金融。但从浙江省目前的普惠金融实践开展情况看,农村小额贷款的便利性还不够,很多金融机构需要农户提供担保或抵押,对真正需要资金但无担保无抵押的农民往往很难贷到款。下面根据调查情况作一简单描述。

(三)调研情况分析

1.农户金融服务需求调查分析

当问及离家最近的银行时,从回收的有效调查表来看,47%的农户认为信用社离家最近,其次是农业银行、工商银行及其他银行。由图1可以看出,农户可供选择的金融机构比较单一,信用社是目前主要的提供农村资金来源的渠道,如图1所示。

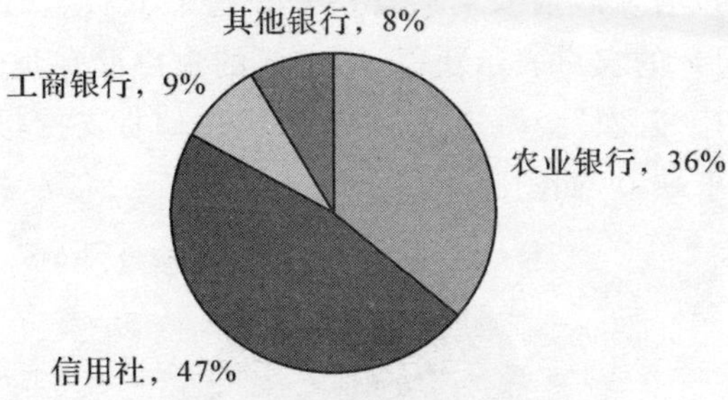

图 1　离家最近银行调查图

当问及农户有没有从银行贷过款，从回收的有效调查表来看，67％的农户没有贷过款，而33％的农户贷过款。这一调查情况说明农户存在资金需求但目前贷款便利性不够影响了农村金融服务的进一步发展，如图2所示。

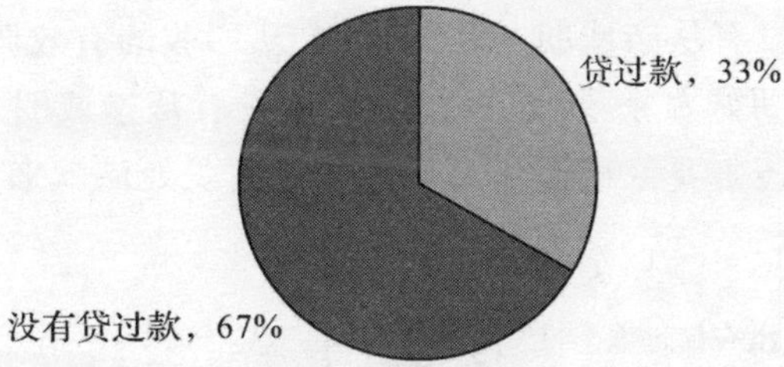

图 2　从银行贷款情况调查图

当问及农户有没有从农村信用社贷过款时，从回收的有效调查表来看，81％的农户认为没有贷过款，只有19％的农户从农村信用社贷过款，如图3所示。

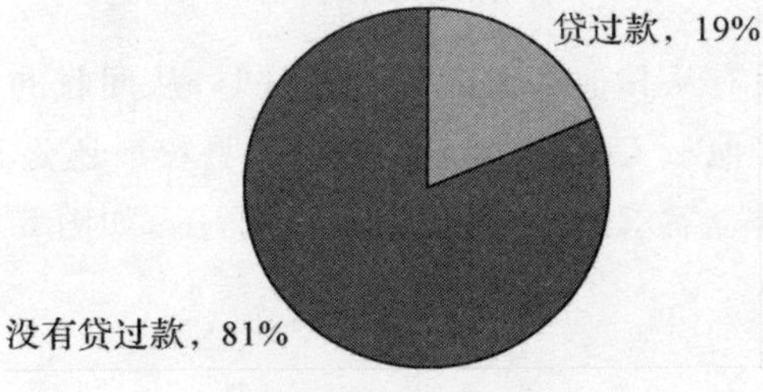

图 3　农村信用社贷款情况调查图

当问及有没有从政府及财政部门获得过支农资金时，从回收的有效调查表来看，81%的农户表示获得过，19%的农户没有获得过。这表明当前国家大力支持“三农”金融建设，为农户提供信贷支持，某种程度上缓解了农村金融需求缺口，如图4所示。

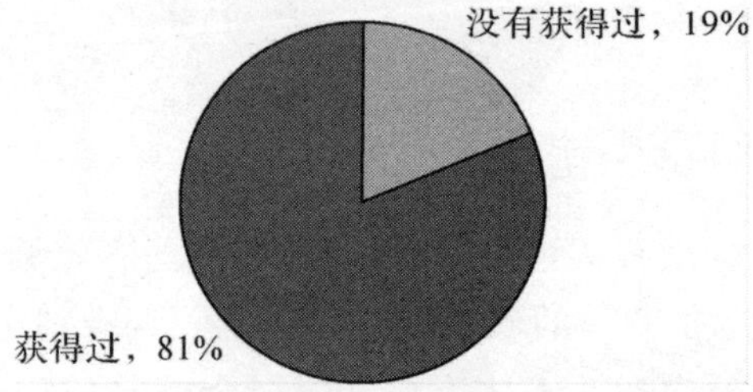

图　获得政府及财政部门支农资金情况调查图

当问及有没有从亲戚朋友处借过款，从回收的有效调查表来看，59%的农户通过亲朋好友来借款，41%的农户没有从亲戚朋友那里借款。这表明农户大多还主要依赖信任关系即亲戚朋友处借款来解决资金需求问题，如图5所示。

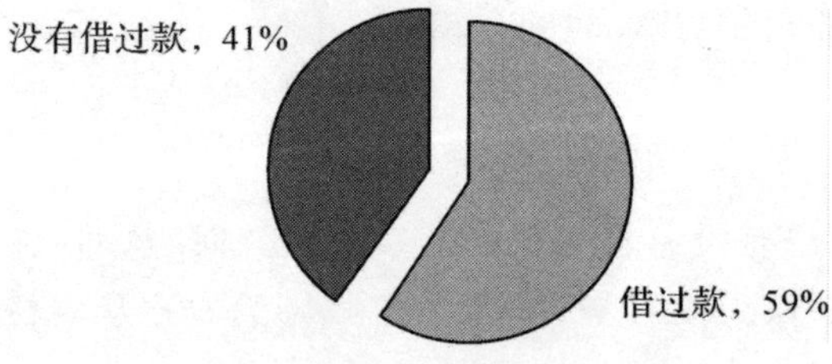

图5　从亲戚朋友处借款情况调查图

当问及有没有从其他私人高息贷过款时，从回收的有效调查表来看，农户都没有从其他私人高息贷过款。这表明农户还是很理性的，通过高息贷款来解决资金需求问题在农村是不可行的，如图5所示。

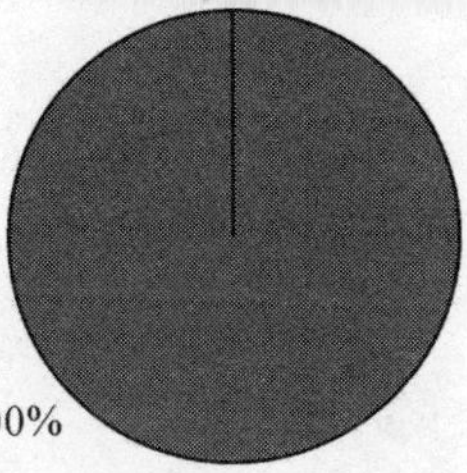

图6　从其他私人高息贷款情况调查图

当问及农户借款和贷款数量有多少时，从回收的有效调查表来看，53%的农户是1万—5万元（包含5万元），22%的农户是10万元以上，19%的农户是1万元以内，6%的农户是5万—10万元（不包含5万元）。这一调查情况表明农户的资金需求范围普遍是1万—5万元，农户对资金需求还是比较保守的，这也与目前大多金融机构只提供小额贷款有密切关系，如图7所示。

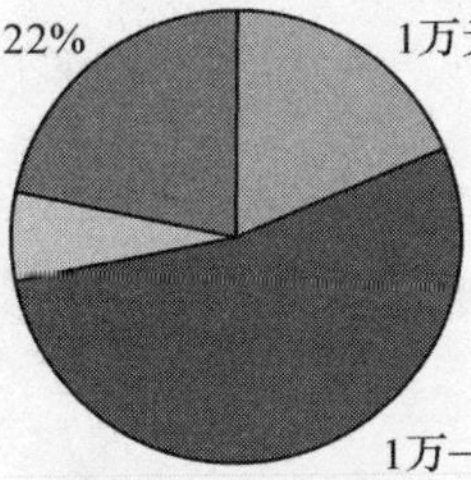

图7　借款和贷款数量调查图

当问及借款和贷款主要用于干什么时，从回收的有效调查表来看，29%的农户用于建房，26%的农户用于其他，21%的农户用于生产，20%的农户用于小孩上学，3%的农户用于治病。这一调查情况表明目前农户的资金主要用于非农业生产、这样的分布对扩大农业生产，发挥规模效益有一定的影响，如图8所示。

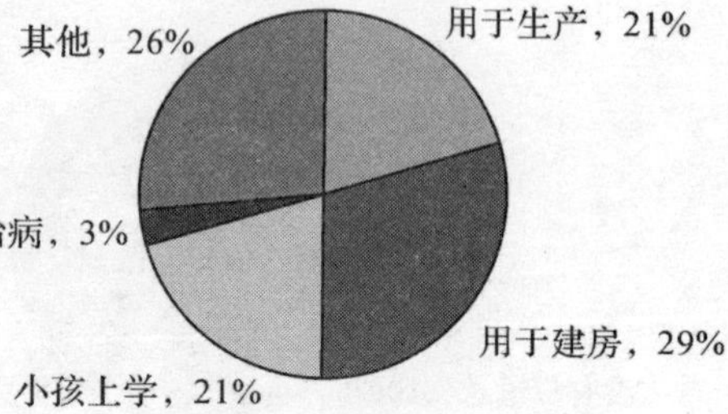

图 8　借款和贷款目的调查图

针对农户在金融机构办理存款业务方不方便，从回收的有效调查问卷来看，认为很方便的占 12%，比较方便的占 61%，不太方便的占 24%，很不方便的占 3%。如果将金融服务覆盖面、可获得性以及福利影响作为普惠金融的衡量标准的话，调查表明普惠金融普及性还不够，迫切需要充分利用互联网为农村金融服务，如图 9 所示。

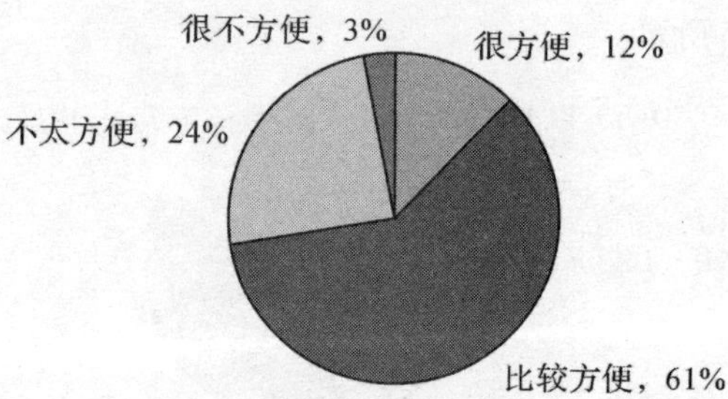

图 9　金融机构办理存款业务方便与否调查图

针对农户存取款业务方便与否的问题，从回收的有效调查表来看，17%的农户认为服务网点太少，20%的农户认为存取款金融机构太远，3%的农户认为服务态度不好，50%农户认为存款利息太低，10%的认为没有私人借款方便。有一半的农户认为存款利息太低放银行不划算，再加存取款便利性不够影响了农村金融服务的进一步发展，如图 10 所示。

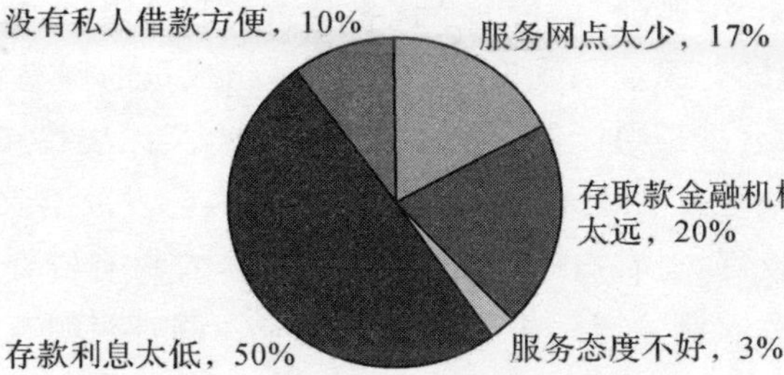

图 10 存取款不方便原因调查图

针对农户需要的金融综合服务，从回收的有效调查表来看，19%的农户需要存贷款，15%的农户需要 ATM/POS 机，14%的农户需要网上银行、电话银行，11%的需要农业保险，14%的需要财产保险、人寿保险，13%的需要投资理财，13%的需要银行卡，其他的占 1%。由此可以看出，农户的金融服务需求多样化，ATM/POS 机、网上银行、电话银行只占了近 3 成，说明互联网农村金融服务还可进一步加大普及力度，积极利用互联网金融不断推进农村普惠金融发展，如图 11 所示。

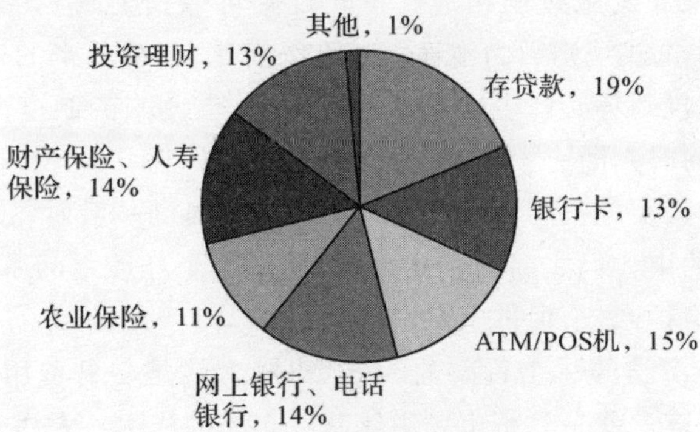

图 11 迫切需要的金融综合服务调查图

2. 浙江省农村普惠金融发展存在的主要问题

浙江农村地区由过去以家庭为单位的农业生产模式到现有专业大户、农业企业、农民专业合作社等生产经营主体的迅速发展，有力地推动了现代农业的建设。但由于农民思想认识模糊，生产经营规模化和市场化程度不高、大部分经营农户资金需求旺盛但无法顺利融资的现象较为严重,尽管国家支持农村信贷资金优惠政策看起来很多,包括近几年大量提倡并在实施的普惠金融政策,但通过项目组成员的调查发现,由于农民及村组织等没有抵押财产,自身收入低积累少,又无法找到相应的担保机构,土地及宅基地目前还无法进行抵押,银行实际发放给农村的贷款并不多,银行嫌贫爱富,对农户等缺乏足够的信任,农户有资金需求却无法贷到款,进而导致农业生产无法形成规模效应。调查表明存款利息低导致相当一部分农户不愿将资金存放银行,而涉农相关银行机构对农户和农村企业等贷款却采用利率上浮的方式,这导致农户及涉农企业等贷款压力大,对贷款有恐惧心理。金融作为实体经济的血管,对农村地区的供血明显不足,服务层次有待提高。互联网金融在农村的渗透将有助于这一问题的改善。

三、制度经济学视角下的农村金融服务理论分析

诺思认为,制度是一种社会博弈规则,是人们所创造的用以限制人们相互交往的行为框架。制度提供的一系列规则由社会认可的非正式约束、正式约束和实施机制构成。正式规则可以借鉴,但如果本土的(Indigenous)非正式规则因为惰性一时难以变化,新借鉴来的正式规则和原有的非正式规则势必产生冲突,结果可能是借鉴来的制度既无法实施又难以奏效;同时判断一个国家的制度是否有效,除了看规则是否完善外,更主要的看其实施机制是否健全。制度通过提供一系列规则界定人们的选择空间,约束人们之间的相互关系,从而减少环境中的不确定性,减少交易费用,保护产权,促进生产性活动。

制度经济学的一个首要的、基本的概念就是交易费用(或称交易成本),制度经济学就是分析市场主体制度交易的成本。农村普惠金融作为一种制度安排,当然有交易成本,对其实现机制的交易成本分析实际上就是对信誉投资成本的分析。只有交易收益大于交易成本时,诚信机制才能实现。“交易费用是经济制度的运行费用”,是个人交换他们对于经济资产的所有权和确立排他性权利的费用,包括度量、界定和保证产权(即

提供交易条件)的费用(企业内部的交易成本[①]),发现交易对象和交易价格的费用、讨价还价的费用、订立交易合约的费用、执行交易的费用、监督违约行为并对之制裁的费用、维护交易秩序的费用等(统称为市场的交易成本[②]),与经济理论的其他费用一样基本上是一种机会成本。

交易费用的存在取决于3个因素:受到限制的理性思考、机会主义以及资产专用性,这3个因素不同时出现,交易费用就不会存在(迈克尔·迪屈奇,1999)。资产专用性是指耐用人力资产或实物资产在何种程度上被锁定而投入一特定贸易关系,也就是在何种程度上他们在可供选择的经济活动中所具有的价值,资产专用性的高水平意味着双边垄断的存在。交易费用的存在与人的本性密切相关,人的机会主义本性增加了市场交易的复杂性,影响了市场的效率。新制度经济学对于人有3个假定:理性经济人假设,这意味着理性的经济个体即为追求自身效用最大化;人与环境的关系即有限理性,这主要是因为环境本身是非常复杂和不确定的,而人对环境的计算能力和认识能力是有限的;人有机会主义倾向,即在非均衡市场上,人们追求收益内在、成本外化的逃避经济责任的行为,也就是随机应变、投机取巧、为自己谋取更大利益的行为倾向。因此,总体上来说,交易成本是人和人打交道的成本,因为任何交易背后都是人的意志,人的各种不完善比如理性不完备、信息不充分、人格有缺陷等都是交易成本产生的基础。就农村普惠金融制度而言:(1)资产专用性方面。资产专用性是指为支撑某项具体交易而进行耐久性或非耐久性的投资在中途退出时的难易程度,退出越困难或成本越大,资产的专用性程度越高;相反,退出越容易或成本越小,资产的专用性程度就越低。资产专用性至少可以分为4种类型:场地专用性、实物资产专用性、人力资本

---

① 作为市场的替代,企业这一基层组织为了共同体共同目标而集中进行生产、建立在权威命令基础上的组织生产、调配内部资源、经营管理的交易成本,如内部信息充分流动的成本以及管理过程中防止偷懒、谋私等行为的成本,主要指内部信息成本、协调成本、生产监督成本等。

② 指在平等契约基础上的各市场交易主体,因交易时面临不同的交易条件而市场信息又不完全、不对称,其中的机会主义行为还可能导致欺诈行为的产生,为避免可能的损失,在签约、履约的全部过程中谨慎小心,投入的金钱和精力即所谓的防范成本包括调查成本、签约成本、监督成本以及事后可能产生的违约诉讼成本等。

专用性以及专用资产。(威廉姆森,2002)农产品的季节性和易腐性决定了农产品的专用性,农产品的易腐性越强,农产品的资产专用性越强。农户为生产某种农产品需要购买生产该种农产品的专用设备和工具,并且通常只有在生产该种农产品时,这些专用设备和工具才能充分使用,而很难甚至不能将这些专用设备和工具用在其他农产品生产中,这就是技术的资产专用性。人力资本的专用性是指农户为进行某种农产品生产所接受的特定的技能培训以及农户在农业生产过程长期积累的特定技能,在其他生产中不能得到充分发挥的特征。随着农产品的专用性、技术的专用性以及人力资本的专用性增强,农户的资产专用性也越强(朱涛,2013)。也正因如此,农村金融要完全实现普惠很难,农民及农民合作社等有专用性很强的资产难以做抵押。(2)受到限制的理性思考方面。农民专业合作社社长、村干部、会计人员等也会和普通人一样,在法律规范和道德约束前提下,在环境的不确定性、信息的不完善性及自身认知能力的有限性基础上呈现出有限理性。(3)机会主义方面。农民专业合作社作为经营主体,组织者作为理性经济人,不是"超人",同样存在追求收益内在、成本外化的逃避经济责任的行为,也就是随机应变、投机取巧、为自己谋取更大利益(物质利益与非物质利益)的行为倾向。因此,农村普惠金融制度同样存在交易成本,同样可分为农村普惠金融制度内部交易成本和市场的交易成本。前者包括发掘和培育农村普惠金融制度职业能力和道德水准的成本、协调成本和监管成本等,后者则包括寻找鉴证客户、确定鉴证收费、订立鉴证合约、执行鉴证服务、维护执业秩序和监督、惩治违约行为的成本等。具体到我省农村普惠金融制度:

农村普惠金融制度的实质就是组织管理者预期自身效用的最大化而牺牲掉部分眼前利益;农村普惠金融制度的实现机制有两种:法律诚信以强制力推行,而信用诚信以个人理性自觉履行,两种诚信兼容、结合实施,才能取得较好的效率和效果;浙江省农村普惠金融制度实现机制的交易成本高昂,导致组织管理者不讲诚信,这反过来又刺激着其他主体不相信合作社提供的会计信息。恶性循环,农村普惠金融制度不能正常运行,进一步提高各市场主体的交易成本,恶化了交易条件,甚至使部分交易无法再进行。

四、浙江省农村普惠金融发展存在问题的具体成因分析

金融是使储蓄转化为投资的重要途径，资金应该流动到那些需要帮助的实体经济中去，在帮助实体经济发展的过程中获得利益，这才是良性流动。但农村的金融需要与金融供给之间却存在着错位的现状，深刻分析其原因才能从根本上提出对策。

（一）银行贷款的条件较苛刻，使得真正需要资金的穷人很难贷到款

银行为了规避风险和可持续发展，首先要询问贷款人有什么资产，实质是想了解有无抵押、担保等财产。这些规定从形式上看放低了要求，但许多真正需要贷款的农民还是觉得门槛很高。即使有物产和房产，价值较低，也无法聘请有资质的评估机构，最后导致真正需要资金的农户无法获得贷款，国家对农户有利的惠农政策很难真正落实，银行等金融机构的贷款手续严格、繁杂，使得需要融资的农户恰恰很难得到银行的资金支持，所以金融服务在这一块被扭曲了。

（二）对农村消费金融重视不足压抑了农村的消费需求

农村金融普遍经营网点较少，农村银行设施不健全、服务不全面等因素严重压抑了农户的消费性金融需求。现代电子商务的发展可以大大激发农户的消费金融需求，但许多涉农银行在农村的网上银行服务开展缓慢使得农户无法进行电了商务。金融机构过于规避风险，农村信用环境相对较差、农业收益较低并且不太稳定使得银行对农村的消费金融投资不大，这样使得原本就短缺的资金供给更加紧张。

（三）农村信用环境较差

其实穷人更懂得讲尊严，但嫌贫爱富的社会大环境往往认为穷人的信用度比富人的要低。银行对穷人有一种本能的歧视，农户大多经济相对紧张，为了追求更多利益，不乐意把钱贷给相对较穷的农户，即使国家政策大力支持农业，但银行始终认为没有抵押的农户的背叛代价比较小，更容易产生道德风险。而事实上，很多有能力可以创业的农户一旦有了资金是可以为社会创造更多价值的，银行的偏见或银行个别业务员为了追求私利导致金融排斥。农村的信用体系建设落后，很多时候不仅是不讲信用的借款农户，银行自身也存在诸多信用问题，国家相应的扶贫政策

很难实施到位,借国家惠农政策的口号为自身谋利的也比比皆是,导致真正的穷人无法顺利获得贷款。所以在实际操作中,银行往往为了规避风险而选择把资金贷给那些不是最需要贷款的富人,由此产生了逆向选择,扭曲了农村金融服务意愿,使惠农政策适得其反。

(四)金融行业对农村提供金融服务意愿不足,定位不够

农村规模普遍偏小,资金不多且分散,加之天然的自然环境因素,纯农业的回报率较低,抵押品价值评估困难等因素,导致了一些商业性的保险机构不愿涉足农业保险,极力规避风险。很多金融机构缺乏农村金融服务创新的内在动力,服务意愿不足,如有些地方储蓄银行虽响应国家号召发放农业贷款,但由于贷款条件刻薄、利率高等原因使许多农户无力获得贷款。对涉农等贷款保险种类与服务都非常缺乏,农户没有选择的空间,也无法得到根本保障,加大了农村经济的运行风险。目前国家对农村金融机构有利的监管政策严重缺失,愿意给农户小微贷款的小型金融机构则更容易受流动性、存贷比例、存款准备金等因素的影响,诸多因素使得涉农金融企业在农村的实践中举步维艰。

(五)已获贷的农业企业及农村经济组织等,监管体制还较薄弱

目前银行对于已获贷款的企业,无法从监测和判断其实体经济发展的态势而决定是否继续贷款,所以现在许多银行都靠看企业是否按时还贷来判断。这样的监管体制容易导致农业企业寻求民间借贷的迅速发展。信息不对称使得银行无法判断农业企业的发展情况,对于那些特别需要资金支持的企业难以确定。仅靠评估企业资产来发放贷款的做法成本较高,并且忽略了农业企业发展的“质”,而仅看“量”。贷不到款的企业以及不想轻易破产的企业为了“维持生计”只能以较高的利率寻求民间借贷的帮助。

五、改进浙江省农村普惠金融服务的政策建议

(一)大力发展农业小额贷款金融机构

由于农业规模普遍较少,农户资金较分散,易受经济环境影响,应针对农村特点,考虑区域性,大力开发有助于解决农村资金问题的小额贷款金融机构。就浙江而言,新农村建设,民营企业相对较发达,民间资本较

丰富，规范和引导非正规金融走上小额贷款金融之路期望民间资本确实能为实体经济服务。在和大型银行、其他小微金融机构的激烈竞争中，小额贷款金融机构需要特色化经营，不断探索和开发农村可利用资源，对不同的农户需要做好调研，不断开发差异化、有针对性，确实能对有资金需求、讲信用的农户服务到位，把环节服务扩大到产业链服务，从单纯的贷款服务扩大到金融结算、财富管理、行业金融信息服务等一揽子服务。银行可以多培养农村金融服务型专业人才，不断发展和创新小额贷款金融机构，该金融机构应能真正支持农村的实体经济，同时排除了民间随意游资的隐患，形成金融和经济的良性互动。

(二)尽快完善农村基本设施建设，大力普及农村金融知识

针对农村普遍缺乏金融知识的情况，银行应定期派资深专家开展一些免费的金融知识培训，加大对农村金融知识的宣传和普及，让更多的农户接受现代化的金融电子商务消费模式，这也是进一步扩大内需、刺激消费的重要途径。农村金融机构需结合相关部门加快完善农村设施建设和金融网络软件升级，这样不仅解决农户的日常生活便利问题，还能大大促进农村电子商务和物流经济的发展。不断开发和经营农村金融及保险产品，满足农户各种需求，帮助减轻压力。加强涉农信贷与涉农保险的合作，金融机构可将涉农保险投保情况作为授信要素。对于涉农保险应提供一些政策支持，建立涉农贷款风险补偿机制、设立保费补贴或税收减免政策，保障农村家庭经济和农业生产安全。

(三)创新农村金融服务运行机制和监管

农村金融机构的运行机制对提高农村金融服务至关重要，建立农村金融运行机制应充分考虑农村的区域性，如浙江省较发达地区和欠发达地区的区别、较富有的农户和较贫困的农户等等。目前使用的“小组贷款”，“相互担保”等实际上都是相互监督的需要。这有利于银行规避风险，但也存在集体舞弊的信用风险。因此需要创新运行机制，对贷款农业企业的监管，不应以“惩罚”为主，要设定监管目标，建立信用监管体系，开展企业信用评级、对农户、农业企业、农村经济合作组织等实行全方位考虑。采取小组贷款法，需要小组人员对同组客户进行还款资信打分，这样可以从多方面了解企业状况，反对相互包庇，农村金融机构的监管方式一直是个难题,目前的监管有些过严,过严的监管条件会削减金融机构开发农村业务的动力,有些有能力的真正需要资金的农户无法获得贷款。同样过宽的监管条件又会造成系统性风险隐患。因此要真正扶持农村小额贷款金融机构,必须创新监管模式,可适当调整和实行小额贷款金融差异化相关政策,对金融机构存贷比和资本充足率进行差异化监管,适当给予小额贷款金融以帮助,然后进一步提高农村金融服务能力。

(四)对农业企业和金融机构的双重政策扶持

农村金融服务的改革仅仅对金融产品的创新和金融主体的改革是无法有效进行的,必须有相关配套的政策和体系支撑,才能为农村金融服务的改革提供良好的外部环境。扶持政策的制定历来是研究中的难点,一是扶贫政策很难落实,即使落实可能真正受益的不是真正需要资金的人;另一方面,过分的扶持又会造成资源的浪费,贫困农户造成一定的依赖性,扶持缺失会压抑农村小额贷款企业的发展。对农村小额贷款金融的政策支持实际上一大部分是对规模较小的农业企业支持,经济实体发展起来,金融市场才有了发展的基础,同时金融服务的发展又是经济实体发展的重要条件,可以考虑放宽纳税条件等优惠政策来鼓励小额贷款企业的发展。农村金融应坚持走市场化路线,尽早启动贷款利率市场化改革,充分考虑不同农户的资金需求,积极发挥市场的资源配置作用,大力促进金融机构对小额贷款企业的服务,可规定银行等金融机构对规模较小的农业企业贷款的最低限额比例,对农业企业的贷款可不计入存款比例等。对于农村教育、医疗等具有公共品特点的金融服务可考虑给予优惠的政府扶持政策并确实落实到位。

(五)建立健全信用体系

信用体系的建设对农村金融的发展起着决定性的作用,农村信用体系的建设是经济发展的基石,也是提高农村发展水平的关键。政府相关部门应抓紧建立企业和个人的信用电子档案,把个人的信用记录和其他经济、社会活动联系起来,这样可以大大增强对农业贷款人的约束力,有效降低不良贷款的发生率,减少道德风险。规范企业的财务登记制度,减少农业等企业与金融机构之间的信息不对称。联合涉农部门、金融机构和保险公司等共同建立农村信用共同体。另外,宣传和普及信用知识和法律常识，增强农户的信用意识，提升农村金融服务水准，切实为农村金融服务保驾护航。

[参考文献]

[1] 汤敏.农村金融如何普惠[J].西部大开发，2012(11).

[2] 周立，李萌.以普惠导向深化农村金融改革[J].行政管理改革，2013(12).

[3] 郭兴平. 构建普惠型农村金融政策支持体系的思考[J].农村经济，2011(1).

[4] 马义玲.普惠金融视角下农村金融教育发展的思考[J].消费导刊，2014(11).

[5] 杜兴军. 论台湾普惠型农村金融体系建设[J].湖南大学学报(社会科学版)，2013(3).

[6] 朱建华.刘卫柏，社会公平与普惠型农村金融体系构建[J].社会科学家，2010(5).

[7] 田杰，陶建平.农村普惠性金融发展对中国农户收入的影响——来自 1877 个县(市)面板数据的实证分析[J].财经论丛，2012(2).

[8] 吕德仲.普惠型农村金融体系构建模式研究——以天津市普惠金融发展为例[J].华北金融，2014(1).

[9] 朱叶.普惠金融视角下发展农村金融缩小城乡差距实证研究——以江苏省为例[J].金融经济(理论版)，2013(2).

[10] 梁明丽. 我国普惠性农村金融体系建设研究[D]. 山东经济学院，2011(3).

[11] 杨伟坤，赵惠娟，刘彬，等.国内外农村普惠金融体系发展实践及启示——基于河北省易县扶贫社小额信贷扶贫创新案例分析[J].世界农业，2013(1).

[12] 林秋萍，谢元态.普惠金融视角下农村金融发展与改革研究[J].金融教育研究，2014(6).

[13] 谢升峰，田东山，彭辉，等.实现农村金融全覆盖的普惠金融体制创新[J].金融经济(理论版)，2014(7).

[14] 杜兴端，陈成，李晓.可行能力视角下的农村金融发展[J].江苏农业学报，2014(3).

[15] 高彦彬.构建农村普惠金融体系的障碍与突破[J].征信，2014(12).

[16] 徐敏，黄江.农村普惠性金融发展的农户收入增长效应——基于新疆 82 个县(市)的面板数据分析[J].江苏农业科学，2015(1).

城镇化下农村金融需求与农村金融服务创新研究

□ 李阳霄

摘　要:城镇化是中国经济社会发展的重要战略,是解决三农问题的重要途径,在城镇化的顺利推进过程中农村金融服务需求扮演重要角色。该文将从创新农村金融服务的现实意义入手,通过调研了解当前农村金融服务的供给与需求现状,并试图分析当前农村金融服务存在的问题,并进行原因分析,最后提出改进与加强农村金融服务的对策。

关键词:城镇化;农村金融需求;农村金融服务

由于农村经济发展在全省国民经济发展中占有重要地位,与此同时,建设社会主义新农村的重大战略决策也受到高度重视,在此战略决策指引下,在统筹城乡发展及推进现代农业与新农村建设进程中,如何提升农村金融服务,以及如何完善农村金融体系被提到新的历史高度。

李喆(2012)在《城镇化进程中农村金融服务需求分析》一文中指出,城镇化是指在农村地区生产力结构、生产经营方式和农业人口的收入水平及结构、生活方式、思想观念、人口素质等方面与城镇文明逐渐接近、趋向同一的自然历史过程,是城乡差别缩小的自然历史过程,是城乡融合并最终走向城乡一体化的自然历史过程。在城镇化进程中,通过实现农业现代化、农村工业化、解放农民、转移农民、富裕农民,把过多的农村人口转移到城镇,切实解决"三农"问题。然而,城镇化的推进需要大量资金的积累与投入,离不开金融的支持。

浙江省作为经济强省,虽然农村金融体制改革进展较快,全省农村经济的快速发展也依靠农村金融体制改革取得了重大突破,但是当前农村金融服务依然存在着许多问题,如农村正规金融供给主体单一、资金供给额度偏小、金融服务业务品种少、资金供给期限短期化等问题比较严重。

由于这些问题的存在使得居民和农村中小企业对农村金融服务供给难以平衡，从而制约农村经济发展。这无法满足新时期全省实施统筹城乡发展，全面推进现代农业与新农村建设发展的战略要求。因此，如何解决城镇化进程中农村经济发展所需的金融支持，需要我们进行深入研究。

一、城镇化下创新农村金融服务的重要意义

在国家统筹城乡发展战略下，农村经济、社会事业的发展对农村金融需求旺盛，而新型农村中小金融机构具有管理层次相对较少、经营方式较灵活、经营效率较高等特点，尤其适合为农户家庭和个人、个体工商户、村镇经济、农村中小企业等提供金融服务。大力发展农村中小金融机构，特别是新型农村金融机构，有利于实现农林资金的部分回流，加强农村金融市场的竞争，改善农村金融服务质量和提升农村金融服务水平。具体表现在：

一是有利于改善农业地区金融服务条件。由于新型农村金融机构扎根农村、服务农村，具有服务“三农”的特色优势，能够在一定程度上缓解农村金融服务的短缺矛盾。

二是改善农村金融市场目前不健康的竞争状况。随着金融体制改革的进展，农村金融机构数量不断攀升，但是大多数新增的吸储机构是不提供贷款服务的，只有少数的农村合作社和农业银行提供贷款服务，并且存在垄断经营的现象，导致资金外流严重，市场结构失衡。因此，有待加强良性竞争。

三是通过增加供给水平，提升农村及偏远地区金融机构网点的金融服务水平，改善农村及偏远地区的金融服务质量，积极支持中西部地区的新农村建设，并加快经济建设步伐。

四是积极支持小微企业发展，缓解中小企业融资难的矛盾，不断活跃县域和乡镇经济。

二、城镇化下农村金融服务供给需求分析

（一）农村金融服务供给分析

本文主要从农村金融机构提供给居民的贷款利率高低、贷款审批满意程度以及贷款方式等方面设计调查问卷并进行调查。实际发放调查问

卷 110 份，有效问卷 104 份。问卷对象为绍兴居民和农村企业。

1. 贷款利率

为了了解绍兴农村金融服务体系供给方面的特征和表现，我们设计了相关问题和调查问卷。问卷的调查对象为居民和农村小企业，针对 110 家居民和农村企业，让他们发表对贷款利率高低的看法。调查结果如表 1、图 1 所示。

表 1　居民及企业贷款利率调查

利　率	户　数	所占比重(%)
太高	34	32.69%
勉强承担	40	38.46%
合适	18	17.31%
较低	12	11.54%

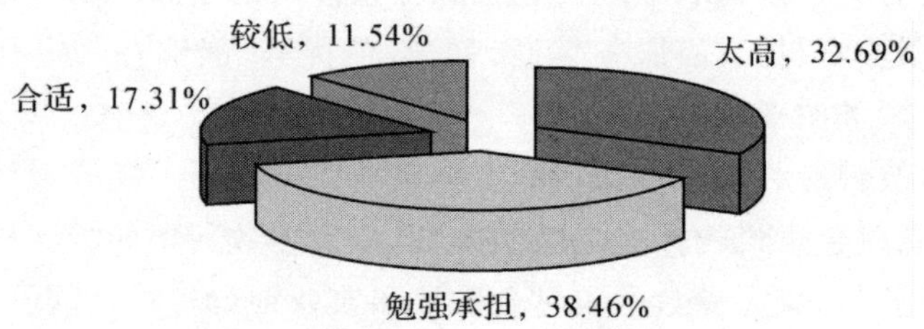

图 1　居民及企业贷款利率调查

通过调查我们发现将近有 71.15%的企业认为利率较高，难以承受。选择利率水平合适或者较低的只占到 28.85%。农民“贷款难”“贷款贵”的问题还是比较突出，这也反映出贷款利息高是摆在农民贷款难前面的一个重要障碍。

2. 贷款审批满意度

同样对 110 户居民就贷款的满意度而言，调查问卷中设置“很满意”“比较满意”“一般”“不满意”4 个选项。得出的结果如表 2 所示。

表 2 居民贷款满意度调查

态 度	数 量	所占比率(%)
很满意	15	14.42
比较满意	30	28.85
一般	21	20.19
不满意	38	36.54

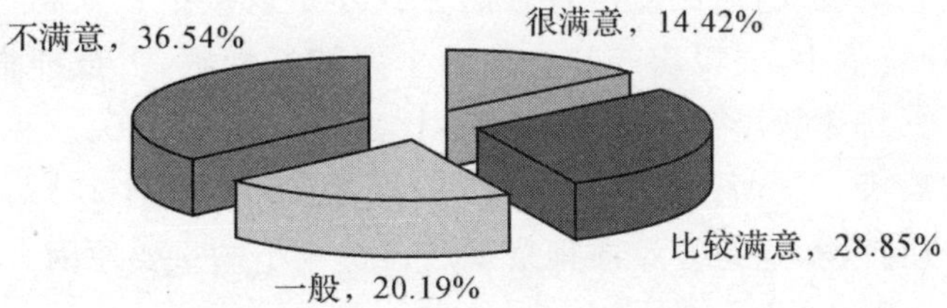

图 2 居民贷款满意度调查

从图 2 可以看出，很满意的居民只占到 14.42%，而一般和很不满意的居民却占到 20.19%和 36.54%。说明居民对贷款的审批满意度总体不高。贷款审批满意度不高的原因，主要是每笔贷款从申请到获批需要跑多次银行，而且每笔贷款的发放，需要银行到贷款人那里考察多次，一笔贷款从申请到获批需要花费很长时间，手续和审批很烦琐。

3. 获得金融机构贷款方式(见表 3)

表 3 获得金融机构贷款方式

贷款方式	数 量	所占比率(%)
信用贷款	8	7.69
抵押贷款	59	56.73
担保贷款	31	29.81
质押贷款	6	5.77

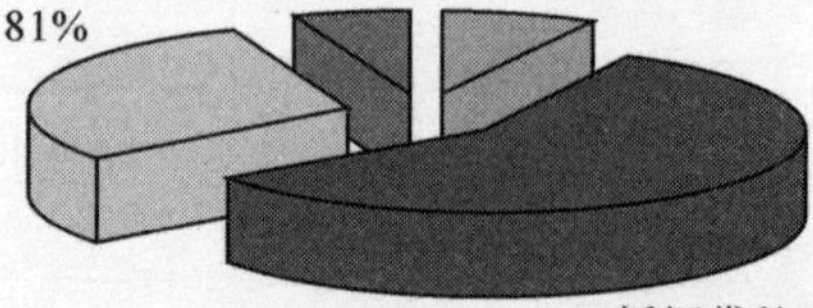

图 3　居民贷款方式调查

通过调研发现，居民获得贷款的方式还是以抵押贷款和担保贷款为主，在抵押贷款中，又以房产和土地为主要的抵押物，占抵押贷款笔数的80%以上。贷款数量达到 31 笔，所占比率达到 29.81%。(见图 3)而信用贷款和质押贷款所占的比例非常小，两者总和不超过 15%。由于农村地区缺少质押物，这是导致质押贷款所占份额小的重要原因。

(二)居民金融服务需求分析

设计调查问卷，对农村金融服务的需求特征进行数据统计和调研分析。

问卷的设计思路，类似于调查农村金融服务供给特征，对乡镇合理分配问卷，企业分布多的地区发放较多问卷，力争样本数据具有良好的代表性和合理性。

1. 储蓄存放地点和存储时间(见表 4)

表 4　储蓄存放地点

储蓄存放地	样本数	所占比重(%)
四大国有商业银行	12	11.54
农村合作银行	50	48.08
邮政储蓄银行	10	9.62
其他金融机构	16	15.38
持有现金	8	7.69
借给他人	8	7.69

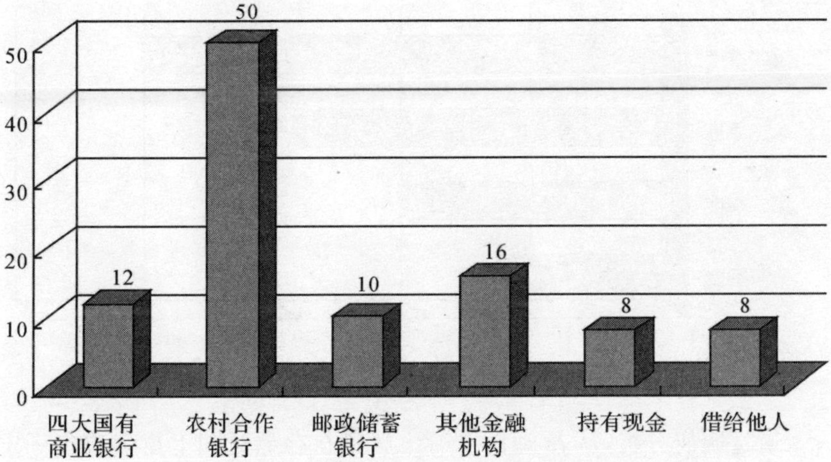

图 4　居民储蓄存放地点分布图

从 104 家居民的调研结果可以看出，将近一半的居民将存款存放到农村合作银行，其次是存放在邮政储蓄银行和四大国有银行里。（见图4）有些银行在县域基本不接受存款业务。通过调研可以看出，农村合作银行以及邮政储蓄银行成为吸收居民存款的主要渠道。在农村金融市场的吸收存款中占据了垄断地位。农民选择把钱存在银行主要从安全性、灵活性、营利性 3 个方面考虑。由于中国的银行具有国家法人主体地位，不存在倒闭的风险，把钱存银行具有安全性。农民把钱存银行，银行会支付利息，所以也会产生收益。以邮政储蓄银行为代表的金融机构，重点服务“三农”，网点遍布乡镇，随存随取，具有很强的便利性和灵活性。

居民存储时间分布如表 5 所示。

表 5　样本居民存储时间分布

存储时间	样本数	所占比重(%)
第一季度	13	12.51
第二季度	21	20.19
第三季度	29	27.88
第四季度	41	39.42

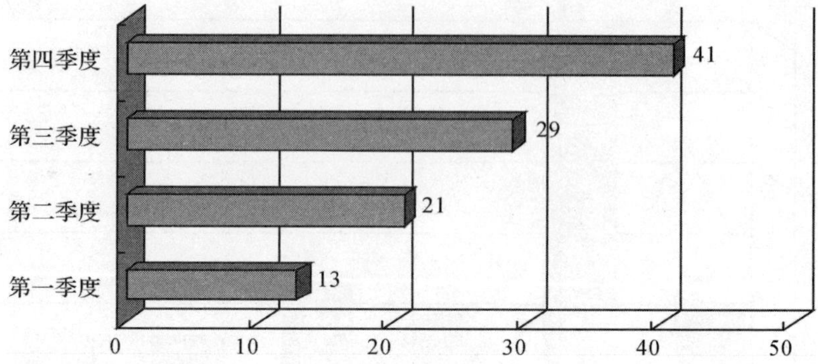

图 5　居民存储时间分布

通过调研分析，从表 5、图 5 看出居民在存储时间上也表现出一定的季节性。从第一季度到第四季度居民的存储时间会越来越集中。一方面，中国人习惯过“年关”。一到年底，无论是在家的居民，还是出门在外的农民工，都习惯结清一年的所有收入往来。到年底，收入都是最多的，导致第四季度是居民最旺盛的存储季节。另一方面，农村过完农历新年以后，居民要开始新的一年规划，要置设备，要买农药化肥，花销比较大，这也是导致居民在第一季度存钱较少的原因。至于第二、第三季度，消费和存储比较均衡，这两个季度波动不大。

2. 居民存储目的和筹资方式

通过样本统计及分析所占的比例，可以看出儿女读书及婚娶是主要的目的。(见图 6)这也符合中国人传统思维，努力为下一代创造更好的条件，为子女们创造一个稳定的生活、工作环境。父母鼓励子女多读书，继续深造。而子女的教育费用，包括以后的婚娶，都需要花费很多积蓄，非短期内所能完成，这需要居民有一个长期积累的过程。同时也应该看到居民的养老和治病需求占用很大比例，说明当下的农村还缺乏有效的社会保障体系，保险市场不发达。居民往往以存储来替代保险的功能或者干脆削减必要的消费来保证自己的未来收入。

存储目的有积累性需求和谨慎性需求。谨慎性需求是保障生产和生活中的应急之需，如养老、治病、天灾人祸等等。这实际上是农民自装的保险，也是农村保险业发展滞后的必然结果。居民存储中大部分是有明确目的的，如子女教育、建新房等。贫困户主要是用于维持基本的需求，高收入的居民具有更多的生产性需求。

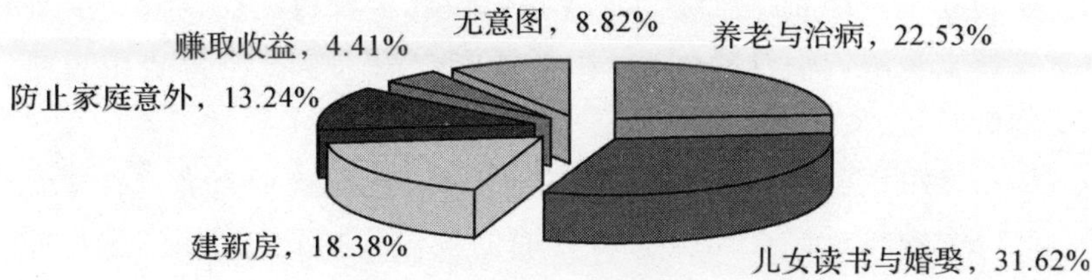

图 6　样本居民存储目的分布图

3. *居民选择银行办理业务的主要影响因素*

从图 7 可以看出，被调查样本选择营业网点或自动存取款机距家近为主要影响因素的占总体的 31%，这说明近几年农村商业银行上市后快速增加其营业网点，并布局至县市的偏远地区的主干交通要道，这对满足农村居民与农村企业办理业务的需求还是有很大的空间。其次是业务往来需求和服务态度，这说明农村商业银行与农村企业的合作还不是特别紧密。在调研过程中，我们发现多家被调查的农村企业会选择自己熟悉而不是距离单位近的银行，农村商业银行可以通过加强与农村企业的联系，争取这些企业单位的业务办理来增加银行的收入。而在金融产品代理方面的影响对居民是最低的，这说明农村居民对金融产品的认识有限，理财需求没有那么旺盛。

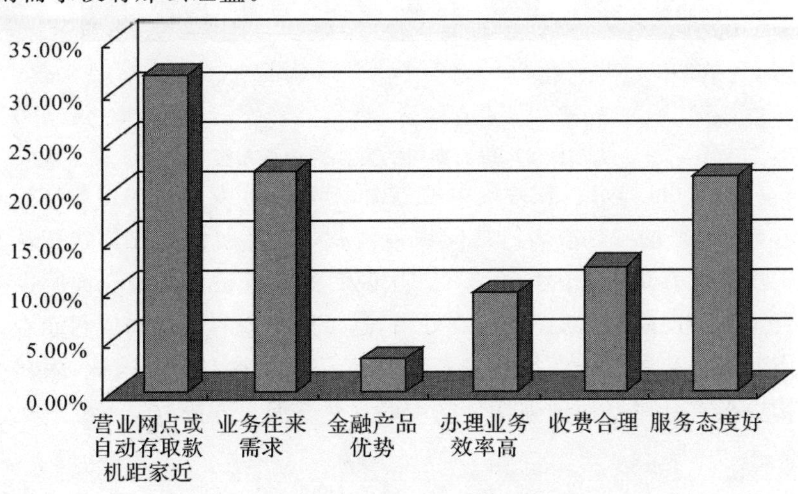

图 7　居民选择银行办理业务主要影响因素分布图

4.资金需求状况分析

在问卷调查中，针对被调查者我们设计了农村居民与农村企业面临的主要资金短缺方面这一问题，从而从资金需求状况与筹资渠道进行进一步分析。

从图 8 可以看出，在资金短缺方面，25.3％的被调查者选择了盖房买房。这说明农村居民在盖房买房方面的资金短缺比较严重，这可能与农村居民对房子的重要性看得比较重有关。其次，商业活动、购买汽车、子女教育、基本生活方面资金短缺相对比较多，分别占 11.5％、12.6％、12.1％、13.2％，这些方面与衣、食、行有关；并且可以看出，被调查者对子女教育非常重视，同时也说明当今社会教育费用真的不低。在农业活动、返乡创业、医疗、缴纳社保金方面资金短缺相对比较少，这可能与农村居民对这些方面的了解不深入有关。

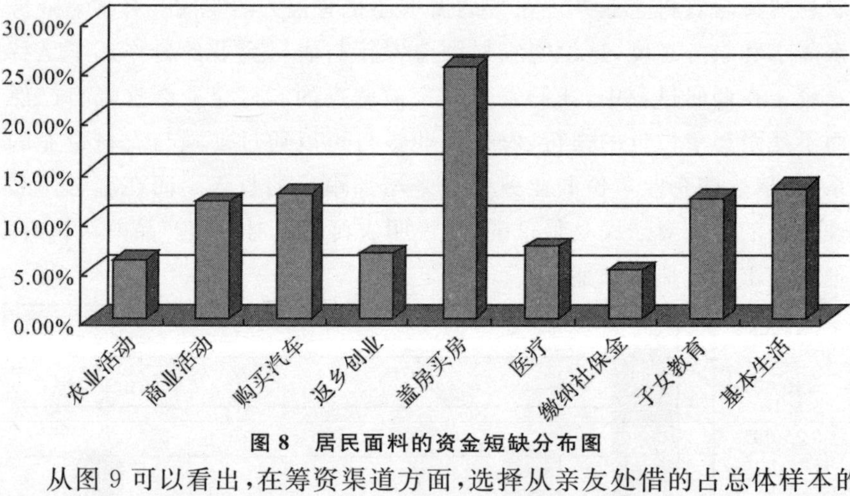

图 8　居民面料的资金短缺分布图

从图 9 可以看出，在筹资渠道方面，选择从亲友处借的占总体样本的 53％，有 41％的被调查者选择向银行借款，选择向信用社贷款和从其他非正规渠道筹集资金的均占 3％。这说明大部分被调查者在面临需要筹集资金的情况时，会选择从亲友处借，这可能与农村居民与农村企业对农村商业银行和信用合作社的贷款制度不是很了解有关。因此，农村金融机构应当有针对性地加强贷款制度的宣传普及工作。

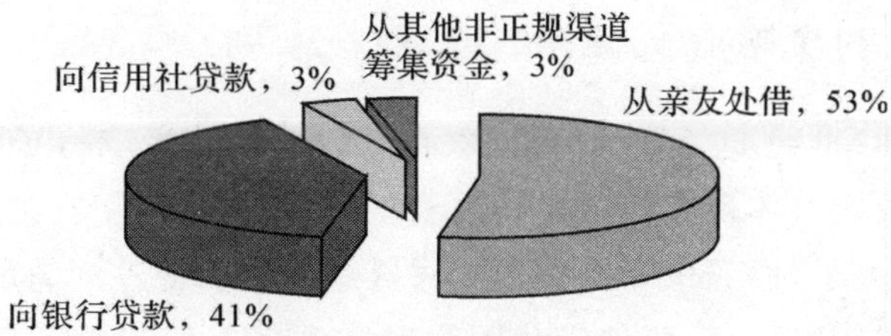

图 9　资金短缺时筹集渠道分布图

5. 向银行申请贷款主要关注的因素

从图 10 可以看出，在申请贷款主要关注因素方面，30.9%的被调查者选择利息费用低，30.1%的选择申请条件简单，选择贷款手续简便与担保方式灵活的样本分别占总体的 24.8%与 14.2%。这说明申请贷款时，客户比较关注贷款成本、申请条件，这也说明为什么那些申请门槛较高、成功率较低及较高的利息费用的银行贷款，农村居民都会选择拒之门外，这也解释了图 9 中资金短缺时选择从亲友处借款占比较高的原因。同时，客户也比较关注贷款手续是否简便的问题，如果银行贷款手续比较复杂烦琐，农村企业业主、农民本身学历较低，遇到烦琐的手续会有一定的回避心理。最后，在担保方式方面，由于农村小微企业、农户缺乏银行认可的担保物，使得他们无法取得银行贷款，久而久之会对银行贷款担保产出抵触心理。因此，银行应加强担保方式灵活度的调整。

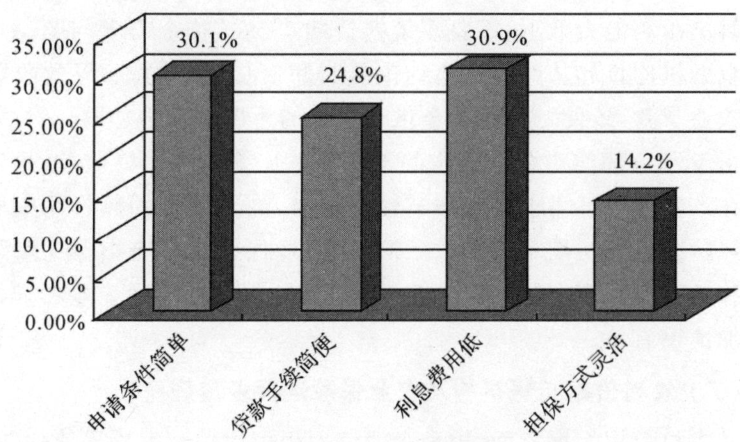

图 10　申请贷款主要关注因素分布图

三、农村金融服务存在的问题

尽管20世纪90年代以来的农村金融体制改革取得了一定的成效，但这种成效主要体现在金融机构自身的治理结构改善了、盈利能力增强了、规模做大了，而农民和农业发展对资金的渴求得不到满足的局面并没有得到改观，农村金融仍处于我国金融体系最急切需要完善的环节。主要表现为以下方面。

(一)新农村建设所需的大量资金需求难以满足

在调研过程中，我们发现仅有少数农村信用社和邮政储蓄银行在一些传统的农业地区、贫困乡镇有网点，其他正规的金融机构覆盖农村地区的范围有限，不能形成良性竞争。此外，农村信用社和邮政储蓄银行目前提供的业务基本以风险较低的业务为主，对待农村企业的服务效率和质量也不高，所以农户与农村中小企业的贷款难和担保难的问题并未从根本上解决，甚至在农信社的改革后变得更加困难。农村金融市场不发达，有场无市，城乡“二元金融”特征突出。

究其原因：一是农业信贷的政策属性、低利性和农村金融机构信贷服务的商业化运作、高盈利追求之间的矛盾。现有的诸如国有银行、农村信用社、政策性银行等正规金融机构，均以商业化、股份化为改革方向。这一改革导向的结果必然是股东利益至上和盈利最大化，而这种改革路径只是为了培育和完善农村金融机构自身的组织机制和经营机制而已，并不能解决盈利能力低下、需要政策扶持的“三农”资金需求问题。二是商业性金融机构日趋从严的风险约束机制和信贷风险防范，导致收紧高风险的农业贷款，致使“三农”资金供求紧张的矛盾进一步加剧。

由于监管部门对金融机构的不良贷款比率进行严格监控，导致涉农资金在产生集中性需求或者季节性需求时，商业银行的风险约束机制或信贷风险防范无法满足该需求。同时，农业保险与政府担保在风险分担和转移机制方面存在体制不完善，这可能与金融机构对于涉农贷款的发放更加慎重有关。

(二) 农村信用担保机构及农业保险运行多重碰壁

在农村信用担保方面，中小企业信用担保组织在发展迅速的同时，也存在许多矛盾:诸如担保与投资划分不清、中小企业经营行为不规范、担保机构与银行相互推诿、监管部门监管力度不够、风险补偿机制不健全等问题比较突出,导致其运行障碍重重。再加上这类保险及信用担保机构等非银行的涉农金融组织发展不健全,在一定程度上提高了金融机构对农业、农户、农村企业的风险评估,进而变得更加惜贷,也导致农村信贷风险难以通过保险或担保机制等进行有效分担,造成农村金融市场的信贷风险居高不下。

(三) 农村民间信贷活动被政策边缘化,难以发挥有效作用

基于农村信贷资金需求具有明显的季节性、集中性、多元化特点,我们试着比较不同信贷供给的优缺点。从表 6 可以看出,民间自发创新性组织虽然在满足融资需求方面的灵活性更强,但是由于无法取得相应的经营许可,贷款行为缺乏制度性约束,其作用不能得到有效发挥。

表 6 不同类别金融机构的比较

类 别	典 型	优 点	缺 点
正规金融机构	政策性、商业性、合作性银行	取得经营许可; 资金供给量大	贷款方式与担保方式不够灵活
新型金融组织	村镇银行、贷款公司和资金互助社	取得经营许可; 能比较灵活提供农户和中小企业的融资需求	有一定的灵活程度但会受到相关制约
民间自发创新性组织	标会、资金互助组织、农村社区发展基金、小额贷款为主的乡村发展协会	灵活便利地满足农户和中小企业融资需求	无法取得经营许可; 被政策边缘化

从调研结果看,农村金融市场存在日益严重的资金外流、农户和中小企业资金需求得不到满足、部分较富裕的农民可选择的投资渠道少等情况,农村的金融供给远不能适应农村多元化金融需求的现实,影响了农村经济社会的发展。

有鉴于农户与农村企业资金需求与融资渠道的矛盾日益突出,诸如地下钱庄、高利贷现象在民间盛极一时,并且处于制度的空白。这些都不利于农村金融市场的稳定和“三农”问题的解决。为了促进农村金融市场的发展和金融服务水平的提高,促进农村经济社会的持续稳定发展,农村金融改革的重要性日益突出。为了解决农村金融目前存在的资金流出严重、农户和小微企业资金需求得不到满足、部分较富裕农民投资渠道少等问题,专家提出增量改革渠道,这不仅可以产生较大的社会效益和国家效用,只要运营得当还可以给新型农村金融机构带来直接的经济效益。在此背景下,小额贷款公司、村镇银行等异军突起,在政府的协调下也逐步开始布置试点工作,并得到了迅速发展。

(四)涉农银行的支农作用发挥不尽如人意

由于农业生产往往周期长、获利额有限,经营容易受自然灾害等因素影响,导致农业贷款风险高、利率低,包括农业银行在内的国有商业银行在股份制改革及上市后,都进行了经营战略大调整。县级以下的网点大量被撤销,贷款权限被回收,资金调配统一归口,导致涉农银行的服务农业作用明显弱化。农村金融机构改革面临服务“三农”与金融业商业化运作之间的矛盾,如何处理两者关系将对其改革成果产生重大影响。

四、农村金融服务存在的问题及原因分析

农村金融服务存在问题及原因如表7所示。

表7 农村金融服务存在的问题及原因分析

存在的问题	原因分析	结 果
农村金融产品和服务成本高	社区性、零售型,平均成本高; 网点布局分散,单个机构业务规模小; 农村网点的分散和结算渠道的阻塞; 信贷管理成本高	鉴于成本最小化,将业务重心从农村转移到城市

续　表

存在的问题	原因分析	结　果
金融业的利益至上观与风险规避观突出	县及县以下的经济主体普遍表现弱质性特征，导致这些经济类型不仅经营效益不确定，而且缺乏抵质押物； 作为服务"三农"的主力军合作金融机构在提供服务和开展业务时还是有所保留，谨慎贷款	农村资金大量外流和农民贷款困难的局面
金融创新能力不足	缺乏一线的金融产品创新的研发人才和营销人才，尤其是精通金融创新理论并具备实际操作经验的技术技能型人才更加缺乏	金融创新开发受到制约
金融创新潜在风险较大	研发风险，研发风险随着大数据时代的到来将有明显改善； 政策风险； 经营性风险	农村金融服务品种单一、创新不足

五、农村金融服务创新的建议与对策

（一）规范准入退出机制

在农村金融服务体系中，对于效益和风险同时存在的金融业务，农村金融机构的推进发展与退出机制双管齐下，规范其准入与退出机制，使其投机风险降低。通过加强准入与退出机制的建设，一方面可以保护存款人的利益，另一方面也可以用制度促进农村金融机构的改革，改进经营管理制度，提高经营管理水平。对于存款保险制度，虽然有一些争议，但总的来说，该制度能增加老百姓对银行，尤其是小银行、民营银行的信任，保护存款者的利益。这对于维护金融安全与稳定，防止银行出现挤兑起到了积极作用。存款保险制度在诸如保险范围、机构设置、风险控制、投保方式等方面做出明确的规定，应当立法先行。

（二）创新担保制度

在创新担保制度方面，结合当地实际，我们建议的主要措施如下。

1. 灵活创新担保组织形式。大力发展市场中介，降低交易成本。发展以价值评估为主的农村中介,促使交易的公平、公正、公开。积极探索农房抵押贷款试点(例如农村土地承包经营权、宅基地使用权抵押试点),建立多种形式的农户贷款担保基金,丰富"三农"贷款的方式和手段。但农村土地承包经营权、宅基地使用权抵押贷款会推动新一波圈地运动,因此推行试点时要慎重。

2.扩大担保范围,创新担保方式。一方面,通过增强担保机构实力从而放大担保倍数;同时积极建立中小企业联保,从而推进和完善多元化的农村金融服务体系建设。另一方面,进一步增加农户和农村中小企业可用于担保的财产范围,农村金融机构通过与行业协会或者担保协会的合作,促进其既能有效控制风险又能扩大信用贷款担保财产范围。

(三)利用大数据创新农村金融产品和服务

大数据互联网+时代,在对传统金融领域带来冲击的同时,也给传统金融行业带来了机遇。我们可以通过微博,QQ以及微信平台,针对互联网在农村青年中的普及率更高的现状,农村金融机构要设计出更多符合农村青年需求的金融产品。我们应当利用好大数据平台,进行农村金融产品和服务的创新,做好农村互联网金融建设工作。

1.实现金融产品多样化、定制化

在城镇化进程中,住房资金需求将催生信贷金融,社会保险消费将催生养老金金融,基础设施建设的资金需求将催生财政金融。一方面这些业务风险较低、中间收入较高,商业银行业应加大这方面的金融供给;另一方面这些资金需求位于偏远地区的村镇,商业银行应通过网络、移动客户端开发多种渠道,灵活便利地满足此类农村金融需求。

随着现代居民尤其是农户与农民工的消费习惯与消费能力在不断改变,消费模式也随之变化,诸如信用卡消费、支付宝消费等需求涉及各行各业并逐年增长。基于此,金融产品的多样化、定制化需求将不断上升,这将给金融业带来发展机遇。因此,金融业尤其是农村金融机构应该深入了解此类需求,实现金融产品的多样化、定制化发展。

2.以服务"三农"为根本,重点创新小微企业金融产品

在城镇化进程中,每个区域或每个产业都有其独特性与优势,同时每个区域或每个产业也都有风险与法律监管漏洞存在。因此,农村金融机构应该慎重选择产业,通过向这些产业的小微企业创新金融产品提高竞争能力，并使失地农民可以得到很好的就业机会，带动农民创业，服务“三农”。

由于小微企业对资金需求的特殊性，并且往往存在传统抵押物不足的问题，再加上小微企业的贷款与信用记录不完整的特点，农村金融机构可以针对这些特点创新新型的金融产品与服务，诸如可以增加小微企业通过应收账款融资、订单融资、存货融资或供应链融资进行融资。另一方面，创新开发针对中小企业的金融创新服务模式，诸如小企业债权集合信托、网络联保、信贷工厂等。通过创新金融产品与服务满足农户、农村中小企业的多样化金融需求，为城镇化进程中农村金融产品与服务质量的提升做好准备。

（四）多管齐下完善农村金融服务体系

农村金融机构应该通过吸入政府财政补贴来展开资金来源渠道，银行可以从中取得政府担保的风险较低的资金，从而增加外来农业贷款资金。农村金融机构目前的侧重点是农产品的流通领域，但是随着农业开发，长期的资金需求比较旺盛，农村金融机构可以进行战略性转移。同时，农村金融机构应当创新经营方式，可以通过将多种业务进行灵活整合的方式来提高农村金融服务的质量和效率。农村金融机构应积极引导商业性金融服务“三农”，这里就需要政府发挥引导作用，建立一个利益诱导机制引导商业银行主动进入农村，通过量化考核的方式，进一步完善金融服务体系。

［参考文献］

［1］李喆，吴淑景．城镇化进程中农村金融服务需求分析［J］．经济研究导刊，2012（6）．

［2］李建伟．城镇化背景下农村异质性金融需求制度实证研究［J］．云南财经大学学报，2014（1）．

［3］赵俊英．新型农村金融机构服务创新路径研究［J］．现代商贸工业，2014（13）．

［4］高建钢．新型城镇化给商业银行带来的机遇与挑战［J］．甘肃金融，2014（6）．

完善农村金融服务体系的对策研究

□吴　节

摘　要:社会主义新农村建设需要有足够的资金支持,要解决资金的问题,就必须重视农村金融建设。农村金融是一个国家宏观金融体系的重要组成部分,也是现代农村经济的核心,该文通过对我国农村金融服务的发展现状分析,提出了农村金融服务体系建设的要点,并在此基础上借鉴国外发展经验,重点探讨政府作用发挥、金融服务资源如何优化配置等问题,进而提出完善和创新农村金融服务体系的对策建议,论述了农村金融服务体系发展的途径。

关键词:农村金融;新农村建设;农村经济;金融体系

一、导　论

(一)问题的提出

中国是一个农业大国,"三农"问题是关系到整个中国经济社会发展的重大问题。没有农村和农业的现代化,也就没有中国经济的现代化,健全和创新农村金融服务体系是我国金融工作的重点所在。目前,我国的农村金融服务体系存在种种缺陷,阻碍农民增收制约因素的共性因素是农村金融改革的滞后。相对于城市金融体系而言,农村金融体系市场化、多元化、社会化、规范化程度都比较低,可以说这是我国整体金融体系中最为薄弱的部分之一。中国农村一贯以来都是资本高度稀缺的地域,而农业又是资金要素过度稀缺的产业。因此,农村金融体系的落后将会制约农业、农村经济的发展,成为阻碍社会主义新农村建设的瓶颈。

随着社会主义新农村建设战略目标的提出,我国农村金融体系的改革发展遇到了历史性机遇。它对农村改革发展做出战略部署,为推动金融改革从新的起点出发，谱写了新的篇章。对于在社会主义新农村建设的背景下，如何选择新一轮农村金融改革发展的突破口，如何健全和创新农村金融服务体系等问题，近年来学术界对此表现出了日益浓厚的研究兴趣，并且取得一定的学术研究成果。譬如在推进农村金融改革和发展方面，目前已有了一定的进展，包括调整农业发展银行业务范围、加快农村信用社改革步伐、启动邮政储蓄改革等措施，初步形成了农业银行、农业发展银行、农村信用社等农村金融组织格局等。虽然农村金融体系的改革步伐很快，但是从总体上来看，还有很多问题的研究不到位，农村金融体系的现状与新农村建设发展对农村金融的需求还有很大的距离，农村金融体系仍然是整个金融体系中最薄弱的环节。为此，加快农村金融改革与发展，健全和创新农村金融体系，推进社会主义新农村建设，成为需要研究的重要课题之一。

(二)选题的意义

改革开放以来，中央一直要求要深化改革，其中对金融的改革又是整体布局中的一项重要决定。金融发展水平越高，其相应地对经济发展促进作用也越明显，社会经济发展水平和速度也就越高、越快；反之，如果金融体系不完善，金融发展水平低，其对经济社会发展的促进作用就会大打折扣。

要促进社会主义新农村建设，必须改变当前农村金融的非均衡状态，形成农村金融均衡发展的态势，同时还要解决“三农”的金融需求问题。这就要求在农村金融改革整体推进、相关机构职能配套改革进行的同时，通过改革形成有效支持社会主义新农村建设的金融合力。在现代社会经济条件下，农村金融发展水平的高低一定程度上决定着农村经济社会发展水平的高低。完善农村金融服务体系，可以整合农业产业链，扶持龙头企业做大做强，也可以帮助金融机构更好地迎接金融改革、利率市场化以及互联网金融所带来的冲击和挑战。在新农村建设中，研究农村金融体系的完善和农村金融发展，是有效解决我国“三农”问题的重要途径。也就是说，对农村经济社会发展中的农村金融进行研究不仅具有重要的理论价值，同时还具有很重要的现实意义。

(三)研究的方法和思路

首先是规范分析和实证分析相结合。研究农村金融对经济社会发展的支持问题，目的在于对农村金融体系提出进一步发展完善的对策建议，进而为农村金融支持新农村建设提供理论支持。本文在实际研究过程中，也是遵循规范分析和实证分析相结合的方法而进行的。首先，在对农村金融服务体系存在的问题进行实证分析的基础上，从规范分析的角度，研究我国农村金融服务体系应该是什么，提出完善和创新金融服务体系的政策建议。

其次是定性分析与定量分析相结合。本文通过对农村金融、农村经济社会发展现状资料、金融环境的新特点、农户贷款状况等运用问卷调查、统计数据、图表等工具进行了必要的搜集、整理和量化分析，做到"实事求是"。同时笔者还针对现实材料进行了系统抽象的分析，在此基础上分析中国农村金融体系在支持新农村建设中所存在的问题，进而提出相应的对策和建议。

二、农村金融服务体系概述及理论基础

(一)农村金融服务体系概述

农村金融体系是国家金融体系的重要组成部分，它是指在县及县级以下由若干银行业金融机构组成的为农村经济发展融通资金的金融组织体系。农村金融服务体系从功能上来说，具有提高农村社会的储蓄率，增加农业发展的资本积累、促进农村储蓄向投资转化效率的提高，在推动农业生产规模的扩大和农村经济结构的调整、推动农村经济金融化货币化进程等方面的作用。从理论上来看，农村金融体系应该包括一系列内涵丰富的金融组织形式和服务品种，如银行信贷、结算、保险、证券、信托投资理财等。

在农村地区，目前正规金融组织包括中国农业发展银行、中国农业银行、农村信用合作社、邮政储蓄银行以及新型农村金融机构。而非正规金融表现则为农村居民个人之间、个人和民间金融组织之间的货币性贷款融资。但是，无论是正规金融组织还是非正规金融组织，在满足农民和农村企业的金融需求方面都发挥着重要的作用，是我国农村金融市场的重要组成部分。

(二)农村金融服务体系理论基础

1.农业信贷补贴论

20世纪80年代以前,农业信贷补贴论一直以来是农村金融理论界占主流地位的传统学说。按照农业信贷补贴论的说法,由于农业相对于第二、三产业有其特殊性,农民的收入具有较大的不稳定性,这些因素决定了农村金融机构不应该仅仅以营利为目标。在农村信贷补贴论的学说下,农村金融市场需要有政府的干预,但是政府的这种干预会带来许多问题。比如由于还贷率比较低,金融机构职工会利用职权进行寻租,个别职工缺乏责任心,贷款往往会在关系网的小圈圈内发放,这种现象有时甚至会导致农村银行的亏损。实践证明,低息贷款的主要受益人并不是真正需要金融资金支持的农村贫困农户,而极有可能是富有的农民。总体来说,农业补贴论政府主导下的金融制度,市场的调控作用还没有发挥出来,这种理论没有发现农村金融的实质问题。

2.农村金融市场理论

20世纪80年代以后,农村金融市场理论逐渐取代了农业信贷补贴论。农村金融市场理论的前提和农村信贷补贴论相反,它强调市场的作用。该理论主张适当发展非正规金融市场,减少政府的干预,实现利率市场化和农村资金供求的平衡。该理论认为,农村居民除贫困阶层以外是有储蓄能力的,没有必要由外部向农村注入资金;认为低利政策妨碍人们向金融机构存款,抑制了金融发展;认为农村金融机构资金的外部依存度过高是导致其贷款回收率降低的重要因素,非正规金融机构贷款的高利率因农村资金拥有较高机会成本和风险费用而具有一定合理性。

由于这一理论完全依靠市场机制作用,极力排斥政府在农村金融中的控制和干预。因此至今该理论在市场经济国家中依然占据主流地位,受到人们的广泛关注。

3.不完全竞争市场论

20世纪90年代以后,东南亚等地区和国家发生了严重的金融危机,这个现象使学者们认识到市场机制并不是万能的。对于稳定金融市场来说,相对合理的政府干预是非常需要的。不完全竞争市场论认为,要培育有效率的金融市场仍然需要得到市场因素的支持。发展中国家的金融市场是一个不完全竞争市场,如果完全依靠市场机制是无法培育出真正的农村金融市场的。由于市场不是万能的,也有失灵的时候,这就需要政府的介入,政府在金融市场中的作用十分重要,但是政府不能取代市场,而是应补充市场,弥补市场的缺失部分。

不完全竞争市场理论也为政府介入农村金融市场提供了理论基础,但此理论与农村信贷理论又是不同的。不完全竞争市场理论认为,政府对金融市场监管应采取间接控制机制,并依据一定的原则确立监管的范围和监管标准。政府适度的干预必须以完善的体制结构为前提,这样才能克服市场缺陷,完善农村金融服务体系。

从以上 3 种理论观点和政策主张来看,农业信贷补贴论、农村金融市场论以及不完全竞争市场理论分别是金融抑制论、金融深化论和金融约束论的理论观点和政策主张在农村金融领域的具体体现。笔者认为,不完全竞争市场理论与农村金融市场论基本上是相容的,该理论中的信息不对称分析和不完全市场分析是金融市场分析中的重要工具。市场机制本身是一个良好机制,但完全依靠市场机制有时会出现失效,需要政府对金融市场的间接监管和适当干预。

三、金融服务体系的发展现状分析——以浙江省为例

(一)农村金融服务体系金融功能的历史变迁

浙江省农村金融发展是我国农村金融发展历程的缩影,其发展轨迹主要经历了以下几个阶段。

第一阶段是农村金融形成时期。浙江省农村信用社始建于 1952 年 10 月,到 1956 年底农村信用社总数为 2569 个,实现了乡乡有社。1955 年中国农业银行成立,标志着浙江省农村金融的主体框架已形成。

第二阶段是农村金融变革时期。在浙江省农村信用社建立后的前 30 年中,信用社的体制大概经历了从农村信用社到信用分部,再由信用分部恢复至信用社的过程。管理主体也经历了从银行管理到人民公社管理,从贫下中农管理再恢复至银行管理,共分为 4 个时段。

第三个阶段是农村金融发展时期。根据国务院《关于改革信用社管理体制》精神和中国农业银行总行的具体部署,在 1983 年富阳农村信用合作社恢复“三性”试点基础上,又率先进行了组建县联社的试点,并于 1984 年 9 月完成了改革试点,成立了全省首家农村信用社联合社(简称

县联社)。1986年国家允许邮政系统恢复开办储蓄业务,1994年中国农业发展银行成立,我国农村政策性金融诞生,形成了由商业金融、政策金融、合作金融构成的正规农村金融体系,其中农业银行仍然占据主体地位。

第四个阶段是农村金融改革时期。1999年11月26日浙江省信用合作协会正式成立,行使了对全省农村信用社的指导、管理、协调和服务职能,至此农村合作金融体系正式形成。省农信联社在省政府领导下,承担对信用社的管理、指导、协调和服务职能。省农信联社于2004年4月18日正式挂牌成立。农村信用社开始成为支持"三农"的主力军。

第五个阶段是农村金融深化改革时期。2007年1月29日《中共中央国务院关于积极发展现代农业扎实推进社会主义新农村建设的若干意见》将农村金融进入了深化改革时期。目前,浙江省农村金融已经形成以合作金融为主体,商业金融、政策性金融分工协作,民间借贷为补充的农村金融服务体系。

(二)浙江省农村金融服务供给主体分析

1.正规农村金融服务供给主体

(1)商业性农村金融机构。中国农业银行重建于1979年,在县级以上的城市,中国农业银行的市场定位与其他国有商业银行并无显著区别,经营管理强调以利润为核心。中国农业银行的贷款业务主要投入国有农业经营机构和乡镇企业,基本上与农户并无直接关系。尤其是1994年中国农业发展银行成立以后,原由中国农业银行承担的政策性支农业务逐步剥离,中国农业银行以市场为导向的商业化改革步伐进一步加快。改制后的农村商业银行仍然秉持立足"三农"、立足中小企业,向城乡提供金融服务的经营理念,但经营模式已经由合作制转为股份制,再加上其开展业务时间不长,支农力度还有待观察。

(2)合作制农村金融机构。农村信用合作社是农村金融市场的主力军,其分支机构遍及几乎所有的乡镇甚至农村,也是农村正规金融机构中唯一与农业农户具有直接业务往来的金融机构。特别是近两年来,农村信用社坚持为"三农"服务,不断改善资产质量,不断创新业务品种,不断加大信贷投入,努力支持新农村建设和地方经济发展,逐渐成为农村地区唯一的正规金融机构,承担着支农主力军的重要职责。

(3)政策性农村金融机构。中国农业发展银行成立于 1994 年,是我国唯一的农业政策性金融机构。主要办理粮棉油企业及农林牧渔业的产业化龙头企业贷款和农业基础设施建设贷款,包括为农副产品收购,农业基本建设和农业综合开发等政策性业务提供贷款,支持整个农业开发和农业技术进步。从数据来看,农发行浙江省分行加大了新农村建设的信贷支持力度,表现在 4 个方面,分别是支持粮食安全体系建设、推进农业产业化发展、支持改善农村生产生活条件、办理农业科技贷款业务。

(4)邮政储蓄银行。邮政储蓄银行由邮政储蓄改组而成,在农村地区有众多的服务网点。目前,邮政储蓄银行主要提供汇兑、小额贷款等业务。邮政储蓄凭借其优良的国家信誉保障、方便快捷的服务和遍布城乡的网点和网络优势,成为部分群众尤其是外出务工农民的首选。邮政储蓄银行业务的开展在一定程度上满足了部分农户的资金需求,活跃了金融市场。

2. 非正规农村金融服务主体

(1)民间借贷。民间借贷是指公民与非正规金融机构、个人之间的借贷,资金用途可分为生产性借款、生活消费性借款和非正常性借款 3 种。民间借贷可分为两类,一类是互助性无息借贷,主要是发生在亲戚、朋友之间的借贷关系,他们之间的借贷关系出于相互之间的信任,借贷金额往往较小,期限也较短。另外一类则是带利息的借款,借款利息取决于利率和借款周期,借款可用于生产、生活等不同用途。以上两种民间借贷形式在农民的生产和生活中均普遍存在。

(2)合会。合会是民间盛行的一种互助性融资形式,历史比较悠久,在浙江地区也非常活跃。合会往往以一个自然人为首,由若干人组成。合会成员出于某种目的,每人每期会上交约定数额的会钱,每次收集的资金轮流交给会员中的一人使用。

(三)浙江省农村金融服务需求主体分析

1. 农户

农户经济活动总体上呈现出多样化特征,不同的经济行为带来了不同层次的金融需求,包括信贷、结算、汇兑、保险等一系列的金融服务需求,其中,信贷需求是浙江省农村金融服务需求的主要内容。据调查发现,农户信贷 3 个最主要的用途是农业生产、做生意、盖房或修缮。以浙江省农户为例，浙江省农户主要以市场型农户为主，开始从事以市场为导向的专业化、规模化农业生产，农户借款用途偏好于集中在致富型的农业扩大再生产之上，因此需要更多资金支持。据统计，近两年来有80%的农户曾向正规金融机构提出过贷款申请，由此可以看出大部分农户有融资需求，并且对资金需求仍然比较强烈。但是需求虽然强烈，农户的融资金额却差别较大，数据显示，农户融资最低金额为0.2万元，最高的达到350万元，总体来说基本上还是以小额为主。另外，农户贷款的期限较短，基本上为短期贷款。

2.农村中小企业和农业产业化龙头企业

农村中小企业是处于发展初期的小型企业；农业产业化龙头企业，是指以农产品加工或流通为主业，通过各种利益联结机制与农户相联系，带动农产品进入市场，使农产品生产、加工、销售有机结合、相互促进，在规模和经营指标上达到规定标准并经有关部门认定的企业。农村中小企业由于自我积累能力不足，经济风险较大，因此正规农村金融机构对其放款时往往比较谨慎。而农村产业龙头企业相比农村中小企业拥有更加良好的收益和健全的承贷主体，所以更容易为正规金融所接纳，也更倾向于向正规金融机构贷款。两者相比，虽然农业产业化龙头企业更易为正规金融所接受，但金融机构所提供的金融支持力度与融资需求相比仍有很大差距。

四、农村金融体系在服务新农村建设方面面临的问题及原因分析

(一)农村金融体系在服务新农村建设方面发展面临的问题分析

1.正规金融供给不足，民间借贷活跃

由于我国农村金融体系和金融市场均存在诸多缺陷和不足，农村金融发展已经明显落后于农村经济增长。因此，出现了农村经济社会中的金融“真空”，这些真空的出现和存在使民间借贷应运而生。以浙江省为例，该省的民间金融较为活跃，主要形式有高利贷、普通借贷、合会等，形式均以短期融资为主。其中，合会的操作较为成熟，为人民群众所广泛接受。农户及中小型乡镇企业更倾向于民间借贷，究其原因是其金融需求无法通过正规金融渠道获得满足。由于正规金融渠道放贷条件相对比较

苛刻,手续也比较烦琐,且一般要求借款者提供担保或抵押物,一定程度上阻止了农户和农村中小企业融资的进行。所以,从某种程度上来说,民间金融与正规金融之间既是竞争又是互补的关系。

2.政策性金融功能缺位,制约了金融支农作用的发挥

在当前现实情况下,农业发展银行是我国唯一的农业政策性金融机构,其担负着粮、棉等大宗农副产品的收购、农业综合开发、农村基础设施建设、农村生态环境建设、扶贫开发等政策性金融扶持功能和职责。但是农业银行业务较为单一,并且一直处于低迷发展状态,实际上其支持农业发展的职能与现实状况名实不符。这种现象极大地制约和阻碍了农业生产条件改善、农村产业结构调整和农村生产力水平的提升。

3.农村金融服务手段落后,服务功能弱化

随着外向型农业的发展,农业产业化、市场化程度不断提高,需要金融部门在信贷、结算、委托代理、投资理财、信息咨询等方面提供全方位的服务和引导支持,但目前我国的农村金融体系实际上是单一的银行信用,保险、证券、基金、信托等机构在农村地区基本属于空白。农村金融产品比较匮乏,服务功能明显欠缺,难以适应新农村日益多样化的金融需求。融资渠道单一,农村企业很少通过发行股票债券来筹措资金。

4.合作性金融发展迟缓,支农乏力

随着国有商业银行"抓大促重"战略的实施和县域经济的逐步退出,农村信用社被强迫安排到支持新农村建设和农村经济社会发展的最前沿,其对农村经济社会发展和新农村建设做出巨大贡献。但是近年来,农村信用社不断向商业化经营转变,合作社内部社员的贷款和融资需求不断被漠视和淡化,在不断强调信贷担保和抵押的条件下,能够符合贷款条件的农户极其有限,因此针对农村经济发展的信贷投入总量不断下降。

5.农业保险制度发展十分缓慢

目前,我国保险业在农村仍处于发展的初创阶段。从1985—2004年近20年间,我国农业保险呈逐年萎缩的态势。主要表现为险种减少、农业保险有效供给不足、保障覆盖面窄、保障体系不健全等几个方面。据统计,享有养老金的农民、五保户和定期救济抚恤的人数只占农村劳动者的1.9%,尚有98.1%的农村劳动者未纳入社会保障体系,加上县级以下城镇集体单位职工和城镇个体经营者,全国乡村绝大多数的劳动者基本上

没有享受社会保障。

(二)农村金融服务体系存在问题的原因分析

1.二元金融特征明显

由于历史原因形成了我国现阶段特殊的二元经济结构,相较于城市的繁荣,全国大部分的农村地区经过多年建设发展仍是生产力较为低下的小农经济,很多现代化生产手段基本都没能进入农村的生产过程。这些现象加大了农村的生产成本,导致农业产业效益低,基本不存在任何的比较优势。总体而言,浙江省在城乡一体化的经济发展道路上一直走在全国前列,但是二元经济结构的影响依然存在,城市经济压制农村经济、第二和第三产业挤出第一产业,突出表现在以扭曲的农村生产要素和农产品价格为代表的社会初次分配,以及体现在农村社会保障、公共事业建设和农民工劳动价格、医疗卫生、文化教育等方面的社会再分配上。尽管浙江省基于整体经济实力在城乡收入差别状况比全国情况要好,但二元经济特征仍然十分明显,城乡一体化和谐发展仍然任重道远。

2.政策性金融制度功能缺失

农发行资金投放主要集中于粮棉油收购范围,在种类上也以流动资金贷款为主,基本没有中长期贷款业务。农发行既不能根据市场需要开拓自身业务,也无法对农业所需项目给予及时支持。事实上,农发行的资金投放只有保护农业的渠道而没有发展农业的机会,与其农业政策性银行名实不符。农发行1994年成立以来,农业政策性金融相关法律法规却迟迟没有出台,农业政策性金融的性质、职能、地位、经营目标、管理体制、筹资机制以及与政府、财政、中央银行、农民之间关系等没有得到法律的确认,农业政策性金融的管理和运营缺乏必要的法律基础。目前在我国,农业政策性金融机构只有中国农业发展银行一家,并且农发行人员少、机构少,不能适应农村分散性的特点,不能贴近分散的农民,因此也就不能更好地了解和满足农民和农业的需要,不利于对农业的保护与扶持。

3.政府对农村金融发展进行主导的制度制约了农村金融发展

我国农村金融体系是由政府采取自上而下的方式建立起来的,是一种政府主导的金融制度安排,具有极强的外生性。由于这种方式不是通过提高微观经济主体的参与程度或增加微观经济主体的收益来激励金融成长,所以其制度本身就缺乏与当地经济主体的融合,在没有与金融成长和微观主体相辅相成、共同发育过程的情况下,政府往往成为推进金融成长的绝对主力,金融组织机构或微观金融企业处于被动地位。虽然政府逐渐意识到农村金融发展和改革对农村经济社会发展的重要性和必要性,甚至采取行政措施促进了农村金融跨越式发展,尤其是农村金融规模在政府主导作用下急剧膨胀,但政府主导下的农村金融没有重视对资源的配置作用和功能,而只注重了其调动资源的功能,这使得农村金融在"高增长"的外表下,隐藏着"低效率"的内在本质。

4. 小额信贷过于弱势

随着国家支持"三农"各项政策的逐步落实、农村"打工经济"迅猛发展和农产品价格恢复性上扬,农民收入迅速增加,大部分农户小额贷款的需求越来越高。现阶段,农信社在投放农户小额信用贷款时,仍沿袭了过去"春放秋收冬不贷"的做法,贷款期限也严格控制在1年以内,与农业产业结构调整以后经济活动周期长、资金周转慢的新特点不相适应;对于科技含量高、附加值高的现代农业和综合开发项目问题更加突出;对于长期从事农产品加工、规模养殖业等而言,期限过短更是一个瓶颈。

五、完善金融服务体系的目标及对策

在建设社会主义新农村的战略要求下,农村金融服务体系的改革势在必行,现行农村金融体系只有进行积极的变革和创新,才能尽快形成完善的新型农村金融服务体系,满足农村金融服务需求。

(一)完善农村金融服务体系的目标

1. 适应农村金融服务需求

农村金融服务体系是否完善最重要的衡量标准就是有需求的农户能否在农村金融市场上以较低的成本获得满足。因此,农村金融服务优化应该始终坚持以"三农"为服务对象,积极创新符合需求的产品和服务,适应农村金融服务需求。

2. 统筹城乡发展

浙江省农村二元经济结构的矛盾比较突出,不利于"三农"问题的解决。破解"三农"问题的关键在于农村金融能够提供高效的服务,统筹城乡发展,具体表现为:采取积极有效的措施解决农户贷款难问题;提升农村金融服务品质,扩大服务范围;健全农村金融体制,提高金融资源配置效率。

3. 维护农村金融市场稳定运营

优化农村金融服务体系就是要在深化农村金融创新的同时减少伴随而来的市场风险和信用风险，保证农村金融市场的可持续发展，提高农村金融市场效率。

4. 满足新农村发展的需要

改变当前农村金融的非均衡状态，形成农村金融均衡发展的态势，解决"三农"的金融需求问题。通过农村金融改革整体推进及相关机构职能配套改革同步，最形成有效支持社会主义新农村建设的金融合力。

（二）完善金融服务体系的思路和对策

我国农村金融改革和支农服务的目标是建立起一个能满足"三农"发展的金融体系，这种体系应是多元化的、功能和机构布局合理、既竞争又互补和可持续发展的。随着新农村建设的整体推进，构建完善的"三农"金融服务体系是科学发展观在农村金融中的实现途径，具体思路应当是：

1. 拓宽政策性金融业务范围和资金来源

在政府加快粮棉流通体制改革的基础上，应将农发行发挥的流通功能转移到支持农业生产条件、生产规模和生产方式改善方面，通过不断扩大农发行对农业的服务深度和广度，全方位发挥政策性金融的支农功能。作为主要支持农业经济的政策性金融机构，农业发展银行的金融服务领域应切实承担起政策性金融的职能。要在健全和完善政策性金融功能，支持国家粮棉油储备体系建设，履行为粮棉油收购资金供应和管理等政策性业务，在加强粮棉油贷款营销和管理的同时，整合政策性金融业务创新信贷服务，改进经营方式，拓展新的业务，支持农村基础设施和农业资源开发。

2. 改善农村金融机构经营理念，创新金融产品

随着新农村建设的大力推进，农村出现了越来越多的跨地区交易等现象，农户对金融服务的时效性和专业性提出了更高要求。目前，我国农村金融机构所能提供的金融服务往往仅限于简单的存贷款业务，金融产品和服务单一的状况不能有效促进农村经济社会发展。农业现代化和产业化水平的不断提升，对与其相关的金融产品创新提出更高的要求。只有根据当地农村具体经济社会发展现实状况，创新金融产品种类和金融

服务质量，扩大农村金融业务范围，才能使农村金融市场更加活跃，农村金融体系发展才能更加完善，金融发展支持新农村建设的作用和功能才能得以充分显现。在农村金融服务均等化的前提下，围绕农民对金融产品的实际需求，努力开发设计出一些如小额信用贷款、联保贷款、农村中小企业贷款等具有低成本、可复制、易推广特点的农村金融产品。通过小额就业贷款、创业贷款等政策性金融产品的引入，让农民得到实惠；通过开发适合农村地区的小额保险产品和金融理财产品，增强农民的抗风险能力，拓展农民投资理财的渠道。

3.继续分类深化农村信用社改革

在当前情况下，农村信用社在我国农村金融市场中仍处于主导地位，农村信用社具有点多面广和贴近农民的先天优势，特别是随着国有商业银行县(市)以下机构网点的逐步收缩，农村信用社在支持农业生产发展中必将发挥更加重要的作用。实践证明，在我国农村金融组织在短期内很难健全的前提下，通过农村信用社在农村金融市场上主导作用的发挥，来支持农村经济社会发展是符合我国当前农村实际情况的。面对金融业务竞争加剧的严峻形势，农村信用社应该把目光投向风险相对小、成本低、效益高的中间业务上来。采取以服务新兴市场为主导取向的市场化经营策略，充分发挥和不断强化农村合作金融在资金、网络、网点、信息、市场、品牌等方面的优势。

此外，农村信用社在农村金融市场运行过程中，要格外注意对不良资产比例的控制。农村信用社在为农村居民和产业提供金融服务过程中，要不断强化新增贷款管理，尤其是加强对信贷资金的管理水平和质量，通过强化经营管理避免或者降低不良资产比例，实现经济效益的提升。

4.支持发展农村保险事业，促进信贷支农可持续发展

作为农村金融服务系统的重要一环，农业保险能够为农业生产提供充足的保障，并对农村金融起到稳定作用。针对我国“三农”问题的状况，可以分别根据收入群体、收入阶层、企业类型、风险程度的不同，并在充分考量相关保额保费的适当性、文本的可接受性基础上，制作形式多样的服务“三农”的农村金融保险产品。要构建多元、高效的农业保险机构体系，可以尝试设立农村保险合作社，使农民成为“内部人”，构建由保险公司、农村基层组织和农民组成的“三位一体”的农业保险体系，形成共同利益

关系与相互监督机制，从而有效抑制保险市场上的逆向选择和道德风险。同时，也要鼓励专业性股份制农业保险公司、商业保险公司和外资农业保险公司积极参与农业保险市场的开发。加强农业保险金融监管，在偿付能力、公司治理结构和市场行为监管等3个方面下大力气做好制度创新，完善保险监管信息系统，建立包括企业内控、行业自律、政府监管和社会监督在内“四位一体”的风险防范体系。加快农业保险信用体系建设，培育农业保险诚信文化，建立保险纠纷快速处理机制，切实维护被保险人的合法权益。完善农业保险中介服务体系，可以实行农业保险代理人制度，建立信息研究机构、业务咨询机构及相关法律服务机构。同时，不断强化农民投保意识，普及农业保险的基础知识，鼓励更多的农民参加农业保险，以更大的群体规模来分散风险。

六、结　论

社会主义新农村建设是我们党的工作重点。构建适应社会主义新农村需要的多层次、广覆盖、可持续的农村金融体系，是我国新一轮农村金融改革的关键所在。在完善和创新农村服务体系的过程中，要将深化金融机构内部改革和加大外部环境及配套设施支持力度结合起来，并促进各种微型金融机构的联合，积点成面，最终达到农村经济可持续发展的目标。当然，要达到城乡统筹发展的目标，只有努力提高城乡居民收入、促进公共基础设施及公共服务的相对公平发展，增加政府合理补贴，同时借鉴发达国家的先进经验，才能逐步走向城乡一体化，城乡二元经济和社会结构才能逐步削弱。本文以邓小平理论和“三个代表”思想为指导，全面贯彻落实科学发展观，运用西方金融经济学研究的相关理论和我国在农村金融改革的理论成果，分析我国农村金融供给与需求的现状及原因，分析导致农村金融症结；并在此基础上，提出完善和创新适应社会主义新农村建设特点的农村金融体系的思路和对策，以期为社会主义新农村建设添砖加瓦。

[参考文献]

[1] 蒋和平，朱晓峰. 社会主义新农村的理论与实践[M]. 北京：人民出版社，2007.
[2] 王景武. 中国区域金融发展与政府行为：理论与实证[M]. 北京：中国金融出版

社,2008.

[3] 巴红静.中国农村金融发展研究[M].大连:东北财经大学出版社,2013.

[4] 王璐.北京郊区农村金融服务体系完善与创新问题研究[D].首都经济贸易大学,2012.

[5] 卢文祥.发达国家农村金融服务体系历史演进研究[J].经济研究导刊,2011(33).

[6] 王高潘.对我国农村金融体系的思考——主要以农户借贷为视角[D].西南财经大学,2007.

[7] 余妙志,商旭琴.农村金融在支持新农村建设中存在的问题及对策——以浙江省为例[J].经济论坛,2009(7).

[8] 窦淑娟.浅议如何进一步加强县域经济的发展[J].黑河学刊,2011(2).

[9] 王威.中国农村金融服务体系协调发展研究[D].东北林业大学,2007.

[10] 孔祥建.新形势下农村金融服务创新研究[J].安徽农业科学,2011(39).

[11] 祝健,张传良.农村金融改革发展若干问题[M].北京:社会科学文献出版社,2011.

[12] 孙延军.健全农村金融服务体系的几点思考[J].改革与开放,2012(20).

[13] 贺怀龙.我国农村金融服务现状研究[J].财经界,2013(30).

[14] 卢文祥.中国农村金融服务体系研究[D].武汉理工大学,2011.

[15] 张志英.搞活农村金融服务中心应破“五大瓶颈”[N].中国县域经济报,2012-06-21.